百年潮精粹

伟人印记

百年潮杂志社◎编

中共党史出版社

图书在版编目（CIP）数据

百年潮精粹·伟人印记／百年潮杂志社编 ． —北京：
中共党史出版社，2018.9（2025.4 重印）
ISBN 978-7-5098-4692-6

Ⅰ．①百… Ⅱ．①百… Ⅲ．①国家领导人 – 生平事迹
– 中国　Ⅳ．① K827=7

中国国家版本馆 CIP 数据核字（2018）第 140090 号

书　　名：百年潮精粹·伟人印记
作　　者：百年潮杂志社

出版发行：中共党史出版社
责任编辑：黄艳　叶松　王雪
地　　址：北京市海淀区芙蓉里南街 6 号院 1 号楼　邮编：100080
网　　址：www.dscbs.com
经　　销：新华书店
印　　刷：天津旭非印刷有限公司
开　　本：710mm×1000mm　1/16
字　　数：335 千字
印　　张：22.75
版　　次：2018 年 9 月第 1 版
印　　次：2025 年 4 月第 2 次印刷
书　　号：ISBN 978-7-5098-4692-6
定　　价：78.00 元

序 | 王世英

　　沧海横流，方显英雄本色。在中国革命、建设、改革的历史画卷中，毛泽东、周恩来、朱德、刘少奇、邓小平、陈云等老一辈革命家，如同星辰，在历史的天空始终熠熠生辉。

　　以毛泽东为代表的老一辈革命家领导全国各族人民在争取民族独立、人民解放和国家富强、人民幸福的征程中作出巨大贡献，立下不朽功勋，像一座丰碑矗立在人民心中。他们的革命经历是一座丰富的宝库，有取之不尽用之不竭的宝藏，有说不完道不尽的故事。在《百年潮》杂志来稿中，记述老一辈革命家的革命经历是一个永恒的主题，绵绵不绝，持续不断，并且也得到广大读者的关注和喜爱。所以，《百年潮精粹·伟人印记》将2013年至2015年三年来所刊登的记述老一辈革命家的精粹文章集结成册出版，既满足读者的需求，又进一步传播充满正能量的老一辈革命家的光辉事迹。

　　《百年潮精粹·伟人印记》共收集31篇文章，篇篇耐读耐看。从中可以看到伟人坚定的信仰、崇高的理想、高尚的品格，可以看到伟人博大的胸怀、坚韧的性格、朴素的作风，可以看到伟人深邃的思想、厚重的情感、非凡的气度。细细阅读，可以走近伟人的内心，体味伟人的喜怒哀乐。毛泽东一生雄才大略、性格坚毅，可晚年却多次恸哭，自有事因缘由；周恩来思虑缜密、心细如发，在领导我国制造第一颗原子弹的细节中可窥一斑；朱德作为人民军队的总司令，从红军时期到新中国成立后，先后阅兵九次，为人民军队正规化建设呕心沥血；刘少奇在三年困难时期赴湖南农村调查，深入群众，推心置腹，了解到农村的实际情况，对纠正农村"左"的错误、确定国民经济"调整、巩固、充实、提高"起了重要作用；邓小平对北京地铁建设十分关心，从建设奠基到技术引进做过许多重要指示，并成为地铁试运行的第一批乘客；陈云长期担任党的高级领导，对自己的家人点滴小事都要求严格，成为共产党人家风的典范；胡耀邦在改革开放初期，掀起"实践是检验真理的唯一标准"的浪潮，开启平反冤假错案的闸门；王震在"文化大革命"中，对林彪、"四人帮"的倒行逆施横眉冷对，毫无畏惧，刚烈的性情令造反派也望而生畏；习仲勋是久经考验的无产阶级革命家、政治家，也是一位感情丰富的丈夫和慈祥的父亲，他的妻子和子女生动地叙述了他们之间的深厚感情……

以毛泽东为代表的老一辈革命家是由"最有威信、最有影响、最有经验、被选出担任最重要领导职务而称为领袖的人们所组成的"，他们为了中国人民的解放事业，为了使中华民族屹立于世界民族之林，为了中国人民得到幸福，献出毕生的精力，作出最大的牺牲。他们是中华民族的英雄，是中国共产党人的骄傲，得到了人民的崇敬，永远值得怀念。一个国家，一个民族，需要崇敬英雄，这不仅是一种内在精神发展的需要，也是社会文明进步的动力源泉。崇敬英雄的民族是智慧的民族，是最有希望的民族。《百年潮精粹·伟人印记》只是撷取伟人一生浩瀚革命事迹中的点滴，但滴水可以反映太阳的光辉，足以使人得到精神的洗礼、思想的启迪、心灵的升华。

伟人已逝，但印记仍存，存在人们的心里，存在中华民族复兴的道路上，存在中国梦实现的那一刻。

是为序。

（作者是百年潮杂志社原执行主编）

目　录

毛主席给我出字谜

——八大军区司令员对调内情

马宁 口述　　徐秉君 整理

　　1973 年，"文化大革命"已经七年。这年 12 月，毛主席决定八大军区司令员进行调动，这是林彪事件发生后军内的一件大事，我当时是空军司令员，参加了八大军区司令员对调的会议。

　　九一三事件的发生，对毛主席的触动很大，这时他开始重新审视"文化大革命"。为了加强对军队的领导和控制，他决定重新起用一批被打倒和被排斥的老干部，并着手亲自掌控军队。在周总理的积极努力下，毛主席同意邓小平复出工作，并在 1973 年 3 月 10 日，恢复了邓小平党的组织生活和国务院副总理职务。同年 8 月 24 日至 28 日，召开了中共第十次全国代表大会，尽管这次大会继续了九大的"左"倾错误方针，但也有一些在"文化大革命"中遭受打击迫害和被排斥的有影响力的老干部又重新回到中央，如邓小平、王稼祥、李井泉、谭震林、乌兰夫、廖承志等，他们在这次会议上被选为中央委员，并重新回到工作岗位上。

　　其实，早在九一三事件以前，毛主席就已经在考虑抓军队的事了。尤其是 1970 年的"八一"社论，一改过去多年的提法，把"伟大领袖毛主席亲自缔造和领导的、毛主席和林副主席直接指挥的中国人民解放军"中的"毛主席和"四字去掉了。在此之前的政治局会议上讨论"八一"社论时，陈伯达和张春桥为改变提法还发生了争执，后来周恩来直接把"八一"社论讨论稿送毛主席审定，毛主席说，既然政治局讨论修改过，我就不看了。并让汪东兴代其圈去原稿中"毛主席和"四个字。

这件事毛主席表面上没有什么反应，可是实际上对这种提法很反感。1971年8月至9月，毛主席到南方巡视谈话中就显现出来了，在与沿途有关负责人谈话时说："我就不相信我们军队会造反，军以下还有师、团，还有司、政、后机关，他们调不动军队干坏事。"毛主席又说："我犯了个错误，胜利以后，军队的事情我管得不多。我要管军队了，我光能缔造、能领导就不能指挥了吗？……缔造者、领导者也不是少数人，也不是我毛泽东一个。""我就不相信，你黄永胜能指挥解放军？"

林彪折戟沉沙后，中央很快就清除了林彪集团的黄永胜、吴法宪、邱会作、李作鹏等手握军权的死党。这期间，毛主席还是担心军队出问题。从历史情况来看，毛主席非常重视党和军队的关系。早在土地革命战争时期就提出："枪杆子里面出政权。"但从党的发展斗争中，他清楚地认识到枪杆子必须置于党的领导之下，于是他又鲜明地提出："我们的原则是党指挥枪，而决不允许枪指挥党。但是有了枪确实又可以造党，八路军在华北就造了一个大党。还可以造干部，造学校，造文化，造民众运动。延安的一切就是枪杆子造出来的。枪杆子里出一切东西。"在一次同汪东兴的谈话中，他说："我们军队里也不那么纯，军队里也有派嘛！……不知你们信不信？你们不信我信。我们军队几十年经常有人闹乱子。"所以，在这种背景下，毛主席早就考虑怎么对各大军区司令进行调整。

后来，听说是毛主席在一次听取工作汇报中，专门讲到各大军区司令员久未调动的问题，这时候邓小平已经恢复工作，他问邓小平怎么办？邓小平沉思片刻，随后把自己面前的茶杯和毛主席的茶杯对换了一下。毛主席会心一笑说："英雄所见略同。"

实际上毛主席早就考虑要对各大军区司令进行调整，只不过是需要找一个合适的机会。九一三事件便成了促使他下决心的直接动因。毛主席在征求了周恩来、叶剑英、邓小平、王洪文的意见后，中央于1973年12月12日，召开政治局会议。会议一开始，毛主席就批评政治局和军委。他说："政治局要议政。军委要议军，不仅要议军，还要议政。"又说："政治局不议政，军委不议军，以后改了吧！你们不改，我就开会，到这里来。我毫无办法，我无非是开个会，跟你们吹一吹，当面讲，在政治局。"

当时会场的气氛有些紧张，因为大家都没有思想准备。毛主席缓和了一下语气接着说："我考虑了很久，大军区司令员还是调一调好。"为什么要做这样的调动？毛主席接着说："一个人在一个地方搞久了，不行呢。搞久了，油了呢。有好几个大军区，政治委员不起作用，司令拍板就算。""主要问题是军区司令员互相调动，政治委员不走。"然后，他转头对叶剑英说："你是赞成的，我赞成你的意见。我代表你说话。我先找了总理、王洪文两位同志，他们也赞成。"随后，毛主席又提议与会的政治局委员一起唱《三大纪律八项注意》，说："步调要一致，不一致就不行。"这其中的用意大家都十分清楚，就是强调"一切行动听指挥"。毛主席的谈话要点就是，一个人在一个地方搞久了，不行，会出现消极因素。因此需要动一动。

刚复出不久的邓小平也参加了这次政治局会议。毛主席宣布一项重要决定，他说："我和剑英同志请邓小平同志参加军委，当委员。是不是当政治局委员以后开二中全会追认。"

散会后，政治局成员转到人民大会堂，在周恩来主持下继续开会。会议一致同意邓小平列席政治局会议和参加政治局工作，作为政治局成员，将来提到十届二中全会追认，并补为军委委员，参加军委和军委办公会议的工作；同意大军区司令员对调。

从这时起连续四天，毛主席都开会或找有关负责人谈话，范围一步步扩大，谈的都是这些问题。他着重向大家谈了邓小平，说："我们现在请了一个总参谋长。他呢，有些人怕他，但他办事比较果断。他一生大概是三七开。你们的老上司，我请回来了，政治局请回来了，不是我一个人请回来的。你呢（指邓小平），人家有点怕你，我送你两句话，柔中寓刚，绵里藏针，外面和气一点，内部是钢铁公司。过去的缺点，慢慢地改一改吧。不做工作，就不会犯错误。一做工作，总要犯错误。不做工作本身也是一个错误。"

12月21日下午，毛主席在中南海书房接见参加中央军委会议的成员，一共43人，花了1小时20分钟。接见我们时，毛主席穿着一件睡衣坐在书房的中央，他的左边坐着朱德总司令，右边坐着刚参加军委工作的邓小平。还有周恩来、江青等几位政治局委员都站立在毛主席的右后侧。王海容站在毛主席的左后侧，她主要负责把毛主席说的湖南方言"翻译"成普通话。那时毛主席讲话还很清楚，后来讲话牙齿透风，有不清楚的地方就让他身边的唐闻生和王海容再说一遍。这一次是王海容在现场做"翻译"。

在毛主席的对面设有很多座位，参加会议的人依次进去接受毛主席的接见。毛主席先同来者握手，然后简单问几句。对新上任和比较关注的人，他就多问几句，大都是问叫什么名字？什么地方的人？多大年纪了？身体怎么样？我是跟在总政治部副主任田维新的后面走进毛主席的书房的。毛主席和田维新握手时问道："田维新同志，你是哪儿人？"他回答说："山东东阿人。"接着，毛主席又问："曹植埋在什么地方啊？"他立即回答说："鱼山。"毛主席接着又问："左边有个湖，是什么湖？"田维新想了一下说："要说湖，那离鱼山还远，是东平湖。"毛主席笑了笑说："噢，那就对了。"接着毛主席把话锋一转说："总政治部就交你负责了！"田维新说："德生同志走了，总政就我一个副主任了，让我继续留在总政工作是需要的，请主席委派主任。"毛主席语气十分肯定地说："不，就是你负责了！"田维新有些顾虑说："我资历、经验都不够，还请主席派个主任吧！"

这时，毛主席不再回话，而是转过身来和我握手。毛主席也是先问我是哪里人？接着又问我多大岁数？叫什么名字？现在还飞不飞了？我都一一作了回答。当我向毛主席报告我叫马宁时，他脑子反应很快，接着他笑着说："哎，你姓马，我出个谜语给你猜，答个字吧！这个字谜是：一个大来一个小，一个跑来一个跳，一个吃血吃肉，一个吃草。你猜这个谜底是什么啊？"他说得很明白，叫我猜个字，当时没想到毛主席会给我出谜语猜，一时也猜不出来，就老实回答说："我猜不出来。"毛主席看了看大家，在座的那么多人都没猜出来，毛主席笑了笑，也没有说破谜底。这个谜底我后来才搞清楚，是个"骚"字，发牢骚的"骚"字。毛主席在他的诗词里曾写过"独领风骚"，我始终没有搞懂毛主席让我猜这个谜的真实用意。

接见完后，准备调动的八大军区司令员，在毛主席对面的前排就座。接着，毛主席开始讲话，他的讲话是穿插着讲的，还不时地提些问题。讲着讲着，他突然向坐在前排的许世友问道："我要你读《红楼梦》，你读了没有？"许世友立即回答说："读了。"毛主席接着又问："看了几遍？"许世友说："一遍。""一遍不够，要看五遍才有发言权呢。"毛主席说完后又接着背了《红楼梦》中的一大段。然后，他把话锋一转说："你就只讲打仗，你这个人以后搞点文学吧。""'常恨随、陆无武，绛、灌无文'。绛是说周勃，周勃厚重少文，你这个人也是厚重少文"，"你就做周勃吧，你去读《红楼梦》吧！"

当时，我并不清楚毛主席引用"常恨随、陆无武，绛、灌无文"是何用意。后来，查阅资料才知道这句话出自《晋书·刘元海载记》。刘元海就是在西晋末年建立汉国政权的刘渊。他本是匈奴人，小时候就熟读诸子史传，曾对同窗说："吾每观书传，常鄙随、陆无武，绛、灌无文。"他还解释说，汉初的随何、陆贾这两位饱学之士，由于不知兵，就是遇到了汉高祖这样的明主，也不能建封侯之业；周勃（被封为绛侯）、灌婴这样的武夫，打完仗后，竟不能在太平年月开创美好的秩序，我真为他们惋惜呀！毛主席引用刘渊的"常鄙随、陆无武，绛、灌无文"时，特意把刘渊说的"常鄙"改成"常恨"。这一字之改，意思就从"鄙视"变为"遗憾"了。周勃是西汉初年刘邦手下的名将，"厚重少文"，是刘邦去世后安刘灭吕的主要将领。《史记》里也说他"不好文学"，刘邦倒很看重他为人"木强敦厚"的特点，觉得可以托付大事。所以刘邦死后，周勃和陈平一起灭吕，维护了符合当时主流民意的政治秩序。了解了这些才知道毛主席让许世友学做周勃的真实用意，不过当时我们并不十分清楚。后来，他们还把毛主席的这次讲话内容整理出来了，可是我没有看到完整的。

周恩来看会见的时间很长了，说："唱个歌啊！"毛主席说："就散了啊！"这时，由李志民（福州军区政委）指挥唱《三大纪律八项注意》。

唱了第一段，毛主席说："不错，就是这一条要紧。还有八项注意，第一注意，第五注意。第一注意，说话要和气，第五注意，是军阀作风不要呢！"他又指挥大家唱完这首歌，宣布："散会。"

毛主席接见完以后，就分组进行讨论，大家对中央决定八大军区司令员对调，一致表示赞成。

12月22日，中共中央同时发出关于邓小平任职（即日起担任中央政治局委员、中央军委委员、参加中央和军委领导工作）的通知和中央军委关于八大军区司令员对调的命令这两份文件。各大军区司令员、军兵种主要领导再次集中，由毛主席正式宣布对调命令。八大军区司令员对调的情况是这样的：北京军区司令员李德生与沈阳军区司令员陈锡联对调；济南军区司令员杨得志与武汉军区司令员曾思玉对调；南京军区司令员许世友与广州军区司令员丁盛对调；福州军区司令员韩先楚与兰州军区司令员皮定均对调。当时全国还是十一个大军区，这次只对调了八大军区的司令员。另外三个军区的司令员：成都军区司令员秦基伟、昆明军区司令员王必成、新疆军区司令员杨勇，因为任职时间都很短，所以就没有调动。

八大军区司令员立即赴命，按中央的要求，在十天内都顺利完成工作交接，并到达新的工作岗位。这次八大军区司令员对调，引起了国内外的广泛关注。当时，国外的许多中国问题专家学者都对此作出评论和猜测。多年后，邓小平在谈及此事时说："这是因为毛主席很懂得领导军队的艺术，就是不允许任何军队领导干部有个圈圈，有个势力范围。"应该说，这次八大军区司令员对调是建军史上的一个重要事件，同时也对军队的人事调整产生了深远影响。

（口述者是中国人民解放军空军原司令员，整理者是空军某部原政委）

毛泽东礼宾待客之道

马保奉

我在外交礼宾工作岗位上工作过三四十年，而且有幸近在咫尺亲眼看到毛主席，对一代伟人毛泽东的礼宾待客之道印象颇深。他一生外交活动波澜壮阔，虽然只有两次出国访问，但是他会见过当时世界上几乎所有最重要的政治家。他总让人感到朴素自然、实实在在，无拘无束、幽默风趣。他与人的谈话，用词巧妙，比喻生动，轻松活泼，同时又驾驭全局，气势磅礴，举重若轻，总能给人留下难忘印象。

着　装

毛主席不论在对内或对外活动中，一向穿中山装，不穿西装。不过他的中山装与一般人穿的中山装略有不同，其衣领低、领尖阔而长。那是缝纫师傅根据他身材、脸形、气质而设计的，被人们称为毛氏服装。毛主席服装颜色定格在灰色，春秋中灰色，冬天则以深灰色为主。开国大典时，他曾穿过黄色呢料中山装。两次去苏联访问时，为了外交礼节需要，穿过黑色中山装。此后，就没再穿过其他颜色服装，只认灰色中山装。关于皮鞋，20 世纪 50 年代初，中央人民政府典礼局局长余心清曾建议，给他做一双黑色硬底尖头皮鞋，供接见外宾用，但是被主席拒绝了。毛主席风趣地说，外宾要见我毛泽东，还是要看我的皮鞋？1956年，他在中南海勤政殿会见印度尼西亚总统苏加诺之前，罗瑞卿看到他穿一双厚重的棕色皮鞋便说："主席，你还是换一双黑的吧！"主席说："我们中国人要按中国人的习惯穿！"主席晚年，即使在外事活动中也不穿皮鞋。1972年2月，会见美国总统尼克松时，毛泽东穿的是圆口布鞋。

1974年5月25日，毛泽东会见英国前首相、保守党领袖希思时，脚穿布鞋

会　客

　　毛主席习惯夜间工作，白天休息，所以会见活动很少安排在白天。会见地点，在北京一般是在他的书房，如在外地，就安排在他住处会客室里。毛主席会见客人，有时也可能在游泳池，一面游泳，一面与客人交谈，如当年会见苏联领导人赫鲁晓夫。每当客人接到通知后，会立刻驱车或乘专机前往会见地点。有一次会见巴基斯坦总统叶海亚·汗，通知时正逢总统在房间做宗教祈祷，经请示周总理，只好待其祈祷后再通知。在会见客人的座位安排上，主席也常打破主左、客右的礼宾框框，而是看当时怎么方便就怎么坐。主席经常是坐在客位（右边），而将客人让在主位（左边），如1972年2月他在其书房会见美国总统尼克松一行，就是这样就座的。

礼　节

　　毛主席不喜欢外交礼节上的清规戒律，但是他对西方那些外交礼节还是熟悉的。例如，在西方流行但在中国很少见到的吻手礼，甚至屈膝礼，他有时也能运用自如。1974年9月，菲律宾总统马科斯的夫人伊梅尔达访华，毛主席在长沙会见她时，超越正常人们的握手礼，对她行了吻手礼，令这位夫人感动不已。1974年2月，赞比亚总统卡翁达访华，随行的总统夫人等女宾，为了表示对毛泽东的敬意，纷纷向他行屈膝礼，即握手时蹲身、屈膝。令客人未想到的是，毛主席竟然模仿赞方女士的动作，还以同样的屈膝礼，令客人感到十分欢快，现场气氛顿时活跃。

简　从

毛主席喜欢轻车简从。新中国成立两个月，毛主席就前往苏联访问。这是新中国国家元首第一次出国访问。访问名义是为祝贺斯大林70寿辰，实际成果是签订了《中苏友好同盟互助条约》。访问任务不轻，照一般人理解，肯定会兴师动众，然而事实并非如此。毛主席于1949年12月6日乘火车离开北京赴莫斯科，随行人员只有四人：陈伯达（秘书）、汪东兴（警卫）、叶子龙（机要）、师哲（翻译）。如果把一个半月后加入毛主席这次访问行列的周总理一行17人也算上，人员也是相当精简的。

1949年12月16日，斯大林与毛泽东在莫斯科克里姆林宫会谈。斯大林说："你这次远道而来，不能空手回去，咱们要不要搞个什么东西？"初次见面，互不摸底，斯大林不把话挑明，先行试探。毛泽东说："恐怕要经过双方协商搞个什么东西。这个东西应该既好看，又好吃。"毛主席不卑不亢，回应十分巧妙，以东方人的幽默，围绕斯大林那个心照不宣的"东西"展开话题，附加了一些条件。而这类似哑剧般的言语，苏方翻译不敢揣度乱译，吭吭哧哧照字面硬译出来。苏联领导人听得一头雾水，觉得中苏两党领导人，一起讨论好吃、好看的东西，岂不可笑！实际上，毛主席的意思是，新中国刚刚成立，百废待兴，苏联应当主动表示给予援助，但是援助，应当是既要照顾到中国实际，又不能有损中国的尊严。

对　等

斯大林、毛泽东会谈中涉及中苏两国签订条约问题。斯大林开始并不同意：斯大林和毛泽东作为两党最高领导人，可以决定中苏之间一切问题。可是，签署条约毕竟是两个国家之间的国务活动，党的领导人怎能亲力亲为？若从国家职务层面讲，斯大林是部长会议主席（政府首脑），而毛泽东则是国家元首，无法对等。毛泽东向斯大林提出："我想让周恩来总理来一趟。"斯大林显然也不愿意同周恩来平起平坐，于是双方把外长推到前台。1950年1月20日周恩来到达莫斯科，2月14日中苏两国外长周恩来、维辛斯基签订了《中苏友好同盟互助条约》。

尊　严

签订《中苏友好同盟互助条约》当晚，中方以驻苏大使王稼祥名义，在莫斯科大都会饭店举行盛大宴会，邀请斯大林等苏方领导人出席。斯大林以从未到外国大使馆或莫斯科的饭店参加过宴会为由，曾试图让中方将宴会改到克里姆林宫举行。而为了国家、民族的尊严，毛泽东坚持不改宴会地点。斯大林执拗不过，还是带领他的政治局委员们来到大都会饭店。宴会盛况空前，出席宴会的有500余位宾客。

宴　请

毛主席反对形式主义的冗长的宴请活动。1949年12月22日，他参加克里姆林宫举行的庆祝斯大林70寿辰的宴会，从晚上8点开始，一直开到了第二天凌晨1点多才散。回到驻地，毛主席便对汪东兴说："我不知道苏联的宴会为什么要搞这么长？吃也没什么好吃的，看也没什么好看的，鼓了一晚上掌，手都鼓痛了。我们回去不学这个。吃饭就好好吃饭，看戏就好好看戏。"

荷　花

毛主席批评人讲究方式。1957年11月18日，各国共产党和工人党代表会议在莫斯科开幕。毛主席即席发言："荷花虽好，也要绿叶扶持。你赫鲁晓夫同志这朵荷花虽好，也要绿叶扶持。"毛泽东借生动比喻，巧妙地批评赫鲁晓夫搞大党、大国沙文主义，看不起其他国家的共产党和工人党。送别宴会时，毛泽东祝酒说，中国有句古语：两个泥菩萨，一起打碎，用水一调和，再来做两个，我身上有你，你身上有我。毛泽东用幽默的语言，形容当时各国共产党之间密不可分的关系。

英　语

毛主席能看、能说一些英语。1970 年，他在同斯诺谈话时，对当时称颂他的"四个伟大（即伟大导师、伟大领袖、伟大统帅、伟大舵手）"表示不满。他说："Great Teacher, Great Leader, Great Supreme Commander, Great Helmsman 讨嫌！总有一天要统统去掉，只剩下一个 Teacher，就是教员。因为我历来是当教员的，现在还是当教员。"毛泽东喜欢英文，对此他解释说：一是有兴趣，二是想换换脑筋，三是可以看书。此外，毛主席还幽默地说："我活一天就要学习一天，尽可能多学一点儿，不然，见马克思的时候怎么办？"

空　炮

毛泽东化解矛盾很轻松。1971 年 7 月，基辛格秘密访华，其助手、美国国家安全委员会东亚事务助理约翰·霍尔德里奇，找到我方联络员，指着新华社英文新闻稿上语录"全世界人民团结起来，打败美帝国主义及其一切走狗！"说："这是从我个人的房间（钓鱼台国宾馆五号楼）里搜集到的。我们希望这些新闻稿是被错误地放到了房间里。"美方判断，这肯定不是中方故意挑衅，应该是工作疏忽，故而只在低层次上提醒中方，并不想把事情闹大。很快，此事被汇报到毛主席那里。他哈哈一笑，说："去告诉他们，那是放空炮。他们不是也整天喊要消灭共产主义吗？这就算是空对空吧！"后来，毛主席对来访的尼克松说："你可能就个人来说，不在打倒之列。可能他（指基辛格）也不在内。都打倒了，我们就没有朋友了嘛！"

燕　子

毛主席赞扬人也爱用比喻。1975年10月基辛格再次来访，毛主席用燕子来形容他。燕子低飞，即被认为是将要下雨的先兆。毛主席把基辛格比作燕子，说："你不得不忙。当风雨来袭时，燕子就忙了"，"这个世界并不平静，而暴风雨——风和雨——来了。随着风雨的来临，燕子也开始忙碌了"。毛主席肯定和赞扬基辛格为中美关系所作的努力，说："你跑中国跑出了名嘛！头一次来（指1971年7月的秘密访华）公告发表以后，全世界都震动了。"

谈　变

对不同意的观点，毛主席有时会直截了当表示不同意，有时却不予正面回应。1972年2月，毛主席会见美国总统尼克松。尼克松说："主席的著作推动了一个民族，改变了整个世界"。毛主席回应："我没有能改变世界，我只改变了北京周围的一些地方。"会见结束告别时，尼克松握着毛主席的手，说："我们在一起可以改变世界。"毛主席王顾左右而言他，没有正面回答，而是说："我就不送你了。"送走尼克松，周恩来向毛主席汇报："尼克松很高兴地走了，他说这一周改变了世界。"毛主席说："哦?!是他改变了世界？哈哈！我看还是世界改变了他。要不，他隔海骂了我们好多年，为什么又要飞到北京来?"

谈　吵

毛主席的原则性强，是非问题上，决不让步。1972年9月，毛主席在中南海书房会见日本首相田中角荣。毛主席充分了解中日双方关系错综复杂，会谈相当困难，见面时，省去很多客套话，开门见山就问："已经吵完了吗?"田中忙说："不，不，谈得很融洽。"毛主席又补充了一句："不打不成交嘛！半个世纪的事，你只说添麻烦。你知道吗？在中国，这是将水溅到女孩子裙子上时说的话。"田中当时表示，"已经按照中国方面的要求改了"。

谈　死

　　毛主席对待死亡表现豁达，体现了他作为唯物主义者，无所畏惧的乐观主义精神。1974 年 5 月，毛主席问英文翻译唐闻生："你叫唐闻生，为什么不叫唐闻死?"唐闻生说："那多难听呀!"死亡确实是不吉利的话题，但毛主席不忌讳死，曾认真地对护士吴旭君说："我在世时吃鱼比较多，我死后把我火化，骨灰撒到长江里喂鱼。你就对鱼说：鱼儿呀，毛泽东给你们赔不是来了。他生前吃了你们，现在你们吃他吧，吃肥了你们好去为人民服务。这就叫物质不灭定律。"1961 年 9 月，英国元帅蒙哥马利第二次访华，毛主席同他谈话说，随时准备死亡，并详细讲了自己可能有五种死法：一是被敌人开枪打死；二是坐飞机摔死；三是坐火车翻车而死；四是游泳时被水淹死；五是生病被细菌杀死。1975 年基辛格来访，亲切地询问毛泽东的健康状况，毛主席用手指着头部说："这个部分还行，我能吃能睡。"他又用手拍拍腿说："这些部分运转不行了，我走路时感觉无力。肺也有毛病。总之，我感到不行了。"毛泽东接着开玩笑地说："我是供来访者参观的展览品。我不久要归天了，我已经接到了上帝的请柬。"

（作者是外交部礼宾司原参赞）

毛泽东晚年缘何几次恸哭

李慎明

　　大家都知道，毛泽东虎气雄风、一世坚强，但往往忽略了他柔情似水、忧患如山的另一面。有人说，毛主席晚年是哭死的。此话可能有点偏颇，但也确实反映了毛泽东晚年心绪、心境和心结的一个侧面。顺手查查迄今为止最为权威的2003年12月由逄先知、金冲及主编的中央文献出版社出版的《毛泽东传（1949—1976）》的记载及身边工作人员的回忆，毛泽东在其晚年确是常动感情，甚至痛哭失声。

　　如1972年12月，福建省莆田县城郊公社小学教员李庆霖致信毛泽东，反映他的一个插队务农的孩子在生活上遇到的困难以及作为父亲的苦恼和不平。这封来信，使特别关心农民的毛泽东受到很大触动，看后流下了眼泪。用毛泽东后来的话说，这封信写得"相当好"，"我摆在这里几个月，经常看，看了三遍半，这才下决心写回信"。第二年4月，毛泽东复信说："寄上300元，聊补无米之炊。全国此类事甚多，容当统筹解决。"这可能是促使毛泽东进一步了解到基层群众，特别是知识青年上山下乡的十分困难的生活状况和"文化大革命"对全国生产和人民生活影响的重要原因，这也可能是1974年11月6日毛泽东下决心提出"要把国民经济搞上去"的依据之一。

　　如1975年的一天，毛泽东在读了根据他的指示有关部门写出的详细叙述贺龙亲属及友好遭受残酷迫害情况的报告后，他"一会儿把报告放在胸脯上，一会儿眼睛望着卧室的顶棚。看完后，他非常难过地把报告放下，一句话也没有说，两行热泪滚落在枕头上……"可以说，这其中可能也有毛泽东对自己在"文化大革命"中失误失察的认识和反思。

如 1975 年 7 月 28 日，毛泽东刚刚做了白内障手术的第五天。亲自为毛泽东做手术的眼科大夫唐由之是这么叙述的：当时"房间里只有毛主席和我两个人，戴上眼镜的毛主席起先静静地读书，后来小声低吟着什么，继而突然嚎啕大哭，我看见他手捧着书本，哭得白发乱颤，哭声悲痛又感慨。事发突然，我既紧张又害怕，不知如何是好，赶快走过去劝慰他，让他节制，别哭坏了眼睛。过了一会儿，毛主席渐渐平静一些，同时把书递给我看，原来是南宋著名思想家陈亮写的《念奴娇·登多景楼》"。陈亮力主抗金，曾多次上书南宋孝宗皇帝，反对"偏安定命"，痛斥秦桧等奸佞，倡言恢复中原完成国土统一大业。朝廷置之不理。出于爱国者的责任感，陈亮又于 1178 年一年之中，连续三次上书，由于奏疏直言不讳，大胆揭发了一班大臣退让求和、苟且求安和儒士们脱离实际的空谈之风等，即遭到了当道者们的忌恨。陈亮曾两次下狱，经受严重打击和排斥，但并未对恢复中原之志有所改变。宋孝宗淳熙十五年（1188 年），陈亮为驳斥投降派所谓"江南不易保"的谬论，亲自到京口、建康等地观察地形，并准备依据实际调查结论，再向孝宗皇帝上书，提出一系列经营南方、进取中原、统一国土的具体方略。多景楼，位于镇江北固山上甘露寺内，北临长江。陈亮登上多景楼，见景生情，心潮澎湃，挥笔作词，在词中直抒胸臆："危楼还望，叹此意、今古几人曾会？鬼设神施，浑认作、天限南疆北界。一水横陈，连岗三面，做出争雄势。六朝何事，只成门户私计？因笑王谢诸人，登高怀远，也学英雄涕。凭却长江，管不到、河洛腥膻无际。正好长驱，不须反顾，寻取中流誓。小儿破

晚年毛泽东

贼，势成宁问强对！"

当年毛泽东内心深处的真实境况，很难准确揣度。但毛泽东此时的心境，无疑直通700多年前的陈亮。从目前已知的毛泽东晚年的哭声中，此次"嚎啕大哭"，可能最能窥见毛泽东晚年忧患百姓忧患党的心绪、心境和心结。正因如是，笔者在这里特用较多一点笔墨加以阐发。

有人认为陈亮的《念奴娇·登多景楼》是一首批判现实、积极进取、气宇轩昂、鼓舞斗志的抒情词。而笔者认为，陈亮此词无疑是借古论今、批判现实之作。此词下阕之中也不乏"正好长驱，不须反顾，寻取中流誓。小儿破贼，势成宁问强对"的气宇轩昂、鼓舞斗志之旋律，但陈亮深知，这仅是"应然"即"美好理想"，而"危楼还望，叹此意、今古几人曾会"和"管不到、河洛腥膻无际"则是"实然"，即"无情现实"。多景楼已是座危楼，还是作者把南宋王朝比作"危楼"，亦可能兼而有之？笔者无从考证。但此词的主调却是作者抒发内心诸多的忧患、积愤、悲愤乃至无奈。在我国历史上，东晋和南宋两个政权，都被北方强敌击败流落江南，凭借长江天险，当权者却都不思收复失去的大片国土而偏安一隅。大凡读史，常常会引人共鸣。深谙我国历史的毛泽东，阅诵古文绝不是发思古之幽情，而是沟通古今，古为今用，以推助对现实问题的思考。毛泽东在阅诵陈亮这首词时恸哭失声，我们对毛泽东此时强烈共鸣的内心世界如何较为准确地揣度、把握和诠释呢？笔者试谈如下三点陋见。

一是1975年的7月，毛泽东认为，他所亲自发动和领导的"文化大革命"已遇到极大的阻力，且极可能失败；中国党、国家和民族面临资本主义复辟的严重危险，而自己的身体却如西风残烛。此时的毛泽东还认为，自己的所思所想、所作所为虽然正确且无任何私心，但很少有人真正理解更鲜有人坚定有力支持。环顾当时的天下大势：从国际上看，我国已经加入联合国，投入大量的人力、物力和财力进行"大三线""小三线"建设，成功化解了苏联霸权主义企图对我国进行的"核打击"，有力地捍卫了我国的主权和神圣领土。加上全国各族人民共同勒紧"裤腰带"，支持研发出"两弹一星一潜艇"，成功打破外部霸权主义和强权政治对我国的严重封锁，真正跨入了大国的行列，并即将迎来和平与发展的时代主题。总之，此时的国际形势对我十分有利。但从国内看，"文化大革命"虽已进入"收尾阶段"，却极不顺利。社会主义所有制改造完成以后，生产力与生产关系、经济基础与上层建筑无疑仍是社会的基本矛盾，但社会的主要矛盾究竟是什么？在新中国建设的实践中，毛泽东否定了党的八大《关于政治报告的决议》中关于"我们国内的主要矛盾，已经是人民对于建立先进的工业国的要求同落后的农业国的现实之间的矛盾，已经是人民对于经济文化迅速发展的需要同当前经济文化不能满足人民需要的状况之间的矛盾"这一结论。在党的八大特别是反右斗争之后，由于指导思想的失误，毛泽东一直强调阶级斗争的现实性、严重性和长期性，甚至在其晚年他还作出"搞社会主义革命，不知道资产阶级在哪里，就在共产党内，党内走资本主义的当权派，走资派还在走"，"天下大乱，达到天下大治。过七八年来一次"等石破天惊的结论来。在毛泽东看来，对自己的上述思想，包括与他并肩战斗了几十年的老战友在内的相当多的各级干部不仅不理解、不接受、不支持，甚至反对者众；他所精心培养的一批批新人对他虽然支持但却很不得力、屡屡出错甚至严重干扰，直至把自己的理论和实践推向另外一个极端，使自己亲手发动和领导的"文化大革命"实质上已经处于失败的境地。联系到 1970 年庐山的九届二中全会上，针对林彪、陈伯达等人的突然袭击，毛泽东说，党的高级干部"不要上号称懂得马克思，而实际上根本不懂马克思那样一些人的当"，"现在不读马列的书了，不读好了……没有读过，就上这些黑秀才的当"，党的高级干部要读十几本马列的基本著作；联系到 1974 年下半年毛泽东对"四人帮"一系列的严肃批评，如"不要搞宗派，搞宗派要摔跤的"；联系到 1975 年 4 月 23 日毛泽东对新华社关于报道无产阶级专政理论问题请示报告上"提法似应提反对修正主义，包括反对经验主义和教条主义，二者都是修正马列主义的，不要只提一项，放过另一项……我党真懂马列的不多"的批语；联系到 1975 年 7 月 25 日凌晨，刚刚做完白内障手术 20 多个小时还蒙着眼睛的毛泽东，在六张纸上"盲写"了对电影《创业》"此片无大错，建议通过发行。不要求全责备。而且罪名有十条之多，太过分了，不利调整党的文艺政策"的评价等种种复杂现实，我们可以十分清晰地体味到毛泽东曾经叹喟"起初，真理不是在多数人手里，而是在少数人手里"的心境和此时深深的焦虑。当年陈亮的"危楼还望，叹此意、今古几人曾会"这一沉重悲壮的感叹自然会引发毛泽东的强烈共鸣。

二是毛泽东认为，党、国家和民族虽面临着如此险境，但有相当多的干部，却不察此危险，碌碌无为，得过且过，甚至"六朝何事，只成门户私计？"即不少干部为了个人家庭蝇头私利而放弃党、国家和人民的大目标，满足于自己眼前利益而不顾党、国家和民族未来根本利益之风日盛，有的甚至恰如当年的王谢诸人，虽也曾跑到"多景楼"上登高望远，流下所谓的英雄慷慨悲歌之泪，即在公众场合发出为人民的利益全心全意并奋斗到底的誓言，但这仅仅是为掩饰图谋"门户私计"故作姿态而已，其结果只能是"管不到、河洛腥膻无际"，即任由普通百姓重受无际的"腥膻"之苦。这真令人悲叹。

三是此时的"文化大革命"已历时九年多，党内外忧心之事繁多，特别是"文化大革命"已有明显的失控之势，中国共产党将来的前途如何？中国老百姓未来的命运何在？这正是对党、国家和民族有着极其强烈责任感并已达82岁高龄且疾病缠身的毛泽东所日夜深深牵扯挂念的。此时此刻的毛泽东，除了对资本主义复辟即"河洛腥膻无际"危险的深深忧虑之外，他对我们党的干部队伍中"只成门户私计"私心的顽疾，对党的干部队伍中真懂马列不多的现状，更是深深地忧虑。资本主义复辟的危险和党的干部队伍中的私心、理论素养不高，这正是一个问题的两个方面。党的干部队伍中的私心和理论素养不高同样是结伴而生、相辅相成的。私欲膨胀和理论素养不高发展的最终导向则必然是资产阶级的重新上台。捧读并浸入当年陈亮的《念奴娇·登多景楼》这首词所渲染的悲壮的意境之中，毛泽东的忧患、无奈、悲伤、悲愤的强烈共鸣，自然会油然而生。此时的失声恸哭，则应是毛泽东忧患百姓、忧患党的强烈责任心的集中迸发。

如1976年1月8日下午，工作人员为毛泽东读周恩来逝世的《讣告》，身在重病中的"毛泽东听着听着，紧锁起眉头，慢慢地闭上眼睛。工作人员看到，不一会儿，从他闭着的眼里渐渐溢出两行泪水"。14日下午，工作人员为他念中央送审的周恩来追悼大会上的悼词稿。"听悼词时，毛泽东再也不能控制自己，失声痛哭。这在毛泽东是极少见的。"这其中无疑有对自己战友的深切怀念，同时也可能有他对党和国家未来命运的强烈关注和深深的隐忧。

如1976年前后，"毛泽东喜欢怀念往事，常谈起战争年代和建国初期的事情，愿意看这方面内容的电影。一次，银幕上伴随着高昂雄壮的乐曲，出现人民解放军整队进入刚攻克的某城市受到市民们热烈欢迎的场面。渐渐地，毛泽东开始控制不住自己的感情，先是阵阵抽泣，随即失声大哭，工作人员只得将他搀扶退场"。另据毛泽东身边工作人员周福明回忆，当电影《红灯记》放映到李玉和搀扶李奶奶走向刑场时，主席难过地哭了，喃喃地讲："敌人又要杀害我们的同志了。"以上两个例证可以作为毛泽东对身边护士长吴旭君所说的"建立新中国死了多少人？有谁认真想过？我是想过这个问题的"这一谈话的心灵的注释。

如1975年夏天，由于连降暴雨，河南省南部发生历史上罕见的特大洪涝灾害，造成河堤溃决，水库坍塌，驻马店、许昌、南阳等地区30多个县（市）严重受灾，当地人民群众的生命财产遭受重大损失。一天，工作人员给毛泽东读有关河南水灾的内部报道。当读到受灾某县仍有大批群众处于危难之中，解放军救援队伍赶到现场已有几十名群众丧生时，工作人员忽然听到抽泣声。这才发现，毛泽东眼中早已浸满泪水，面部表情极为伤感。为了避免术后的眼睛受到感染，工作人员用消毒毛巾为他擦拭眼睛。毛泽东自言自语道："我这个人感情越来越脆弱了。我一听到天灾人祸，就忍不住伤心。"1976年7月28日凌晨3时42分，河北唐山、丰南一带发生了7.8级的强烈地震，随后又出现多次余震。拥有百万人口的工业城市唐山被夷为一片废墟，人民生命财产蒙受重大损失。这时，毛泽东许多时间处在昏迷半昏迷状态，靠鼻饲生活。但他清醒时仍十分关心唐山震情。他身边的医疗组成员、神经病学和老年医学专家王新德回忆道：

"送来的地震情况汇报，主席不顾个人病重，都要亲自过目。这场地震伤亡达24万多人，其他的损失难以估量。当秘书报告地震造成极其惨重的损失后，主席哭了，我第一次亲见主席嚎啕大哭。"这体现着他把对党和国家根本命运的深切关注与千千万万基层百姓的根本利益及眼前安危冷暖紧紧地联系在一起。

为什么晚年毛泽东的眼睛里常常涌流泪水？因为他对我们这个党、国家、民族和人民爱得无比浓烈和深沉。他与他的战友们，历经艰辛，指挥千军万马，用28年时间，率领亿万人民，用千千万万先烈的头颅与热血终于换来了社会主义的中华人民共和国建立。在毛泽东看来，新中国建立后，党领导人民无疑取得了社会主义革命和建设的无比辉煌的成就，但新中国是由半殖民地半封建的旧中国脱胎而来的，绝不可能彻底摆脱旧中国遗留给我们在经济、政治和文化遗产中各种腐朽梦魇的纠缠，加上面对比我们强大得多的西方世界的军事威胁、经济封锁和政治文化侵蚀，以及我们对完全崭新道路、制度等探索中出现的失误甚至是严重的错误，使得我们党和政权内出现很多不尽如人意的腐败现象甚至是资本主义复辟的严重危险性，因此，保持党和政权永不变质成了萦绕在毛泽东特别是其晚年心头最重要和最根本的情结。毛泽东的理想信念、思想理论与客观历史现实以及他本人根本无法超越的时代局限的巨大反差，"文化大革命"中常常出现的连毛泽东本人也无法想象和掌控的局面，对他亲自发动和领导的"文化大革命"，在整个党、国家、民族和人民中最终竟出现了"拥护的人不多，反对的人不少"的状况，使得晚年的他在思想理论及精神上常常处于忧虑、不安、孤独、孤寂、无助、无奈甚至是伤感、凄凉、内疚、悲愤、痛苦的集合之中。晚年的毛泽东深深认识到，自己发动的这个旨在巩固无产阶级专政，防止资本主义复辟，建设社会主义的"文化大革命"如他自己估计的那样"第一个可能性是失败"分明变成了现实。他在生命垂危之际，几次背诵南北朝时期著名的文学家庾信的《枯树赋》，其中的"此树婆娑，生意尽矣！""昔年种柳，依依汉南。今看摇落，凄怆江潭。树犹如此，人何以堪！"便从一定程度上反映了他此时的心境，而常常涌流的泪水则从另一个层面上反映出他"出师未捷身先死，长使英雄泪满襟"，对事物的发展进程无可奈何、无能为力的无奈之态。任何伟人都不是完美无缺的，这是被已有历史反复证明的铁则。我们决不能也决不应替毛泽东的错误辩护，但也应高度重视运用辩证唯物主义和历史唯物主义对其进行具体分析，以从中汲取经验教训，进一步做好我们今后的工作。同时，我们也应深刻认识到，放入历史的长河中，一些伟人所犯的错误与他的巨大功绩是无法相比的。仅把伟人所犯的错误与普通人所犯的错误相比，往往会造成伟人的错误至大至重，不可饶恕，普通人所犯的错误至小至微，可以略而不计。这就常常出现一些人往往对已故去的伟人随时随地拉出来毫不负责任地进行置评的现象。更须警惕的是，一些别有用心的人在国内外资本的操纵之下，更是对毛泽东等伟人公然进行无耻的谩骂、攻击甚至恶意的诽谤、造谣。这是国内外敌对势力企图西化、分化我们的花钱最少而最有效、最直接、最便利的手段，我们必须高度重视并认真应对。另外，也有不少同志担心随着时间的流逝和人事的沧桑，一些人所肆意歪曲、伪造的一些所谓历史细节将会永远成为"历史的铁案"，这种担心有一定道理。所以笔者主张，了解历史特别是重大关键历史细节的同志，都有责任把历史特别是关键的细节真实地留给历史和人民。但从另外一方面说，从历史唯物主义出发，观其大略特别是将其放在"为什么人的问题，是一个根本的问题、原则的问题"和"社会实践是检验真理的唯一标准"这架天平上去衡量，常常无需繁多琐碎的历史细节。历史对各个阶级的代表人物的所作所为以及各位"历史撰写者"所撰写的历史最终都会进行公正的审视，越是重要人物和重大事件的功过是非，人民和历史最终将会对其辨析得清清楚楚。历史已经并将继续证明毛泽东等伟人巍巍然如永远屹立的昆仑，而那些丝毫不顾事实、任意造谣攻击毛泽东等伟人的人，不过是毛泽东等伟人脚下的一抔黄土而已。还是让我们回到毛泽东晚年的泪水上来吧！无情未必真豪杰。毛泽东晚年常常涌流的泪水，不仅丝毫无损于我们领袖的辉煌，反而使我们平添了对他的无限敬仰之情。

从一定意义上讲，毛泽东的一生，是为保持党和政权永不变质而奋斗的一生。尽管毛泽东晚年在探索保持党和政权永不变质之中犯了错误甚至是严重的错误，但其关于保持党和政权永不变质的战略思想在我国革命、建设和改革开放事业中不仅具有深远的历史意义，而且在我国当前特别是党的纯洁性、先进性及执政能力建设中依然具有强烈的现实指导意义。

（作者是中国社会科学院原副院长）

毛泽东与西郊机场

何孝明

1937 年日本侵略者侵占北平后，为了扩大侵华战争，于次年修建了西苑机场。1949 年 1 月，北平和平解放后，西苑机场回到了人民手中，成为军民两用机场，更名为"西郊机场"。1958 年北京东郊机场建成后，西郊机场的民航搬往东郊机场，从此西郊机场成为单一军用机场，供空军专机部队使用。因此，它与中南海有着千丝万缕的联系，中南海里的中央领导同志都是西郊机场的常客。一代伟人毛泽东与西郊机场更是有着不解之缘，他在这里留下了一串串足迹，每一个足迹都印证着共和国的历史。

"要训练成人民的飞行员"

毛泽东第一次进西郊机场是 1949 年 3 月 25 日。党中央和人民解放军总部在西郊机场举行了隆重的阅兵式，这是中国人民解放军历史上第三次较大规模的阅兵，也是中华人民共和国成立前的最后一次阅兵。当天下午 3 点整，毛泽东身着灰色大衣，在阅兵总指挥刘亚楼陪同下，乘坐美制敞篷吉普车，由南向北检阅受阅部队。参加此次受阅的部队，均为辽沈和平津战役中立有赫赫战功的英雄部队。当毛泽东乘车缓缓走过时，指战员都用无比崇敬的目光注视着率领他们从胜利走向胜利的英明统帅，毛泽东则向他们频频挥手致意。

陪同检阅的有朱德、刘少奇、周恩来、任弼时、林彪、罗荣桓、聂荣臻、叶剑英等党和军队领导人。傅作义、李济深、黄炎培、沈钧儒、郭沫若以及 160 多位民主人士和广大群众应邀观看了阅兵式。此次阅兵式意义重大，它不仅向众多民主人士和广大群众展示了胜利之师的军姿军威，表明了人民解放军横渡长江，解放全中国的坚强决心与无坚不摧的强大力量，也是开国大典大阅兵的一次预演。

1952 年"三八"国际妇女节，经毛泽东批准，全国妇联和中国人民解放军总政治部在西郊机场为新中国第一批女飞行员举行盛大的起飞典礼。这天，西郊机场一派节日景象，朱德总司令、全国妇联副主席邓颖超、李德全与首都各界妇女代表 7000 多人来到机场，参加新中国第一批女飞行员的起飞典礼。12 点 15 分，女飞行员们驾驶六架里-2 型飞机从机场起飞，13 点 10 分，她们飞临天安门上空，接受中央首长和首都人民的检阅，此时，毛泽东从中南海办公室走出来，望着从头顶飞过的飞机，高兴地对身边工作人员说道："这是女飞行员开的飞机。"

3 月 24 日下午，毛泽东、刘少奇、周恩来等在中南海颐年堂接见了西郊机场全体女飞行人员，并语重心长地对空军司令员刘亚楼道："要训练成人民的飞行员，不要训练成表演员。"毛泽东的这一教导对新中国女飞行员队伍建设影响很深，成了一批批女飞行员的座右铭。

"要坐中国人驾驶的飞机"

西郊机场直接为毛泽东服务，是在 1956 年 5 月。这年 4 月，毛泽东要乘飞机到南方视察。这是毛泽东第一次乘飞机出行，空军司令员刘亚楼出于安全问题的考虑，建议他乘坐苏联飞行员驾驶的苏联飞机，遭到毛泽东的强烈反对。毛泽东说："我们有了人民空军，有了自己的飞行员，为什么要外国人驾驶？外国人驾驶的飞机我不坐，我要坐中国人驾驶的飞机。"

毛泽东所说的"自己"的飞行员，具体是指西郊机场的空军飞行员。西郊机场当时所驻部队为空军独立第三团，代号为 2343 支队，装备主要是从苏联进口的运输机，执行专机和其他空运任务。"外国人驾驶的飞机

毛主席坐在飞机上

我不坐，我要坐中国人驾驶的飞机。"毛泽东字字千钧的话语，充满了对中国飞行员的高度信任与无限关爱，使他们感到无上光荣，成为推动空军建设的巨大动力。

5月3日上午7点半，毛泽东第二次来到西郊机场，乘坐8205号里-2型飞机离开北京前往广州等地视察，6月4日又乘该机返回北京。

西郊机场的飞行员也没有辜负毛泽东的信任，他们战胜了暴风雨等各种困难，安全圆满地完成了这次飞行任务。毛泽东对专机组非常满意，不仅与机组成员合影留念，飞行途中还到驾驶舱看望机组成员，给机组成员送西瓜。特别是飞临武汉长江上空时，毛泽东在驾驶舱鸟瞰了正在建设中的长江大桥工地，那时大桥桥墩已露出水面，突立在江涛之中。毛泽东被工地上的壮观景象所吸引，连连赞叹道："好看！好看！"毛泽东这次到武汉曾三次畅游长江。乘机与畅游长江的感受以及地面建设的热潮，激发了毛泽东的灵感，他诗兴大发，写下了"才饮长沙水，又食武昌鱼。万里长江横渡，极目楚天舒……一桥飞架南北，天堑变通途……"的著名诗篇《水调歌头·游泳》。

在北京落地后，他又赞扬机组道："同志们辛苦了！你们是腾云驾雾，暴风雨中见成长。""暴风雨中见成长"这七个字后来被撰写在候机楼前广场的大影壁上，成为该部队最宝贵的精神财富，代代相传，并作为部队史的书名载入史册。

自此之后，毛泽东又多次来到西郊机场，乘坐飞机去外地视察。据有关资料统计，毛泽东一生共坐过26次飞机，除去重庆谈判和去苏联访问是乘坐外国飞行员驾驶的飞机外，其余24次所乘坐的飞机全是由西郊机场的空军飞行员驾驶的。有一张全国公开发行的"毛主席坐在飞机上"的照片，就是1957年12月期间，毛泽东乘坐伊尔-14型4208号专机视察济南、南京、杭州、合肥时，在徐州上空拍的。

并未终结的西郊情缘

1958年后，毛泽东几乎不坐飞机，外出视察全坐火车。关于其原因，有两种说法：一种说法是因为坐飞机风险较大，党中央为确保毛泽东的绝对安全，决定不让他再乘机外出。另一种说法是毛泽东为了更多地接触干部群众，外出视察喜欢沿途走走停停，坐飞机做不到这一点，因此毛泽东自己决定外出坐火车。孰是孰非没有考证，可能两种原因皆有。

毛泽东虽从1958年开始没再在西郊机场乘坐过飞机，但他与西郊机场的缘分并未终结。

1965年7月7日，西郊机场的西停机坪上，停满了伊尔-18型和伊尔-14型飞机。其中有一架机尾号为3383号的伊尔-14型飞机，机务人员正在给它做定检工作。上午9点左右，一辆黑色小轿车从跑道北头，也就是玉泉山方向，驶到3383号飞机前停住了。一个高大的身影从车内走了下来，他刚下汽车便被机械师胡守礼认了出来，伟大领袖毛主席！瞬间，胡机械师懵了，以为自己在做梦。当毛泽东向他走来时，他才回过神来，忙上前给毛泽东敬礼。

当时有位下放当兵的女大学生，正在飞机上清扫机舱，急于和毛泽东握手，没从舱门口的梯子下飞机，而直接从两米多高的机头舱门跳了下来。后来有人问她是怎样下飞机的，她竟不相信自己是跳下来的。

面对无比兴奋、激动的人群，毛泽东微笑着与他们一一握手，并十分亲切地连声说道："我来看看同志们，我来看看飞机。"此时的停机坪沸腾了，营区的指战员听到欢呼声都往停机坪跑，毛泽东在秘书劝说下，挥手告别流泪欢呼的人群，乘车离开了西郊机场。

毛泽东走后，机务人员久久沉浸在幸福之中，他们做梦都没想到日理万机的领袖会到机场来看望他们，更没想到能与他握手。由于没有记者，机务人员也没带照相机，这个动人的场面没被拍摄下来。后来，为弥补这一遗憾，有人请一位画家画了一幅巨大的油画，再现了那激动人心的场景。这幅画已成为西郊机场专机部队激励一代代航空兵的传家宝。

在西郊机场最后一次接见红卫兵

1966 年 11 月 26 日，当时中国已进入"文化大革命"时期，毛泽东再次来到西郊机场，他要在机场接见红卫兵。天刚刚透亮，红卫兵就从四面八方如潮水般涌进机场，他们身穿绿军装，腰扎军用皮带，左臂佩戴红卫兵红袖箍，胸前佩戴着毛主席像章，手握《毛主席语录》，双肩分别挎着挎包和军用小水壶，挎包上都用红绒线绣有"毛主席万岁"或"祝毛主席万寿无疆"的字样。进场后他们就一直处于高度亢奋之中，时而背诵《毛主席语录》，时而高唱《大海航行靠舵手》等革命歌曲。那天的西郊机场真正成了人山歌海。

下午 3 点钟左右，机场候机楼的广播喇叭里传出了《东方红》的乐曲声，这是毛泽东即将出现的讯号，全场 100 多万群众立即站了起来，沸腾的机场出现了短暂的宁静。不久，打前站的警卫部队乘坐摩托车从跑道北头开过来了，人们的目光都射向北方。随之"毛主席万岁""祝毛主席万寿无疆"的欢呼声再次响起，喊声惊天动地。正当人们声嘶力竭呐喊时，毛泽东的专车从跑道北头开了过来。他身着军大衣，神采奕奕地站在敞篷吉普车上，挥动着手中的军帽，向跑道两侧的人群挥手致意。毛泽东的专车开得很慢，跟在毛泽东专车后面的是林彪专车，跟在林彪车后的是周恩来、刘少奇、邓小平、朱德等乘坐的专车。在红卫兵热情的欢呼声中，领袖们的车队顺着跑道缓缓驶去，接见活动随之结束，历时约半个小时。

这是毛泽东最后一次接见红卫兵，也是他最后一次来到西郊机场。

破例的最后一次飞行

1967年7月，武汉骄阳似火，再加上"文化大革命"的"熊熊烈火"，武汉这座大火炉，大有爆炸之势，两派群众组织的派别斗争愈演愈烈。20日，局势已难以控制，为确保毛泽东的安全，周恩来于7月20日下午4点半，乘坐伊尔-18型飞机赶往武汉，当面力劝毛泽东离开武汉。开始毛泽东不同意："我哪里也不去，就在武汉。"后来，在周恩来及其他人反复劝说下，毛泽东同意离开武汉，前往上海，并同意破例乘坐从西郊机场调来的伊尔-18型232号专机。驾驶这架飞机的机长是西郊机场某团团长王进忠。

1967年7月21日清晨，载着毛泽东的232号专机迎着晨曦起飞了。

王进忠在232号专机下留影

这时的毛泽东与 11 年前坐在飞机上的毛泽东判若两人。11 年前的毛泽东是那样亢奋，神采奕奕，红光满面，而此时的毛泽东双眉紧锁。飞机离开地面不久，毛泽东独自走进驾驶舱，与机组打过招呼后便急切地询问机长："到上海需要多长时间呀？"

"一个多小时。"机长回答道。

"现在飞多快速度？"

"每小时 700 多公里。"

毛泽东点了点头后，没再问什么，也没有看一眼机外的景色，便回到了他的包间。

在机长的精心操控和机组的密切配合下，毛泽东乘坐的 232 号专机安全飞抵上海虹桥机场。

到达上海后，毛泽东的心情好了很多，眉头舒展了，脸上有了笑容。在飞机下高兴地对接机人员说道："还是坐飞机好。"

1967 年 7 月 21 日，是毛泽东的最后一次飞行，从此伟人告别了蓝天，也为他与西郊机场 18 年的特殊情缘画上了句号。

（作者是空军指挥学院退休干部）

斯诺心目中的毛泽东

武际良

美国著名记者、作家埃德加·斯诺是中国人民的好朋友，为促进中美两国人民之间的相互理解和友好关系奔走呼号了一生。1937年，在保安的窑洞里，斯诺与毛泽东一见如故，相识、相知，结下了终生不渝的伟大友谊。中国革命胜利后，斯诺又三次访问新中国。斯诺既是毛泽东的挚友，又是诤友。国际上赞誉斯诺是"最了解中国和毛泽东的美国人"。

窑洞里的预言家

斯诺在初访陕北苏区见到毛泽东前，曾把中国社会的进步、国家统一富强的希望寄托在国民党蒋介石身上。在经历了九一八、一·二八事变、一二·九运动后，斯诺看到国民党蒋介石对日本侵略者妥协投降，对中国人民实行法西斯独裁统治，迫害爱国进步人士，镇压抗日救亡学生的反动面目。他认为：蒋介石"既不是大政治家，也不是杰出的将领"，而是一个"只关心保持自己的权力，而不是挽救中国"的军阀。

具有独立思考精神的斯诺，对多年来国民党报刊上连篇累牍地宣传中国共产党领导的红军是"杀人放火"的"赤匪"的恐怖故事有许多疑问，谁能相信只对抢劫和杀人有兴趣的"赤匪"，竟然得到老百姓的拥护，能够对抗蒋介石的强大军队的"围剿"达十年之久呢？国民党政府下令通缉的"头号赤匪"毛泽东究竟是什么样的人物？

为了弄清真相，在宋庆龄和中共华北局的帮助下，斯诺于1936年7月上旬秘密进入陕北苏区，在保安见到了毛泽东。

在保安，斯诺看到领导穷苦农民和红军士兵打土豪、分田地，没收万千金银财宝的毛泽东的生活和普通士兵没有多大差别。同士兵穿一样的粗布军装，衣领上缀着同士兵一样的红布领章，没有任何官阶标志。毛泽东的伙食同士兵一样是粗粮馒头蘸辣椒，菜里偶然有几片肉，也是为了招待斯诺一起进餐。毛泽东的这一切，同国民党高官显贵们的豪华生活有天壤之别。斯诺认为，红军这种官兵平等、同甘共苦的生活，所激发的精神力量，大概是蒋介石的强大军队无法消灭毛泽东率领的弱小红军的一个重要缘由。

在谈到中国如何反对日本侵略时，毛泽东对当时中国的政治、军事、经济、地理、人口、文化，敌我双方的情况及国际形势等各个方面作了精辟的分析。他用大量事实，旁征博引，论述了打败日本侵略者的各种因素和必备条件，特别强调了建立国内和国际的抗日统一战线。

毛泽东预言：日本不仅妄图霸占中国，还想占领西方国家在亚洲和太平洋地区的殖民地，独占西南太平洋，甚至进攻美国。在反对日本侵略的战争过程中，中国人民将遭受长期的痛苦和巨大牺牲，但中国在持久抗战中的力量将逐渐增长，日本在战争的长期消耗中，会最终崩溃。中国必将取得最后的胜利。

当时，在斯诺眼里，毛泽东的种种预言，"既有马克思主义的辩证法——他的一切观点的依据，也有主观臆想的成分"。他联想到美国思想家爱默生曾说过的："每个人在出生之前，都是一个未知数。""在我们看到成功之前，一切都是不可能的。"

在以后的十几年里，斯诺目睹了毛泽东等中国共产党人，领导中国人民打败了日本侵略者，推翻了国民党蒋介石的反动统治。建立了新中国之后，他在《复始之旅》一书里回忆起当年在保安同毛泽东的谈话，称毛泽东是"窑洞里的预言家"。他写道："如果说我初次见到他时觉得他古怪，他那绝对的自信却给我留下深刻的印象。他具有那种马克·吐温称之为'握有四张王牌的基督徒的那种镇静和自信'。他的王牌是亚洲的马克思主义、他对中国历史的渊博知识、他对中国人民的无限信任和他将泥腿子培养为将军的实际经验。他那循序渐进的论证使我相信了它是'可能的现实'。"

他的生平是整整一代人的横断面

在保安时，斯诺多次提出为毛泽东作传。然而，毛泽东在同斯诺谈话时，总是谈共产党，谈苏维埃运动，谈红军的成长，谈五次反"围剿"，谈那些普通红军战士的英雄故事，把长征的胜利完全归功于党的正确领导，并提到朱德、周恩来、张闻天、王稼祥、彭德怀、林彪、贺龙、刘伯承等许多革命战友的通力合作。毛泽东不断赞扬他的同志和战友，而绝口不谈自己。他始终认为，在革命中个人是无关紧要的。

斯诺竭力说服毛泽东："人们读了你的文章、言论和声明，就想知道你是怎样的一个人。在一定程度上，这比其他问题上所提供的情况更重要。"他还告诉毛泽东："外边有许多关于你死亡的各种传说，有的人说你是个无知的农民，有人说你是个狂热分子，还有人说你是一个患肺结核垂死的人，甚至有一个叫彼得·弗莱明的人，写了一本名为《孤家寡人》的书，向全世界散布上述种种谣言，你也应该辟谣。"

毛泽东不大相信有必要谈论个人的经历，他对斯诺所说的外界有许多人把时间花在对他个人的种种猜测上感到意外。斯诺锲而不舍，不厌其烦地劝说，最后毛泽东接受了斯诺的要求。

从毛泽东富于戏剧性的经历中，斯诺觉得在毛泽东身上有一种天赋的力量，一种强大的自然活力。斯诺认为，毛泽东生平的历史是中国整整一代人的一个丰富的横断面，是了解中国国内动向原委的一个指南。这不仅是毛泽东个人的历史，也是一种适合中国国情的共产主义为什么能赢得成千上万中国青年男女的拥护和支持的记录，是一个关心人类集体命运的盛衰的客观史料记载。

斯诺记录毛泽东生平自述的英文稿，于1937年抗日战争开始后，作为《毛泽东自传》在上海出版的英文杂志《Asia》上分期连载。其素材被称为"中国革命史上的一个重要文献"。

斯诺在根据这段经历整理的《外国记者西北印象记》一书中写道：

不要以为毛泽东是中国的救世主，这是瞎话。永远不会有任何的一个中国的救世主。但是不可否认的，你在他身上能感觉到一种确定命运的力量。它不是某种过激和润滑的东西，而是一种坚强的基本活力。在这个人身上，有一个特点，滋长到不可测摸的程度，那就是他综合地体现千百万中国人特别是农民的迫切要求。这些农民是贫穷困苦的，营养不足，被人剥削，目不识丁，可是他们却温柔和善，宽宏大量，勇猛惊人，而且现在是很有反抗精神的人类。他们在中国人民中占大多数。假如这些要求和推动他们前进的运动是振兴中国的动力的话，那么，在这种深刻庄重的意义下，毛泽东确实有成为中国伟人的可能。

在这篇文章中配发了斯诺为站在保安窑洞前头戴红星军帽的毛泽东拍摄的那张后来广为流传的著名照片。斯诺写的照片说明文字称毛泽东：无论在职业生涯还是人格方面，都以其宽阔的胸怀，办事认真，具有民主精神，对穷人和被蹂躏者富于同情，因而同亚伯拉罕·林肯多少相像。毛泽东自奉甚简，衣食住皆与士兵相同。

公认的领袖，人民中的平常人

1937 年，日本侵略者发动七七事变，国民党军队节节败退。1938 年夏天，武汉失守前三个月，斯诺作为英国《每日先驱报》战地记者，由香港乘飞机来到国民党政府迁移的所在地武汉。首先采访了作为中国抗战领袖的蒋介石。

采访蒋介石，没能使斯诺对中国的抗战前途得到满意的回答。斯诺又先后访问在武汉的周恩来、博古、叶剑英、叶挺、项英等中共和八路军、新四军的领导人。周恩来把毛泽东在 1938 年五六月间在延安所作的《论持久战》的讲演文本送给斯诺。斯诺连夜捧读。毛泽东对中日战争所处的时代和敌我双方基本情况的精辟分析，对当时国内的"亡国论""速胜论"和轻视游击战争等错误思想的有力批驳，对抗日战争的全部发展过程的科学预见，使斯诺犹如拨开乌云见晴天，看到了中国人民抗日战争的光明前景。

1939年9月下旬，斯诺赴延安与毛泽东重聚。三年前，毛泽东在保安窑洞里向斯诺讲过的一些重要的政治预言，诸如，中国的内战停止了，抗日民族统一战线在磕磕绊绊中建立了起来，共产党和红军不仅存在，并正在抗战中发展壮大都正在变成现实。

毛泽东与斯诺在延安

此时斯诺眼中的毛泽东已是公认的领袖，但他绝不是一个独裁者，他的一切决定，都是经过集体讨论和判断的结果。在延安时期，没有人把毛泽东当成神，他是一个杰出的革命领袖，但依然是一个普普通通的人。斯诺写道：

他仍是人民中的平常人，有农民和知识分子素质的奇异掺杂，也有伟大政治目光和普通常识的混合。他的革命乐观主义始终不动摇；他永远自信共产党最后必在中国胜利，他还是彻夜工作到天明。

在延安会见毛泽东时，斯诺把一本《西行漫记》赠给毛泽东。毛泽东在为斯诺举行的欢迎晚会上举起这本书说："这是一本真实地报道我们的情况，介绍我们党的政策的书。斯诺先生是在没有别人愿意来的时候到我们这里来，了解我们的情况，并通过提供事实帮助了我们。"毛泽东赞誉斯诺"是头一个为统一战线所必需的，建立友好关系工作铺路的人"。

1939 年 9 月对延安的这次访问，让斯诺从中国共产党和毛泽东领导下的抗日军民身上看到中国人民热情澎湃的高昂斗志和踏踏实实、艰苦奋斗、自力更生、奋发图强的精神面貌。"增强了我对未来的希望和信心。这是中国仅有的地方，只有在这里，人们才能感受到健全与合理的制度，感到中国人民必将获得最后的胜利。"

毛泽东做了许多伟大的事情

1960 年，斯诺第一次访问新中国，中国革命胜利，人民得到解放后，十多年来各方面取得的巨大进步，给他留下深刻的印象。这年 10 月 1 日，斯诺应邀到天安门城楼上出席新中国成立 11 周年庆祝大会，观看了阅兵式和群众大游行的盛况。斯诺认为：经过几十年艰苦卓绝的革命战争，而形成如今这巨大洪流般的队伍，毛主席是队伍中第一号英雄人物。

1960 年 10 月 22 日，斯诺来到毛泽东在中南海丰泽园的家里。此时的"毛泽东同中共的其他高级干部一样，穿一套质料一般的银灰色的中山装，脚上穿的是一双需要擦油的棕色皮鞋。据说，这双皮鞋，是他从新中国开国大典那天穿起，至今十多年了，却不肯换一双新的"。

斯诺盛赞中国的变化时，毛泽东把手一挥说："中国有变化，但是还没有基本变化。中国的变化在革命方面是基本变化了。至于建设方面，现在才刚刚开始……只能说有所改变，但还没有基本改变。"

斯诺听毛泽东这样说，觉得他今天同在保安、延安时期一样坦率而真诚。

毛泽东招待斯诺的是湖南式烹饪的家常便饭。但是毛泽东不吃肉菜，专拣青菜和红辣椒吃。斯诺并不知道，此时正值中国三年困难时期，毛泽东同其他中共领导人已经不吃肉了。斯诺问毛泽东还是这么爱吃辣椒，只听得毛泽东心情沉重地说："人民还不能吃饱。"

饭后，他们继续交谈。谈到分别 20 多年来国际上所发生的事情，也谈到中国的现实与外界的看法，以及对未来的展望。

当时，西方世界有意歪曲毛泽东的"枪杆子里面出政权"的理论，把毛泽东宣传成"好战分子"、伪君子。

和毛泽东深入交谈后，斯诺认为：毛泽东的立场既非中立，亦非被动，更绝未有赞成侵略外国的纪录。毛泽东认为革命战争主要是抵抗侵略的行动。当人民受到武装的压迫者征服时，他们自然会以暴力反抗。斯诺深知，由于毛泽东生活于饱受外来侵略与不停的内战蹂躏的中国，况且他本人更是反革命暴力的受害者，曾经牺牲了妻子、儿子、兄弟等六位亲人，生活的经历也使他合理地认为所有的革命行动都是"和平的冲锋号"。斯诺还认为：多少年以来，西方在亚洲所占的优势并没有带来和平，而只是侵略。毛泽东为中国总结了这个历史教训，说"枪杆子里面出政权"这种通俗的说法，不应曲解。事实证明，直到中国人学会有效地运用现代化武器之后，西方才开始尊敬他，"害怕"他。所以，中国不可能首先放下枪杆子。毛泽东真正看到，革命给中国带来内部和平。

在新中国考察访问后，斯诺用大量事实驳斥了西方国家对毛泽东的种种诬蔑不实的宣传。他写道：

毛泽东在群众中的形象，绝对不是一个刽子手。他不但是一个党的领袖，而且更是一个公认的名副其实的导师、政治家、军事家、哲学家、桂冠诗人、民族英雄，全民族的领导以及历史上最大的人民救星。在"百花齐放"时期，显示了毛是有敌人的，但他是唯一敢将报刊及论坛公开给民众反映意见的共产党领袖。

1964年10月，斯诺第二次访问中国。在斯诺结束访问即将离开中国前，1965年1月9日傍晚，毛泽东宴请斯诺，乔冠华及其夫人龚澎作陪。饭后，毛泽东同斯诺进行了四个小时的长谈，按当时毛泽东的话说，这次"天南海北""海阔天空"无所不谈。整个交谈十分轻松愉快。交谈开始时，来了一位摄影记者，拍了一个电视短片，这是毛泽东应斯诺的请求而拍摄的，这次毛泽东与斯诺会见和1960年那次不一样，那次未发消息，这次不仅发了消息，还在《人民日报》上登载了毛泽东同斯诺会见的大幅照片。把斯诺称为"《西行漫记》的美国作者"。按照斯诺的话说："这显然加重了这件事的分量，使它绝不仅是重叙旧谊。在我看来，毛泽东很可能想通过这种方式，把中国对战争与和平的看法，特别是对越南问题的看法通知美国。"

这次交谈结束，斯诺告辞，毛泽东送他到门口，尽管斯诺一再辞谢，毛泽东仍在门口目送斯诺上了车。在零度以下的北京冬夜，没穿大衣，毛泽东站在那里，向斯诺挥手告别。可见毛泽东对斯诺的情谊之深，非同一般。斯诺把这次在中国的访问，写成《漫长的革命》一书出版。

一个伟大的战略家

1970年的访问是斯诺最后一次访华。此次来访前，他刚做过手术，身体仍很虚弱，但陷入"文化大革命"动乱的中国使他寝食难安，放心不下。就这样，斯诺拖着疾病缠身、疲惫不堪的身体，在中国东奔西走访问了近半年的时间。

1970年10月1日，毛泽东与斯诺在天安门城楼交谈

斯诺回到北京后，应邀出席新中国成立 21 周年庆祝大会，斯诺俯视天安门广场，看到青年们高举着一幅幅毛泽东画像和一块块毛泽东语录牌，高抬着毛泽东的巨大塑像的游行队伍通过天安门前时，人们争相拥向金水桥畔，翘首仰望天安门上的毛泽东。人群爆发出"毛主席万岁！万万岁！""祝毛主席万寿无疆！"的口号声，直冲云霄……

站在毛泽东身旁的斯诺见此情景，他禁不住指着游行队伍问毛泽东："你觉得这些怎么样？你的印象如何？"

毛泽东皱着眉，摇了摇头。接着又说"很好"，但也承认"不满意目前的状况"。这是指什么意思，斯诺想接着问，但涌过来的游行队伍高呼"毛主席万岁"的口号声、欢呼声把他们的交谈打断了。

毛泽东于 1970 年 12 月 18 日清晨，将斯诺请到中南海游泳池旁的住处，同他进行了长达五个小时的交谈。

谈话中，斯诺提到在 1965 年 1 月同毛泽东的谈话的报道中，他写了毛泽东承认中国确实有"个人崇拜"，而且有理由要有一点儿"个人崇拜"。斯诺对毛泽东说："因为我写了这一点，有些人曾批评过我。"他坦率地提出了这个问题。

毛泽东告诉斯诺：我们并不期望每一个人在每一个问题上都同意我们所讲的。你有权保留自己的看法，最好是保持自己的独立判断。

毛泽东还说：就是你写了在中国有"个人崇拜"又怎么样呢？有这样一回事嘛！为什么就不能写呢？它是事实！

听了毛泽东这番话，斯诺说："我常常想，不知道那些喊拥护毛的口号最响，挥动旗子最起劲的人，是不是就像有些人所说的，在打着红旗反红旗？"

毛泽东点点头说："这些人分三种：一种是真心实意的；第二种是随大流的——因为别人喊'万岁'，他们也就跟着喊；第三种人是伪君子。你没有受这一套的骗是对的。"

毛泽东还自问自答地说："但是，难道美国人就没有自己的个人崇拜吗？你们的国都就是以开国总统华盛顿命名的嘛！"

斯诺补充说："在美国每个州里都还有以华盛顿命名的市镇。"

毛泽东接过话说："你们美国各州的州长、各届总统和内阁各个成员，没有一些人去崇拜他，他怎么能干下去呢？总是有人希望受人崇拜，也总有人愿意崇拜别人。"

毛泽东转而问斯诺，"如果没有人读你的书和文章，你会高兴吗？总要有点个人崇拜嘛"！

毛泽东要斯诺放心，称时间会冷却"个人崇拜"。他说："我不喜欢这一切。我们准备结束它。"

谈到这里，斯诺想起，两个月前在天安门城楼上，毛泽东曾说他对目前的状况"不满意"，他请毛泽东解释一下是什么意思。

毛泽东说："'文化大革命'中有两个东西我很不赞成。一个是讲假话，口里说要文斗不要武斗，实际上下面又踢人家一脚，还不肯承认；一个是捉了俘虏虐待。一个人不讲真话，建立不起信任。谁信任你啊？朋友之间也是这样。比如：我们35年前第一次见面到现在，总没有变嘛，总是以朋友相待。我对你不讲假话，我看你对我也不讲假话。"

此次谈话中，毛泽东在谈到中美关系时说，中美两国之间的关系要跟尼克松总统解决。如果尼克松想来北京，他要斯诺给尼克松捎个口信，叫他悄悄地，不要公开，坐上一架飞机就可以来了。作为一个旅行者来也行，作为总统来也行。谈得成也行，谈不成也行；吵架也行，不吵架也行；我相信不会同尼克松吵架。

毛泽东还向斯诺透露，尼克松的使者可能即将前来。

听了这一席话，斯诺为毛泽东以一个伟大战略家的眼光，博大的胸怀，高瞻远瞩，审时度势，作出要打开中美关系的决策而深受感动和鼓舞。斯诺曾说，"我从来没有想过毛泽东会对美国构成严重威胁"，并认为，"毛泽东和其他中国领袖对美国都存有一个直接而消极的印象"的原因，完全是由于美国当局采取敌视新中国的错误政策造成的。

1971年7月，斯诺写给路易·艾黎的信中说："全世界现在看到毛主席是个伟人。他当然是。但我的任务是，使人们看到他不是妖魔而是人。

这样做很有必要，因为在那些常常是文字拙劣的宣传中，他的作为使人觉得是有威胁性的。"

1976年，毛泽东逝世，《时代》周刊发表了斯诺这位与毛泽东相识40年，成为他唯一知己的异国朋友从哲学的高度对他的一段评价：

毛泽东能同时运用时间、空间、策略、正确和错误这些相互矛盾的概念；他能用行动表达出合乎现实情况的判断，似乎这才是唯一的真理，因为他始终知道对立面是一个必需的组成部分。

（作者是中国国际友人研究会常务理事）

毛泽东六次接见钱学森

吕成冬

1955 年，著名物理学家钱学森冲破美国的重重阻挠回国之后，先后受到毛泽东的六次接见。钱学森说："每一次都给我指明了继续前进的方向，每一次都给我增添了攀登高峰的力量。我之所以有今天，都是毛主席、共产党给的。"由此可见，毛泽东在钱学森心目中的重要地位。

第一次接见：最高国务会议上谈哲学问题

1956 年 1 月 25 日下午，毛泽东召集最高国务会议第六次会议，讨论《一九五六年到一九六七年全国农业发展纲要（草案）》。参加讨论会的除了党和国家领导人之外，一些科学家也受到邀请，其中就包括刚刚回国的钱学森。在讨论会上，钱学森做了发言并表示要拥护纲要草案。

会议按照计划只安排一个下午，但发言的人非常踊跃，不得不延长到晚上。因为事先未准备晚饭，就临时决定休息，吃完点心后继续开会。正当钱学森在休息室休息时，毛泽东走进屋子并走到钱学森面前。在交谈中，毛泽东嘱托钱学森要多培养一些青年科技人员，因为现在国家非常缺乏科技人员。

随后，毛泽东还就"基本粒子是否可分"问题询问钱学森："你们科学家说的，基本粒子不可再分啦！我看基本粒子也是可分的，你信不信？"钱学森不敢说信，也不敢说不信。因为当时物理学家认为基本粒子是不可分的，而后来物理学发展证明毛泽东的"基本粒子可分说"是正确的。钱学森说过"毛主席对物质无限可分性的问题，从唯物辩证法的高度，作了非常精辟的论述。毛主席光辉地预见了 20 年后高能物理的发展"。

这是钱学森第一次受到毛泽东的接见，虽然谈话的时间比较简短，但对钱学森影响非常深刻。回国之后不久就受到毛泽东的接见，也让他感觉到非常温暖。而钱学森还清晰地记得毛泽东对他说："要懂得新生的、最有生命力的东西，总是在同旧的、衰亡着的东西斗争中生长起来的。"

第二次接见：毛泽东让钱学森坐到身边

1956 年 2 月 1 日上午，钱学森应邀参加政协第二届全国委员会第二次全体会议分组讨论会。在讨论会上，钱学森从科学技术工作者的角度，结合自己在美国的留学经验，对我国培养科学研究人员的优势和劣势进行了客观的分析。同时，还对"十二年迎头赶上世界科学水平"的伟大历史任务进行了阐述："在党的领导下，在全国社会主义的高潮中，知识分子的这些老习惯会自然而然地被冲洗掉；同时只要我们能学习，能把科学研究的最好工具——辩证唯物论，运用到业务上去，能深入实践，取得对新事物、新环境的敏感，我们会很快地变成积极的科学技术劳动者；那时我们的科学技术队伍必然成为一支战无不胜的大军，十二年赶上世界科学技术的任务是一定可以完成的。"

1956 年 2 月 1 日，毛泽东在中南海怀仁堂宴请参加政协会议的全体人员，将钱学森安排在自己的右边

这天晚上，毛泽东在中南海怀仁堂宴请参加会议的全体委员。在宴会厅内，党和国家领导人同各界人士欢聚一堂。钱学森拿着请柬走到自己所在的第37桌。但是，第37桌并没有自己的名字。正在纳闷之际，工作人员将钱学森领到第一桌，只见钱学森的名字放在毛泽东的右边。

钱学森开始有点疑惑，就在此刻，毛泽东在全场雷鸣般的掌声中走到第一桌，热情地招呼钱学森："学森同志，请坐这里。"钱学森坐在毛泽东身边，成为宴会厅里最瞩目的人物，感到无上光荣。钱学森事后才知道，是毛泽东在审看宴会名单时，亲笔把他的名字从第37桌勾到第一桌。席间，毛泽东对钱学森说："听说美国人把你当成五个师呢！我看呀，对我们来说，你比五个师的力量大多啦！我正在研究你的《工程控制论》，用来指导我国的经济建设。"在交谈中，毛泽东说得最多的，是新中国的建设事业需要大量的科技人才，又再次嘱托钱学森能够多多培养年轻科技人员。

第三次接见：参观科学院，指导科技工作的方向

1958年10月27日下午，毛泽东在中国科学院院长郭沫若的陪同下，到中国科学院参观自然科学成果展览。毛泽东首先来到一个全身布满黑点的人体模型前，副院长张劲夫介绍说，"这是针灸穴位和皮肤电位分布的比较。试验证明，祖国医学上的经络学还是值得重视的"。毛泽东边听边看说明，就祖国医学的科学性问题对大家说，"这就有了科学了，不能再说没有科学喽"！在参观"棘鼻青岛龙"大恐龙骨骼时，毛泽东嘱咐要好好地保护这个标本。

在参观过程中，毛泽东看到钱学森并主动交谈。毛泽东说："我们还是1956年在政协见的面，那一年，全国的干劲很大，第二年春天也还有劲，以后就泄气了，接着就是匈牙利事件，又来个反冒进，真是一股邪风，说'马鞍形'是不错的。"随后又说："你在《青年报》上写的那篇文章我看了，陆定一同志很热心，到处帮你介绍。你在那个时候敢于说四万斤的数字（1958年，钱学森向毛主席解释，四万斤产量的计算方法不正确），不错啊。你是学力学的，学力学而谈农业，你又是个农学家。"

1958 年 10 月 27 日，毛泽东参观中国科学院自然科学成果展览，观看人体经络穴位模型，郭沫若（右二）陪同

钱学森很谦虚地说："我不懂农业，只是按照太阳能把它折中地计算了一下，至于如何达到这个数字，我也不知道。"毛泽东随后又说："你的看法在主要方面上是对的，现在的灌溉问题基本上解决了，丰产的主要经验就是深耕、施肥和密植。深耕可以更多地吸收太阳，让根部更多吸收一些有机物，才能长得多，长得快。"

毛泽东肯定了这次展览，尤其是在技术科学展览馆，看到重量轻、强度高、经济、便于安装的建筑材料后高兴地说，"如果全国都是这样，那就太好了"。参观结束后，毛泽东勉励大家走前人没有走过的路，破除迷信，解放思想，努力赶超世界先进水平。钱学森后来回忆说，毛主席这次的教导"拨正了我做科技工作的方向"。

第四次接见：中南海谈话决定搞反导弹

1964 年 2 月 6 日，北京正是深冬季节，但阳光格外明媚。毛泽东邀请竺可桢、李四光、钱学森到中南海紫云轩畅谈科学工作，想听听科学工作者的意见。在谈话中，毛泽东和钱学森谈到反导弹问题时提出："搞少数人，专门研究这个问题。五年不行，十年；十年不行，十五年，总要搞出来。"

事实上，早在 1964 年 1 月 2 日之前，毛泽东就指示聂荣臻，"我们要从防御上发展，要研究反导弹武器"。聂荣臻根据毛泽东的指示，找钱学森等人进行初步研究，决定先收集资料，但不要忙于成立班子。1 月 24日，聂荣臻向毛泽东报告，"防弹道导弹是个高度复杂的技术，当前苏、美等国都把发展有效的反导弹手段看成是打破核僵局的关键，建议成立一个组，由钱学森负责，探讨发展反导弹的任务、技术途径、核技术力量培训等问题"。于是，就有了 2 月 6 日毛泽东和钱学森的谈话中谈到的反导弹问题。

3 月 23 日，国防科委为了贯彻落实毛泽东的指示精神，安排钱学森负责主持召开弹道导弹防御技术讨论会。会议决定在国防部五院二分院成立"防御规划小组"和"反导规划小组"，开展反弹道导弹的研制任务。后来，整个反导弹工程被称作"640 工程"，并于 1964 年 8 月由中央专委列为国家重点任务。

"640 工程"极其庞大，与国内技术水平和经济力量不相适应，加之十年内乱，研制工程步履艰难。1982 年航天部决定下马"640 工程"，但是通过多年探索，攻破不少关键技术。尤其在预警雷达系统和测控等航天技术方面取得较大发展，为人造卫星、载人航天以及航天测控网的建设积累了丰富的经验。

第五次接见：毛泽东用稿费宴请钱学森

1964 年 10 月 16 日，中国爆炸了第一颗原子弹。12 月 26 日是毛泽东的生日，一向反对过生日的毛泽东，心情特别好，让工作人员给他列出宴请名单，用自己的稿费庆祝。钱学森也在邀请名单之列，并且和毛泽东同在一张桌子旁就座，在这张桌子旁就座的还有陈永贵等人。

宴会开始后，毛泽东举杯幽默风趣地说："今天既不是祝生日，也不是祝寿，而是实行'三同'。我用自己的稿费请大家吃顿饭。我的孩子没有来，他们没有资格。这里有工人、农民、科学家、解放军，不光是吃

1964年12月26日，毛泽东接见钱学森（右一）和陈永贵（中）

饭，还要谈话嘛！"毛泽东又指着钱学森说："你是导弹专家，依靠你，使我国的原子弹早日爆炸。"钱学森谦逊地说："我不敢称为专家，距党和人民的要求还差得远哩！"

这次会见对钱学森来说特别重要，因为原子弹爆炸成功后如何与导弹结合试验极为紧迫，重任落在钱学森肩上。但更为重要的是，此次接见具有特殊的时代背景。钱学森回忆毛主席将他和陈永贵安排在一桌，是毛主席对他"进行无产阶级政治教育"，并且深刻地领会毛主席的意思。他说："我领会毛主席的意思，是教育我一定要向劳动人民学习，拜劳动人民为师，认真改造世界观。""毛主席很关心我，亲笔把一份重要材料批给我看。我领会毛主席的深意，是要我认清知识分子不走社会主义道路是不行的，倒退或停顿是没有出路的。"

第六次接见：在天安门城楼上的最后接见

1970 年 4 月 24 日，中国第一颗人造地球卫星发射成功。而从钱学森 1957 年拟提出发展人造卫星已经过去 13 年，同时距毛泽东 1958 年提出"我们也要搞人造卫星"也已经过去 12 年。

5 月 1 日晚上 9 时，在《东方红》乐曲声中，毛泽东、周恩来以及柬埔寨国家元首西哈努克等登上天安门城楼，庆祝"五一"国际劳动节。在活动中，毛泽东和钱学森进行了亲切的交谈，并且要让钱学森"走到群众当中去，同群众结合"。周总理还特意请出钱学森、任新民给西哈努克介绍说，"这两位是新中国的火箭专家钱学森、任新民"。西哈努克分别与他们握手。

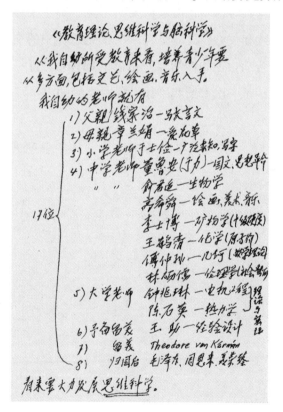

钱学森回忆影响一生的 17 位老师，毛泽东名列回国后首位

这是钱学森最后一次受到毛泽东接见，此后在人大或党代会上都能够见到毛泽东，却没有谈话。而毛泽东对钱学森也是分外地惦念，1975 年 1

月四届全国人大召开前夕，周恩来到长沙向毛泽东请示工作。当时周恩来递交一份四届全国人大代表名单，毛泽东说："不看了，但是我想起两个人，一个是钱学森，一个是侯宝林，请你查查人大代表里有没有。如果没有，就把他们补上。"

1976 年 9 月 9 日，毛泽东与世长辞。钱学森内心万分悲痛，9 月 13 日、15 日、17 日三天都参加了毛主席守灵，9 月 16 日在《人民日报》上发表了《终身不忘毛主席的亲切教诲》，沉痛地回忆了受到毛泽东六次接见的情形。9 月 18 日，钱学森又参加了在天安门广场举行的毛泽东追悼大会，并向主席遗体三鞠躬。

钱学森的一生对中国科学、国防事业作出了巨大贡献，但他在总结时说，自己只是恰逢其时，真正的成就要归于党、归于集体。而这背后就有来自毛泽东的支持和关心，尤其是在六次接见过程中的交谈，使钱学森受到极大的鼓舞和激励，正如钱学森所指出的那样："每一次都给我指明了继续前进的方向，每一次都给我增添了攀登高峰的力量。"

（作者是上海交通大学钱学森图书馆馆员、钱学森研究中心研究人员）

周恩来与和平共处五项原则

李达南

1954 年 6 月 28 日和 29 日，中印和中缅两国总理分别发表联合声明，共同倡导和平共处五项原则。和平共处五项原则经过一个甲子的历史考验，越来越为国际社会所普遍接受，成为发展国家关系和解决国际争端的公认的基本准则。

其实和平共处五项原则最早是周恩来总理 1953 年 12 月 31 日接见来北京谈判中印关于两国在中国西藏地方关系的印度政府代表团时，第一次完整地提出的。1950 年 4 月 1 日，中国和印度正式建交及 1951 年西藏和平解放后，印度政府不愿意放弃英国过去在中国西藏地方的一些特权。中国政府通过各种途径向印度政府明确表示，中印两国在中国西藏地方的关系有必要通过协商在新的基础上建立起来。1952 年 2 月 11 日，印度政府向中国交来一份《关于印度在西藏利益现状》的备忘录，共开列七项涉及中国主权的权益。周恩来总理于同年 6 月 14 日对印度驻华大使潘尼迦先生指出："中国同印度在中国西藏地方的关系的现存情况，是英国过去侵略中国过程中遗留下来的痕迹，对于这一切，新的印度政府是没有责任的。英国政府与旧中国基于不平等条约而产生的特权，现在不复存在了。因此，新中国与新的印度政府在中国西藏地方的关系要通过协商重新建立起来。"1953 年 9 月 2 日，印度总理尼赫鲁建议两国政府尽早就此问题进行谈判。周总理于 10 月 15 日欢迎印方时建议，谈判可于本年 12 月在北京举行。

当时我任外交部亚洲司四科（主管除阿富汗和巴基斯坦以外的南亚各国事务）副科长，参加了这次谈判，担任双方全体会议的记录。在会谈前，外交部做了紧张的准备工作，由外交部副部长章汉夫任团长，团员有亚洲司司长陈家康和中央人民政府驻西藏代表外事帮办杨公素。印方指派第二任驻华大使赖嘉文先生为团长，外交部联合秘书（相当于正司长）考尔为副团长，外交部官员戈帕拉查理为顾问。我国政府代表团会同外交部亚洲司、政策委员会等一起讨论了谈判方案，由亚洲司负责起草请示报告送周恩来总理审批，但是方案一直没有批下来。

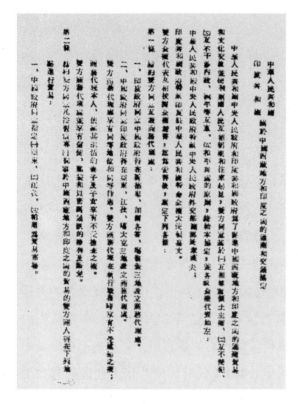

1953 年 12 月，周恩来在北京会见印度政府代表团时，首次提出和平共处五项原则，并载入 1954 年 4 月中印两国关于中国西藏地方与印度之间的通商和交通协定之中

周总理是十分注意信用的。当时中方同意在 1953 年 12 月进行谈判，尽管印度代表团因故迟至 12 月底才抵京，周总理还是抓紧时间在那年的最后一天，即 12 月 31 日接见印度代表团，中方代表团参加 10 人，作为中印双方正式谈判的开始。接见在中南海西花厅举行，译员兼记录由外交部情报司（即今新闻司）的陈辉担任。周总理说："中印两国的谈判在今天，12 月的最后一天开始了。我们说过在 1953 年开始这一谈判，现在实现了。"他接着说："我们相信，中印两国的关系会一天一天地好起来。某些

成熟的、悬而未决的问题一定会顺利地解决的。新中国成立后就确立了处理中印两国关系的原则，那就是互相尊重领土主权、互不侵犯、互不干涉内政、平等互惠和和平共处的原则。两个大国之间，特别是像中印这样两个接壤的大国之间，一定会有某些问题。只要根据这些原则，任何业已成熟的、悬而未决的问题都可以拿出来谈。"

1954年1月3日，周恩来以他本人的名义向中央写了关于中印谈判方案的请示报告，其中一一列出上述和平共处五项原则，作为谈判的指导方针。报告还提出谈判要先易后难，这次不谈边界问题，印度在西藏所沿袭的各种特权应该取消，但考虑到便利贸易和朝圣的惯例，凡不损及中国主权的，可以适当保留。谈判方案得到中央批准。这就是和平共处五项原则的由来，这些原则是周恩来亲自创导和首次提出来的。

中印关于两国在中国西藏地方关系的谈判经历了四个月的漫长过程。先后举行十二次全体会议和无数次的小组会。在第四次全体会议上，双方就以和平共处五项原则作为谈判的指导方针达成一致。尽管谈判过程交锋相当激烈，但由于有这一共同的指导方针，正如谈判结束后发表的公报所说，谈判自始至终是在融洽的气氛中进行的，得到了双方满意的结果。1954年4月29日，双方达成协议，签署了《中印关于中国西藏地方和印度之间的通商和交通协定》及换文。《协定》在序言中写明："基于互相尊重领土主权、互不侵犯、互不干涉内政、平等互惠及和平共处的原则，缔结本协定。"关于这一点，由于我方不便强加于人，是在印方表示赞同的建议的基础上写上的。《协定》有效期原内部建议为十年，后由周总理改为八年。当时由于周总理已去日内瓦参加会议，签字仪式由政务院董必武副总理和宋庆龄副主席出席。

《协定》签订和公布后，两国总理互致贺电。周总理在贺电中指出：只要各国共同遵守上述各项原则（指和平共处五项原则），采取协商方式，国际间存在着的任何问题均可获得合理解决。尼赫鲁总理在贺电中说，此一基于和平共处五项原则而缔结的《协定》，加强并巩固了中印两国人民的友谊。

日内瓦会议没有邀请印度参加。尼赫鲁总理派他的密友克里希纳·梅农先生作为特使，在会外进行活动。周总理多次会见他，实际上是在帮助印度做工作。尼赫鲁为表示感谢，在6月底日内瓦会议各国代表团团长休会空隙，由梅农代表他邀请周总理走南路，顺道访问新德里。当时中国代表团内部对是否接受此邀请有分歧，有人认为时机尚未成熟。经周总理电中央请示，毛主席6月13日发来指示，认为此次机会不可放弃，还是周总理到印度走一趟，做做印度的工作。6月25日，周总理抵达新德里，同尼赫鲁总理进行多次会谈。6月28日，两国总理发表联合声明，重申和平共处五项原则，并指出这些原则不仅适用于各国间，而且适用于一般国际关系中。一时间中印友好掀起热潮，周总理所到之处响起"印地秦尼巴依巴依"（印中人民是兄弟）和"潘查希拉金德巴"（五项原则万岁）的欢呼声。后来新德里的一条大街还被命名为"五项原则大街"。

1954年6月，周恩来访问印度时，在机场受到印度总理尼赫鲁（右二）及各界人士的欢迎

印度人称五项原则为"潘查希拉"。尼赫鲁同周恩来谈话中介绍说，梵文中的潘查希拉（五项原则）是佛教的一种教义，是佛教为人们所规定的五条人生戒律，即不杀生、不偷盗、不饮酒、不淫色、不妄语。我们共同倡议的五项原则可以说是国家之间相处的五条戒律。我们两国将这五项基本原则作为国家关系准则肯定下来。

周恩来和印度群众在一起

6月28日，周总理访问缅甸，在29日发表的两国总理的联合声明中，确认和平共处五项原则"也应该是指导中国和缅甸之间关系的原则"，并指出"如果这些原则能为一切国家所遵守，则社会制度不同的国家的和平共处就有了保证，而侵略和干涉内政的威胁和对侵略和干涉内政的恐惧将为安全和信任感所代替"。

和平共处五项原则的个别措辞后来稍有改变。在1954年中印、中缅总理联合声明中，平等互惠改为平等互利（英语是一样的）。在1955年亚非会议上，周恩来总理的发言中，互相尊重领土主权改为互相尊重主权和领土完整。

周恩来首创的和平共处五项原则，是列宁关于处理不同社会制度国家间的关系这一论断的新发展。早在新中国成立时发布的《中央人民政府公告》中即宣布："凡愿遵守平等、互利和互相尊重领土主权等项原则的任何外国政府，本政府均愿与之建立外交关系。"1950年2月14日签订的《中苏友好同盟互助条约》，是以周总理主持起草的中方文本为谈判基础的。其中第五条规定："双方保证以友好合作的精神，并遵照平等、互利、互相尊重国家主权和领土完整及不干涉对方内政的原则，发展和巩固中苏之间的经济和文化关系。"这一条文已将和平共处五项原则的前四项概括起来。1954年中印、中缅共同倡导的五项原则是在这一基础上的新发展，用词上更精练、完美和通俗易记。1955年4月，在印度尼西亚第一次亚非会议上达成的万隆会议十项原则，实际上是和平共处五项原则的引申和发展。

周恩来和缅甸联邦总统巴宇（右二）、总理吴努（右一）交谈

后来的事实证明，在社会制度相同的国家之间，同样也应该强调和贯彻和平共处五项原则。1956年10月波匈事件后，中国政府在11月1日的声明中指出：社会主义国家之相互关系更应该建立在和平共处五项原则的基础上。1968年8月，捷克斯洛伐克发生"布拉格之春"的改革运动，苏联、波兰、民主德国、保加利亚和匈牙利五国派兵侵入捷克斯洛伐克，对其内政进行干涉。周恩来总理于8月23日发表讲话，对苏联霸权主义行径进行了严厉的谴责。

据统计，到1976年1月周恩来去世时，有90多个国家同我国共同发表的文件中确认了和平共处五项原则。而在此基础上同我国建交的国家增加到 100 多个。这五项原则被应用到中苏宣言、中美上海联合公报、中日建交联合声明和 1978 年 8 月中日和平友好条约上，成为社会制度相同和不同国家之间的关系准则和国际政治新秩序的核心。1988 年 12 月，邓小平在会见印度总理拉吉夫·甘地时明确提出，要以和平共处五项原则作为建立国际政治新秩序的基础。他说："我认为中印两国共同倡导的和平共处五项原则是经得住考验的。我们向国际社会推荐这些原则，首先我们两国之间的关系要遵循这些原则，而且我们同各自的邻国之间的关系也要遵循这些原则。"

和平共处五项原则是建立健全的、国际的新型国际法理，它同霸权主义和强权政治的旧国际法理是对立的，它代表的国家领土主权神圣、国家平等原则、内政不允许外来干涉、不得对他国进行侵略与和平共处的思想，是国与国交往的准则。随着时代的演变，和平共处五项原则也在不断丰富与完善。霸权主义和强权政治是违逆时代潮流的，而和平共处五项原则是整个国际社会根本利益的体现者，是不可替代的国际关系的基本准则。各国人民仍需努力，排除万难，让它永放光芒。

（作者是外交部离休干部）

周恩来与我国第一颗原子弹

高健民　宋炳寰

　　我国第一颗原子弹的研制工作和试验的整个准备工作是在周恩来总理直接领导下进行的。下面，是我俩与当年同在国防科委二局任职的梁荫绥、孙兆贵、倪廷裕、罗汉奎一起对周恩来总理领导我国第一颗原子弹的研制工作和试验工作作过的一些指示和落实情况所做的片断回忆，以寄托我们对周总理的无比崇敬和深切怀念之情。

出面主持中央专委工作

　　早在 1954 年 9 月至 1955 年初，毛泽东、周恩来等老一辈无产阶级革命家就从世界已经进入原子能时代以及国际环境和战略全局考虑，作出了中国要建立原子能工业和研制原子弹的战略决策。

　　1956 年 4 月 25 日，毛泽东在中共中央政治局扩大会议上作《论十大关系》报告时强调说："我们现在已经比过去强，以后还要比现在强。不但要有更多的飞机和大炮，而且还要有原子弹。在今天的世界上，我们要不受人家欺负，就不能没有这个东西。"毛泽东还指出："原子弹，你有了，我有了，可能谁也不用，这样战争就打不起来，和平也就更有把握了。"

　　1957 年 10 月，中国和苏联两国政府签订了《国防新技术协定》。《协定》中规定，为援助中国研制原子弹，苏联政府将向中国提供一个型号的原子弹样品和生产的全部技术资料。当时，我们遵照党中央的指示，把引进国外技术和自力更生结合起来，在取得苏联援助的同时，把基点放在自己努力的基础上。1959 年 6 月 20 日，苏联领导人赫鲁晓夫撕毁《协定》，中断对中国的援助。于是，我国从 1959 年下半年开始，经过组建机构、调集人才、建立设施，于 1960 年初正式开始依靠自己的力量展开第一颗原子弹的研制攻关。

研制核武器，事关战略全局，党中央从一开始就十分重视集中统一领导。经过两年多自力更生的艰苦工作，到 1962 年下半年，原子弹的研制有了很大进展。1962 年 9 月，二机部领导向党中央写报告，提出争取在 1964 年，最迟在 1965 年上半年爆炸我国第一颗原子弹的设想。

1962 年 10 月 10 日，聂荣臻元帅在听取二机部部长刘杰汇报二机部核工业建设和爆炸试验第一颗原子弹的两年规划设想时表示，同意二机部的规划设想，并强调：协作问题，各有关部门都应有个专门机构抓，这点很重要，应提出建议。

10 月 19 日，中共中央政治局常委会议听取国防工业办公室关于原子能工业生产建设和原子弹研制情况的汇报。刘少奇说：各方面各部门的配合很重要，中央要搞个委员会，以加强这方面的领导。现在就搞，不要拖拉，抓紧了，就有希望。现在不搞，将来再搞就耽误了时间。搞原子弹、导弹所需要的人，要指名调。社会主义制度的优越性就是组织起来，有组织性（周恩来插话说：还有计划性）。

汇报结束时，刘少奇又说：对"两弹"，中央要指定人负责。现在起就搞个委员会，导弹和原子弹是要两个委员会还是一个委员会来抓再考虑，反正中央要搞个小机构（小组）管，调人、调东西统一安排任务、下命令。当然，技术上、工作上还是靠各部去做。不然一拖就把时间都拖掉了。世界各国也都是这样搞起来的。要为他们创造条件，使其顺利前进。你们提出个方案和名单，报告中央批准。

10 月 30 日，罗瑞卿向毛主席、中共中央写了《关于加强原子能工业领导问题的报告》。报告中说："从总的轮廓来看，如果各项工作都能按期完成，那么，实现在 1964 年爆炸第一颗原子弹是可能的。""现在，离预定的日期只有两年的时间，为了抓紧时机，更有力地保证实现这个目标，建议在中央直接领导下成立一个专门委员会，加强对原子能工业的领导，随时检查、督促计划执行情况，并在必需的人力、物力上进行具体调度，及时解决在研究设计和生产建设中所遇到的问题。"报告还说："这个建议，在10月19日国防工业办公室向中央常委汇报时，少奇同志已原则同意。根据少奇同志的指示，我们考虑最好是总理抓总，贺龙、（李）富春、（李）先念、（薄）一波、（陆）定一、（聂）荣臻、（罗）瑞卿、赵尔陆、张爱萍、王鹤寿、刘杰、孙志远、段君毅、高扬等同志参加，组成这个委员会。"以加强对原子能工业建设和原子弹研究、试验工作的领导。

11月3日，毛泽东主席在罗瑞卿副总理的报告上批示："很好，照办。要大力协同做好这件工作。"

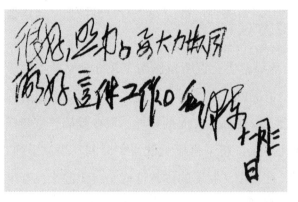

1962年11月3日，毛泽东对罗瑞卿10月30日《关于加强原子能工业领导问题的报告》的批示

随后，中共中央15人专门委员会（以下简称"中央专委"）成立，周恩来担任主任。中央专委除周恩来总理外，成员中有贺龙（时任副总理兼国防工委主任）、李富春（时任副总理兼国家计委主任）、李先念（时任副总理兼财政部部长）、薄一波（时任副总理兼国家经委主任）、陆定一（时任副总理兼中共中央宣传部部长）、聂荣臻（时任副总理兼国家科委主任、国防科委主任）、罗瑞卿（时任副总理兼军委秘书长、总参谋长、国防工办主任）七位副总理，有赵尔陆（时任国防工办常务副主任）、张爱萍（时任副总参谋长兼国防科委副主任）、王鹤寿（时任冶金工业部部长）、刘杰（时任二机部部长）、孙志远（时任三机部部长）、段君毅（时任机械工业部部长）、高扬（时任化学工业部部长）七位部长级干部，他们都是中央政府、军队、工交、财贸、科研、文教等方面的负责人。他们

参加中央专委，就可按中央专委的决定，分头去执行，动员各方面的力量参加原子弹的研制攻关，保证实现 1964 年爆炸第一颗原子弹的目标。

直接领导保证核试验的成功

中央专委从成立到我国第一颗原子弹爆炸成功，在不到两年的时间里，周总理共主持召开了九次中央专委会议，讨论解决了 100 多个重大问题。

1962 年 12 月 4 日上午，周总理在中南海西花厅主持召开中央专委第三次会议。会议听取了刘杰、钱三强（二机部副部长）等同志关于原子能工业生产、建设情况和"两年规划"、原子弹研制等问题的汇报。由于"两年规划"几乎牵动全国各条战线，许多问题需要在会上商定，会议从上午开到下午，周总理留下与会者吃午饭。下午汇报完后，中央专委审议、批准了"两年规划"，并逐项解决了二机部提出的一系列问题。

1963 年 3 月，周恩来（左二）、贺龙（左三）、聂荣臻（左一）、张爱萍（左四）四人参加中央专委会议间歇时在西花厅外交谈

1963 年 3 月 21 日下午，周总理在中南海西花厅主持召开的中央专委第五次会议上，研究了核试验基地组建研究所需要解决的几个问题。决定：该所计划的户头和编制应按领导关系列入国防科委。同意通知国家计委、教育部、劳动部等单位，从 1963 年毕业生中调配大专学生 150 名、中

技学生及技工各 100 名给国防科委。同意在研究所内建设一个小型试制车间。该所的房子问题，先由国防科委和铁道部商量解决，解决不了时再提交房管局另行设法解决。

1963 年 7 月 26 日上午和 27 日上午，周总理在国务院会议厅主持召开中央专委第六次会议。中央专委批准了张爱萍报送的首次地面核试验场地定位问题、地面核试验区的布置方案和工程方案的报告，要求国防科委即按照方案抓紧进行核试验场的建设工作。对急需国家解决的工程投资、材料、加工安排和借调建铁塔吊装老技工等问题，会后，在中央专委办公室的协助安排下均得到了解决。

1963 年 12 月 5 日上午，周总理在西花厅主持召开中央专委第七次会议。会议对核武器的研究试验等 13 个问题做了讨论。会议确定：核试验工作的安排，地面试验应放在第一位，按原计划抓紧进行，并继续完成空投核试验的准备工作。对地下核试验的工作，责成以国防科委为主，二机部协助，共同提出地下核试验的具体方案，并把地下核试验作为科研设计项目立即着手安排。核武器的研究方向，应以导弹头为主，空投弹为辅。

1964 年 4 月 11 日下午，周总理在西花厅主持召开中央专委第八次会议。他要求二机部和国防科委在 9 月 10 日以前，做好第一次地面（铁塔）核试验的一切准备工作。同意成立一个核试验的总指挥部，由张爱萍担任总指挥。指挥部的机构可根据需要陆续建立，当前先建立急需的工程部和试验部，运输工作可先由总参军事交通部的运输小组办理。核试验基地需要的每秒 300 次摄影机，争取先在国内调剂解决。从瑞士或法国进口问题，由外贸部安排办理。由中国气象局选调三名业务熟练的党员干部去核试验基地，以加强基地的气象工作。为保证基地气象预报的准确性，要求中国气象局选拔一定的人员协同核试验基地负责做好这一地区的气象工作。

周总理还对参加原子弹爆炸试验准备和实施工作的部门多次给出了具体的指导方法，周总理在他多次主持召开的中央专委会议上先后指出："二机部对原子能工业的生产、建设和原子武器的研究、试验，要做到实事求是，循序而进，坚持不懈，戒骄戒躁。你们在工作中必须按照客观规律办事。实事求是，既是思想方法，又是指导原则。要认识客观规律，也不能怕失败。在科学实验中，有时必须经过失败，甚至多次反复，才能成功。要循序而进，想超越阶段跳过去是不行的。还要坚持不懈，做任何事，总靠突击是不行的，只能在有一定可能性时才能突击。无论成功或失败，都要戒骄戒躁。略有所成就骄傲起来固然不好，急躁也容易犯错误。我们大可在现有的工业基础上，自力更生，立足于全国，搞出一点名堂来。""二机部的领导自上而下都要具有高度的政治思想性，高度的计划科学性和高度的组织纪律性。""核武器研制要运用毛泽东主席的《实践论》《矛盾论》这两篇哲学著作的观点，指导研制工作。"

1964年7月14日夜，周总理对二机部的原子弹模拟弹运往核试验基地的问题指示说：第一个产品（原子弹的模拟弹）的运输，"要把工作做细致、做周到，防止意外，每个环节都要加强保卫、保密工作。二机部要组织工厂的人力参加护运，以确保产品质量不受影响，并由二机部负责参加产品的装配和参加预演工作。这次预演工作要扎扎实实，做到一步一个脚印。要通过第一个产品的预演训练人，考验各项准备工作。第一个产品的运输和预演工作完毕后，要做个全面总结"。（1965年3月20日，周总理在中央专委第十一次会议上，对做好即将进行的第一颗原子弹空中爆炸试验的准备工作又指示说："这次试验一定要准备好。要吸取第一次核试验的经验，要更周到、更细致、更妥善的全面做好安排……"）周总理的这两次指示，后来经过张爱萍、刘西尧整理、概括成为"严肃认真、周到细致、稳妥可靠、万无一失"十六字方针。这十六字方针，后来成了历次核试验和各项重大科研试验实施时必须遵循的方针。

在全体参试人员的共同努力下，1964年10月16日15时，我国第一颗原子弹爆炸试验成功。试验结果证明，我国第一颗原子弹核装置的理论设计、制造和装配工艺以及各种测试方法、测量仪器和自动控制设备都达到了比较高的水平。

可以说，周总理的直接领导保证了核试验的成功。他及时解决了人力、物力等方面的问题；对核试验的组织领导、弹的运输、预演、决定试验日期、场外烟云侦察、场区及附近居民的安全措施、重点工厂的保卫、政治斗争、学术斗争、保卫保密以及发生早爆、误爆时继续进行试验的方案等，他都作了一系列的重要指示（这些都得到了坚决执行）。没有周总理的直接领导、亲自抓，我国是不可能在两年内（若从 1960 年初算起，也仅用了五年）成功爆炸第一颗原子弹的。

心系人民的健康和安全

我国第一颗原子弹爆炸成功后，当大家正沉浸在成功的喜悦之中时，周总理已经在考虑核爆炸后对放射性微尘飘移扩散要经过的下风方向的居民区人民健康安全的影响问题。因此，原子弹爆炸后不久，周总理指示二机部部长刘杰立即注意研究这个问题。

早在原子弹爆炸前，核试验委员会防护工作部和新疆军区防疫检查所就联合派出了 15 名放射性测量、分析和化验的技术人员，在下风方向的居民区设立了监测站，并配备了监测仪器和收发电报的电台，以便在原子弹爆炸后，对飘移来的放射性微尘进行监测。西北综合导弹试验基地（今酒泉卫星发射中心）在技术勤务保障上对监测站给予了有力支援。

原子弹爆炸成功后，由于放射性微尘飘移到下风方向居民区要有一段时间，监测站的监测人员侦察测量、化验分析放射性微尘也要有一个过程和时间，177 办公室（在刘杰的领导下，担负同核试验现场的核试验委员会办公室的密切联系，向中央有关首长的办公室及军内外有关部门传递、报告有关第一颗原子弹爆炸试验的重要情况）在 10 月 17 日 20 时（原子弹是在 10 月 16 日 15 时爆炸的）才收到核试验现场试验委员会办公室（代号为"20 号办公室"）传来的有关监测站对下风方向地区放射性微尘监测数据的电话报告。

17 日晚，刘杰部长看过电话报告的监测数据后，立即请来了军事医学科学院徐海超研究员，同他一起研究讨论监测数据。

徐海超 1946 年参加革命工作，曾任北京大学医学院讲师、副教授、中国协和医学院副教授、教授，也是军事医学科学院研究射线防护问题的专家。他看了监测数据后，认为被监测的地区中，有的地方空气中放射性微尘的浓度已超过国家规定标准，需要赶快采取严格的防护措施。

刘杰部长听了徐海超的讲解后，感到问题严重，立即用电话向周总理做了报告。周总理要刘杰和有关人员马上到他那里做详细汇报。

就这样，在 18 日 0 时后，宋炳寰（时任国防科委二局参谋）和徐海超、李鹰翔（刘杰部长秘书）三人，随同刘杰部长来到中南海西花厅后面的周总理办公室。周总理正在靠西侧的一张办公桌的台灯下看文件。办公桌前方，是一张长方形的会议桌，上面铺着白桌布，长桌两旁南北都可以坐人，宋炳寰和李鹰翔一起坐在北面，面向窗户，刘杰、徐海超坐在了南面。稍后，卫生部副部长钱信忠（兼任二机部副部长，主管卫生防护工作）也到会入座。

不一会儿，周总理从他的办公桌旁站起，向会议桌走来，并坐在了会议桌的西头。

周总理微笑着对刘杰说："我看你们有些人的数学学得不好。"他接着说，"你们 177 办公室报送来的各地放射性微尘的监测数据，缺少一个统一的比较值，不能使人一目了然地看出各地数据的高低。你们应该改进这一点。"

听了周总理的亲切教诲，宋炳寰和李鹰翔以内疚的心情相顾片刻。接着，宋炳寰同李鹰翔小声商量说："咱们以后再上报各地监测数据时，把所有数据都换算成一个相同的分母，这样，只看分子的数值就可以一目了然地看出各地监测数据谁高谁低了。"

随后，宋炳寰向周总理汇报了核试验场外下风方向地区放射性微尘监测点布设情况；李鹰翔向周总理汇报了 20 号办公室 17 日 20 时传给 177 办公室的有关监测站对下风方向地区放射性微尘监测的数据。周总理认真地听着汇报，并询问了放射线的种类和剂量单位等方面的问题。

两人汇报完后，周总理请徐海超谈一谈对监测到的数据有什么看法。

徐海超说："按照国家规章的规定，工作场所空气中放射性强度标准应低于 1×10^{-12} 居里/升。从刚才念的监测到的数据看，有几个监测点空气中放射性微尘的强度超过了上述规定的标准。虽然超过不太多，但应引起严重重视，需要采取安全防护措施。"

周总理问："应该采取什么措施呢？"

徐海超回答说："我的意见是：在最近一些天里，凡是超过国家规定标准的地区的居民要戴上口罩；蔬菜要很好洗净再食用；婴儿暂不喝牛奶、羊奶；人不要吃动物的甲状腺。"讲完后，有些拘谨的徐海超摘下了眼镜，擦去头上的汗。

周总理听过徐海超的话后，眉头开始紧锁。看得出，周总理感到了问题的重大。

周总理对刘杰、钱信忠说："我看，在这一地区的居民中要开展爱国卫生运动，并提出一些要求，这样做是可以的，但不要轻易说是为了防止放射性微尘污染而采取的措施。要谨慎对待这件事，不要在人民群众中造成不必要的恐慌。"

稍停片刻，周总理接着说："现在的问题是放射性强度超过规定标准的地区，对居民究竟有了什么影响，还缺少可靠的根据。"

徐海超建议说："可不可以对这一地区的居民做采血检查，看血象的变化？"

周总理说："采血检查可以，但不能对居民，不能惊扰居民。可以先在驻这一地区的部队战士中采血，因为他们同当地居民都在超标的地区。根据对战士采血化验的结果再研究下一步应采取的措施。"

随后，周总理要他的军事秘书王亚志把杨成武副总参谋长请来。

不一会儿，杨成武来到了总理的办公室。

周总理简要向杨成武讲了原子弹爆炸后核试验场外下风方向地区有的地方放射性微尘的强度超过了规定的标准。随后，向杨成武交代说："为了搞清楚放射性微尘对这一地区居民的影响程度，请你先安排对驻这一地区部队的一部分战士做采血检查。有关的具体事宜，会后请刘杰同志和徐海超研究员向你说明。徐研究员有什么要求，你要给他解决。"

交代完后，周总理问大家："你们还有什么问题吗？"

大家相互望了一下，刘杰部长说："没有了。"

周总理最后说："那就散会吧！"此时已是18日2时许。

18日，根据杨成武副总长的布置，核试验场外下风方向地区驻军某部的卫生机构对百余名战士做了采血化验，化验结果是血象都没有任何异常。

19 日 8 时 45 分，张爱萍、刘西尧从核试验基地联名向周总理报告：核试验场外下风方向地区有的监测点放射性微尘强度短期稍高，现已降到比规定的标准还低，对居民健康无影响。报告还说：目前，兰州以东等几个城市的监测结果都在国家规定的允许标准以内，对居民健康无危害，对劳动力无影响。

随后，卫生部所属在全国各地的监测点上报的数据也证明，没有出现很异常的现象。

当周总理看到上述几个渠道的报告和 177 办公室从 10 月 18 日至 30 日每天报送的各地监测情况汇总报告后，得知核试验场外下风方向地区的放射性微尘对人体并没有带来不良影响，各地区的空气中放射性强度已接近自然本底时，他才放下心来。

回忆起 50 多年前的这件往事的时候，我们深深地感到：周总理心中装着全国人民的健康和安全，他在听了与会者的汇报后，始终以清醒的实事求是的科学态度来对待可能发生的问题，冷静地妥善处理了这个问题，避免了一场惊慌。

观看第一颗原子弹爆炸的影片

1964 年 10 月末的一天午夜，周总理来到八一电影制片厂观看该厂拍摄的我国第一颗原子弹爆炸试验的影片。罗瑞卿总参谋长、彭真副委员长和夫人张洁清等也一同来观看。

影片是几天前从核试验现场运回北京的胶片、刚刚由八一厂冲洗好的原始资料片，尚未剪辑，也没有配音。由原子弹爆炸时在核试验现场参加拍摄工作的杨采（八一电影制片厂军教片编导）和原子弹爆炸时在核试验现场参加试验工作的梁荫绥（国防科委二局参谋）及陆祖荫（核试验基地研究所核测量研究室主任）等向周总理做解说。

周总理神采奕奕地走进放映厅，同在场的人员一一握手，并对去核试验现场参加拍摄工作和试验工作的同志说："你们辛苦了！"

由于没做剪辑，影片放映中的画面是东一段、西一段，显得凌乱无序。杨采、陆祖荫、梁荫绥等解说画面时，周总理会不时插话。从周总理的插话中，能感到总理对这次核试验的整体布局、主要内容等都知道得很清楚。

当放映到原子弹在 102 米高的铁塔上爆炸时，银幕上出现强烈闪光的画面，随后出现半球形明亮的核爆炸火球不断增大，逐渐形成棕褐色翻滚着的烟云，最后升起十分壮观的蘑菇状烟云。周总理看到这里，高兴地鼓掌，满面笑容地说："我们胜利了！毛主席说了，应该奖给赫鲁晓夫一个一吨重的大勋章，感谢他促使我们搞出了原子弹。"此时，观看影片的罗瑞卿、彭真等在场的同志们也都热烈地鼓起了掌。周总理朗朗的笑声，感染着在场的每一个人。

随后，周总理向八一厂去核试验现场拍片的摄影师郑治国和本片的编导杨采同志询问："原子弹爆炸从出现闪光到看到蘑菇状烟云升起，为什么时间觉得这么长呀？"

郑治国回答："总理刚才说的这些镜头画面，是我在现场距爆炸中心约 12 公里的一个山包上摆放的四台摄影机拍摄的，后来形成了蘑菇状烟云的画面，有一些是我用手拿的摄影机拍摄的。这些都是当时拍下的全部的爆炸景象，时间就是这样长。"

陆祖荫向总理解释说："是这样的。原子弹爆炸的瞬间，是先看到强烈的闪光，它持续的时间不超过 1 秒钟，然后出现的火球的发光时间在 2 秒至 3 秒钟，形成蘑菇状烟云达到稳定高度的时间则要有 7 分至 8 分钟。这七八分钟是让人感觉到很长。"

周总理说："这几分钟让人很难熬啊！不过，我们参加原子弹研制和试验的同志们，为了创造出这几分钟的景象，是经过了几年的不懈努力，付出了艰辛的劳动的呀！我要向同志们表示感谢！"

影片放映了约两个小时。在观看和听解说的过程中，周总理、罗瑞卿、彭真还不时地插话。彭真笑着说，原子弹爆炸试验这件事，在消息没有广播之前，我一丝风声都没有向洁清透露，是消息见报后我才拿报纸给她看的。

电影结束时，周总理、罗瑞卿、彭真同陆祖荫、杨采、郑治国、梁荫绥等同志一一握手，感谢他们对影片的讲解，并勉励大家再接再厉，为加速发展原子弹、氢弹、导弹，加强国防力量作出更大的贡献。罗瑞卿也风趣地说，我的两个儿子，一个叫罗箭，是火箭之"箭"，一个叫罗原，是原子弹之"原"，就是为了激励他们为我们国家原子弹、导弹火箭事业的发展，增强国防实力去努力贡献力量。

11月间，八一电影制片厂剪辑好的第一颗原子弹爆炸试验的实况纪录影片送请周总理等首长审查。放映地点、审片人员等事宜，总理交代秘书周家鼎根据工作需要来安排。邓颖超同志得知这一消息后，很想看一看我国第一颗原子弹爆炸试验时的壮观景象。她把这个愿望对总理说了，总理说："你去问周家鼎。"此事她要真去问周家鼎，准会同意安排她去看；若是别的秘书安排此事，可能也都会同意安排她去看。但是，邓颖超同志总觉得自己的工作与审片无关，而总理的话里显然有不同意的意思，所以后来她既没有去问周家鼎，也没有去看纪录影片。周总理、邓颖超同志都是自觉遵守保密纪律的模范。

审查原子弹爆炸的新闻照片

第一颗原子弹爆炸成功后，张爱萍、刘西尧在核试验现场向各参加试验的单位部署了认真做好试验总结工作并初步研究了第二次核试验（原子弹空中爆炸）的有关问题以后，他俩于10月底回到北京。11月2日，周总理听取了他俩的汇报，并研究了今后的核试验问题。会议开始前，张爱萍看望了邓颖超。邓颖超对张爱萍说："哟，你们办了这么大的事，事先也没说一声。你们保密保得很好嘛！"

周总理看了张爱萍带回来的几套原子弹爆炸时的黑白照片，从中选了四张，即爆炸后第2秒和第5.4秒的火球照片各一张，第49秒和第57秒的蘑菇状烟云照片各一张。周总理指示向核试验基地研究所要来底片，由八一电影制片厂各洗印出大、中、小照片三套，准备公开发表。要争取在11月15日以前把电影也搞出来。

周总理在听取张爱萍、刘西尧汇报原子弹爆炸后对效应试验物品的破坏情况时，要国防科委整理出一个资料给他看，并具体提出一些问题：暴露在地面上的生物距离爆心多远可以不死？各种生物在什么工事里距离爆心多远、距地面多深可以不死？暴露在地面的武器装备、各种弹药、各种器材在距离爆心多少米以外完整无缺？距离爆心多远、离地面多深、什么样的工事在爆炸后无损坏？距离爆心多远、离地面多深、什么样的工事内的仪器在爆炸后仍能使用？

随后，会议研究了今后的核试验问题及加速研制氢弹等问题。

周总理问参加会议的二机部部长刘杰什么时候研制成氢弹，刘杰回答："氢弹理论的预先研究已经在探索，现在还有许多问题吃不透。大概还得需要三五年时间。"

周总理说："五年是不是太慢了。""你们想先搞起加强型弹，要由原子弹爬到氢弹，这个什么时间能够搞成？为什么钚-239生产线要1967年底才建成？以上这些问题你要在下一次的中央专委会议上作出回答。"

周总理指示说："我们的四大目标是一年搞一个：今年原子弹在铁塔上爆炸成功了，明年第二个是核航弹、原子弹空中爆炸，后年第三个是原子弹上导弹搞两弹结合，1967年第四个搞氢弹或加强弹试验。地下核试验也要抓紧准备好。这些事请张爱萍牵头，国防科委、国防工办、二机部先开个会，像这次核试验一样，有了把握就好下决心。"

周总理还指示说："我们国家的核试验不要多，要少一点儿，搞一次试验就要取得很多资料，要做到一次试验全面收效，将来要结合试验进行军事上的战术演习。今年内要对首次核试验作出结论，要写出核试验工作总结报告。参加首次核试验的人员回到北京后要组织一次接见。"

11月3日，周总理再次约刘杰、张爱萍、刘西尧谈话，公安部副部长徐子荣也在座。周总理指示二机部要加速研制氢弹。还研究了二机部在兰州的工厂安全保卫工作等问题。

11月2日的会后，张震寰（国防科委副秘书长）立即找高健民（国防科委二局处长）、孙兆贵（国防科委二局参谋）研究了落实周总理关于洗印照片的指示。为了争取时间并保证照片的质量，张震寰决定立即电话通知核试验基地，由基地研究所找好底片并负责洗印、放大好后，派人乘坐仍在基地执行任务的军用专机连夜送到北京。

由于查找底片和洗印、放大照片都需要一些时间，再加上核试验基地地处新疆罗布泊地区，乘坐两个螺旋桨的伊尔-14型飞机到北京，中途要在多个机场起落加油，故照片没能尽早送到周总理处。11月3日晚上，王亚志大约一个多小时就打一次电话给国防科委二局，催要洗印好的火球、蘑菇云照片。

3日夜，孙兆贵在西郊机场接到装有照片的皮箱后，即返回国防科委大楼。高健民、孙兆贵一起查看过照片后，高健民给王亚志打电话说照片已经拿到，拟马上乘车送去。在向王亚志报告了汽车的号牌以后，高健民、孙兆贵便到中南海西花厅，王亚志正在西花厅门口等候。此时已是4日凌晨1时半左右。

高健民、孙兆贵随同王亚志来到总理办公室。总理见到他俩，和蔼地同他们握手，并说："你们来啦，怎么这么晚才送来？"听过解释后，总理接过照片，在办公桌用放大镜仔细查看。稍后，总理向高健民、孙兆贵询问："照片公开发表后，国外从照片上会不会看出些什么问题？不会有什么泄密的问题吧？"停了片刻，总理又说："如果把照片下半部的地面截去一些，是不是会更有利于保密呢？"高健民答："照片底部的地面截去一部分再发表，这样就不容易判断出拍摄点与蘑菇云之间的距离了，从而也就难以推算出蘑菇云的高度等相关参数。这样的处理，更有利于保密。"孙兆贵也说："这样处理一下有利于保密。"周总理说："那好。照片正式发表时就按截图做保密处理。我要送请毛主席批准公开发表。"

11月4日凌晨，高健民、孙兆贵从总理处走后，总理要王亚志通知乔冠华（外交部副部长）、龚澎（外交部新闻司司长）来西花厅为原子弹爆炸的照片拟定说明供发表。照片的文字说明字数不多，但乔冠华起草了几稿都没能通过。乔冠华正在思考时，龚澎灵机一动，先用英语说了一遍，然后确切地表述了照片是爆炸时的火球和随即升起的蘑菇状烟云。总理听后连声说好。

经毛主席批准，新华社发表了我国第一颗原子弹爆炸的火球和蘑菇云的黑白照片各一张。11月5日的《人民日报》在第一版刊登了这两张照片。

新华社发表了我国第一颗原子弹爆炸的火球和蘑菇云的黑白照片各一张。11月5日的《人民日报》在第一版刊登了这两张照片

接见参加原子弹试验的人员

1964年11月2日，周总理在听取张爱萍、刘西尧关于第一次核试验的情况汇报时，曾提出"参加首次核试验的人员回到北京后要组织一次接见"。由于国事繁忙，一直延迟到1965年5月14日我国第二次核试验成功后，周总理才安排接见和宴请。他和其他党和国家领导人，于5月30日12时在人民大会堂新疆厅接见了参加第一颗原子弹塔爆试验和原子弹空爆试验的有关人员。请柬上还签署了周恩来的名字。

当大家刚到大厅门外站成两排横队，周总理就笑着走过来，随后林彪、邓小平、贺龙、李先念、薄一波、聂荣臻、罗瑞卿等以及国务院和解放军各总部的有关负责同志也相继走来同大家见面。张爱萍陪着周总理把一些代表向他一一作了介绍。

当周总理走到韩云升（核试验基地司令部气象处处长）面前时，张爱萍指着韩云升说："气象。"周总理握着韩的手说："气象保障得很好嘛！"
然后周总理又指着韩云升衣领的少校军衔说："再过两天，6月1日起就取消军衔，该换成红领章了。"

1965年5月30日，周恩来（前排右十二）等党和国家领导人在人民大会堂接见参加我国第一次、第二次核试验有关人员

周总理一边和大家握手，一边歉疚地说："大家辛苦了。去年10月，本来应该和大家见面的。因为忙，延迟到现在，真对不起。这次空爆试验成功，计划圆满完成，老总们很高兴，都要来见见有功之臣。"邓小平等其他首长也和大家一一握了手。

接见完调整了队形后，党和国家领导人同大家合影。

合影后，周总理等党和国家领导人设宴招待全体代表。周总理和老总们在欢笑声中招呼大家入席。每桌都有一位领导同志陪同就餐。在亲切、和谐、欢畅的氛围中，被接见的每位同志都感受到党中央对国防科学技术事业的高度重视，对核武器研制、试验这条战线的科技人员和广大工人、指战员们的亲切关怀。

在祝酒时，周总理即席发表了讲话。他勉励大家要继续努力学习马列主义、毛泽东思想，群策群力，戒骄戒躁，再接再厉，继续前进。要努力攀登下一个高峰，尽快掌握氢弹技术，为加强国防、保卫和平作出更大的贡献。

罗瑞卿总参谋长也到每个桌前和大家碰杯。

这时，陈毅元帅来到大厅，他面向大家朗朗笑道："我是来喝庆功酒啊！"他在周总理的桌上取了一杯酒举起来说："对不起，因有外事安排，迟到了。请大家共同干一杯！"

稍后，由于周总理和陈毅副总理要去会见外宾，他们提前告辞了，宴会也就结束了。

中央领导的集体接见，给大家极大的鼓舞。这年夏天，二机部九院（现为中国工程物理研究院）和核试验基地发动科研人员，集中讨论了下一步的攻关计划。

领导其他尖端科技工程项目

第一颗原子弹爆炸后，周恩来总理一方面要求二机部、国防科委迅速完成核航弹的空投爆炸试验，抓紧原子弹小型化的研制，准备用运载火箭发射；同时又下达了加快研制氢弹的指示。

此后，毛主席指示说：如果有氢弹、导弹，仗可能就打不起来，和平就更有把握了。原子弹要有，搞起来也不会多，吓吓人，壮壮胆。毛主席又说：还有三年才搞成氢弹，太慢了。

1965年1月23日，毛主席在听取国家计委关于经济建设长远规划设想的汇报时指出：敌人有的，我们要有，敌人没有的，我们也要有，原子弹要有，氢弹也要快。管他什么国，管他什么弹，原子弹、氢弹我们都要超过。1965年3月2日，中共中央向中央军委并中央有关部委和国务院有关部的党组，各中央局并有关的省、市、自治区党委发出《关于扩大15人专门委员会的决定》。《决定》中说："中央为了加强对原子能工业的领导，1962年12月，在中央直接领导下，成立了15人专门委员会。鉴于工作发展需要，中央决定：这个委员会今后除管原子能之外，还要管导弹；委员会的组成人员相应进行调整和扩大，新增加余秋里、王净、邱创成、方强、王秉璋、袁宝华、吕东（换王鹤寿）等七位同志参加。""'中共中央15人专门委员会'今后改称'中共中央专门委员会'。"

此后，我国的战略导弹、战术导弹、核潜艇、人造地球卫星、核电站等一系列尖端科技工程项目的研制、试验的许多重大决策，都是由周恩来主持的中央专委或是经请示毛泽东主席和党中央后作出的。

周恩来总理是我国"两弹一星"等尖端科学技术事业的英明的决策者之一，同时又是这项事业的主要组织者和领导者。周总理从中央专委1962年成立到1974年病重住院不能参加会议为止，在十多年时间里，亲自主持召开了40多次中央专委会议和许多次中央专委小会。在此期间，我国所进行的千吨级至百万吨级爆炸威力不同的15次核试验（包括地面、空中、地下核试验），以及其他的尖端科学技术事业发展的重大决策都是在这些会议上讨论、决定并组织实施的。在他的主持下，我国第一代核武器的研制基本完成了，有的核导弹已经装备部队；同时也为下一代核武器的探索发展打下了基础。在这十多年里，周总理对核武器研制、试验和核工业建设（还有导弹、卫星、核潜艇等其他尖端科学技术项目），从任务的提出，规划的确定，方案的审查，到历次核试验的实施，都及时作出了正确的决策和具体部署，并深入督促检查，从而强有力地推进了核武器研制、试验和核工业（还有导弹、卫星等其他尖端科学技术项目）的发展。

实践证明，没有党中央和毛泽东、周恩来等人远见卓识的正确决策和强有力的集中统一领导，研制核武器等"两弹一星"这样庞大的工程系统，是不可能那样快地取得惊人成就的。党中央的正确决策和强有力的集中统一领导，有力地推动了原子能工业和原子弹研制的进程，出现了势如破竹、节节胜利的局面，各项任务协调配合的效果都超出了预期设想，为我国发展高科技事业创造了有普遍指导意义的经验。

周恩来总理领导我国"两弹一星"等尖端科学技术事业的光辉实践和不朽功勋，将永载史册！

（作者高健民，时任国防科委二局处长，后任核试验基地副司令员；作者宋炳寰，时任国防科委二局参谋，后任国防科工委科技部百科编审室副主任）

周恩来给曹云屏的三封信

秦九凤

　　1952 年秋天，周恩来到上海视察，会见了他的童年挚友、当时在华东机关幼儿园当保育员的表姐龚志如。龚志如在向表弟叙说她每天和孩子们在一起的快乐时，突然收住了话头，对坐在身旁的周恩来、邓颖超夫妇说："可惜你们俩没有个孩子。"

　　周恩来一听哈哈大笑起来，说："谁说我们没有孩子？我们一共有十个。"说着，周恩来还伸出右手，上下翻了一下，表示十个的意思。就在龚志如十分惊讶和茫然不解时，周恩来又严肃地说："这十个孩子的父母为革命牺牲了，我们就主动担当起他们父母的责任。现在他们都生活、学习得很好。"龚志如这才听懂了，也理解了。

　　自身无子女的周恩来、邓颖超夫妇照顾、抚养的孩子是远远不止十个的。他们照顾、抚养的孩子大体有如下几种。一是革命烈士子女，像孙维世等人。二是在特殊岗位上工作的同志子女。所谓特殊岗位是指做地下工作或在前线领兵打仗的人，像龙小虎、小瑜等人。三是父母因故、因病去世遗下的子女，像周同庆等人。四是他自家的亲属，像他的侄女周秉德，侄儿周尔辉，侄孙周国镇等人。不过，在这四部分孩子中，抚养烈士遗属是他的重中之重。他向这些烈士子女们付出了超越血缘关系的爱，社会上知道的人很多。然而他对大革命时期牺牲的革命烈士曹渊的儿子曹云屏的爱，至今却鲜为人知。

　　曹渊是安徽寿县瓦埠南务农村人，谱名曹群宽，字渊，黄埔一期第三队学员，入黄埔军校后以字行。在周恩来领导下，曹渊在参与平定广州商团叛乱和两次东征中，战功突出，受到周恩来的特别赏识，被提拔为国民革命军第一军三师九团一营营长。1926年3月20日，蒋介石制造中山舰事件后，共产党员曹渊被迫离开第一军。

1926年5月，国民政府在广州酝酿北伐，以共产党员、共青团员为骨干组成的国民革命军第四军叶挺独立团2100余名官兵随师北伐。时在汕头任东江各属行政委员的周恩来带着曹渊赶回广州，在广州司后街叶家祠叶挺家中召开独立团连以上干部会议。会议由周恩来主持，他根据团长叶挺的要求，任命周士第为独立团参谋长，曹渊为第一营营长。他俩都是坚定的共产党员。在周恩来"饮马长江""武汉见面"的讲话激励下，曹渊的一营在北伐途中军功赫赫，受到第四军的通令嘉奖，团长叶挺撰文盛赞："第一营在敌强渡汨罗江时与谢文炳千余人相对抗，将敌击溃。官兵英勇精神为友军所赞。"参谋长周士第也称赞："此次战役，曹渊吃苦耐劳，英勇顽强，表现十分出色！"打那以后，曹渊的名字便一直在"铁军"内传扬，更为他的直接领导人周恩来、叶挺等人赏识和看重。

1926年9月，各路北伐大军合围武昌城，叶挺独立团受命担任宾阳门至通湘门之间的攻城任务。9月5日深夜，北伐军久攻不下，伤亡惨重。曹渊身先士卒，率一营"奋勇队"拼死登城，眼见天已拂晓，登城仍未成功，全营官兵大部分牺牲，所剩人员不足一个班的编制。于是，曹渊在城下纷飞的弹雨中提笔向团长叶挺紧急报告：

团长，天已拂晓，登城无望，职营伤亡将尽，现仅有十余人。但革命军人有进无退，如何处理，请指示。

曹渊

就在他写到自己名字的最后一笔时，不幸被城头上射下来的一颗罪恶的子弹打中头部，倒在了血泊之中，时年仅25岁。

得知曹渊壮烈牺牲的消息后，周恩来特别难过，叶挺更是失声痛哭。经叶挺他们组织力量，连夜抢回曹渊遗体，后来与当天攻城献身的191名官兵安葬于洪山公墓。墓前碑上横额为"浩气长存"，碑中竖额为"精神不死"等。

曹渊牺牲时，他的儿子曹云屏只有两岁。由于对他家人瞒着消息，曹云屏小时叫二伯为"爸爸"，叫舅舅"大大"，一直到他长大懂事了，才知道他的父亲早已为革命牺牲了。

1938年国共合作抗日后，周恩来到武汉作为中共代表与国民党谈判。这时，曹云屏的堂兄曹云露从延安学习返乡，担任中共安徽省工委书记。他告诉曹云屏周恩来在武汉、叶挺在南昌的消息。当时已经14岁的曹云屏因为家里太困难，没钱读书，曹云露他们就建议他给叶挺和周恩来写信求助。于是，曹云屏就请人分别向周恩来、叶挺各写了一封信。没想到周恩来很快就给曹云屏回了信。

云屏贤弟：

来函收阅。令尊曹渊同志为谋国家之独立，人民之解放，而英勇的牺牲了，这是非常光荣的。我全党同志，对曹渊同志这种英勇牺牲精神，表示无限的敬意。

此次接读来函，知云屏弟尚在家中，以家境贫苦，虽无法升学，而求深造之心甚切，足证曹渊同志有其子也。如弟能离开家庭，则望来汉口，以便转往陕北延安抗大或陕公受训，并付来洋式拾元，藉作来汉路费。此致

近好！

周恩来

三月十九日

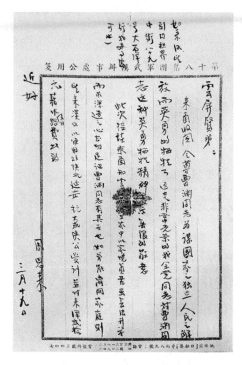

1938年3月19日，周恩来
从武汉写给曹云屏的信

信写好后，周恩来又在信笺眉上加上了"如来汉，望到日租界中街八十九号大石洋行找办事处可也"。

周恩来的这封信用的是第十八集团军武汉办事处的公用信笺。他在信中提到的"延安抗大""陕公"分别指的是延安抗日军政大学和陕北公学这两所延安的著名学府。透过这封信，我们不仅看到了周恩来对烈士曹渊的无限怀念和敬意，也看到了他一贯心细如发的行事风格：向曹云屏汇去 20 块大洋的路费，交代了详细的地址。曹家在收到信和款后，考虑到曹云屏太幼小，让他一个人出远门路上不放心，就让比曹云屏长两岁的堂兄曹云青陪着曹云屏一道赴武汉。就这样，从皖北到湖北那么近的路程，在那兵荒马乱的岁月，这两兄弟舟车辗转，有的地方还完全靠步行，整整花了一个多月时间才找到八路军驻武汉办事处，见到了他们朝思暮想的周恩来同志。

周恩来对曹氏兄弟的到来非常高兴，他摸着曹云屏的头，欣慰地说："个头不小啊！"随后又亲切地询问这兄弟俩家中及路上情况，并当即让八路军驻汉办事处的同志发给了他们八路军的臂章和护照。周恩来还关切地问："延安那里的生活是很苦的，你们怕不怕？"曹氏兄弟异口同声地回答："不怕！"听了回答，周恩来的脸上露出了笑意。随即他就提笔给在西安八路军办事处的林伯渠同志写信，介绍曹家兄弟俩的情况，以及如何安排他俩到延安学习等事情。

曹氏兄弟到延安后被安排进陕北公学学习。在陕公学习约两个月的时候，校长成仿吾突然通知曹家兄弟去延安城内西山脚下的石窑洞。这兄弟俩赶到那里才知道，原来是周恩来从武汉返回延安要见曹云屏、曹云青兄弟。周恩来亲切地和他俩握手，微笑着问这问那，就像慈父一样对他们说："到了延安就是回到了自己的家，要抓紧时间多学习理论和文化知识，今后好为党和人民做更多的工作。"

在陕公学习三个月后，曹家兄弟又转入陕甘宁边区中学就读。在边区中学读了两个多月后，天气转凉。曹氏兄弟得悉周恩来又一次回到了延安，就又迫不及待地去看他。一见面周恩来就问他们学习、生活情况，还问曹云屏有没有给家里写信，问他母亲现在生活怎么样，能不能出来工作，等等。曹云屏告诉他："我母亲不识字，又缠过足，出来肯定不方便，会给我们党增加负担。"周恩来沉思良久，显然又陷入了对曹渊烈士的回忆和怀念。周恩来抬头看见他们身上穿得比较单薄，就又问："你们冷不冷？"两兄弟回答说："我们不冷。"他俩回到学校后不几天的一个傍晚，正在操场上玩耍时，听说有人来找，原来是周恩来的警卫秘书（到国民党统治区时称周恩来的副官）邱南章。他受周恩来委托，给曹家兄弟送来了60元边币，叫他们每人做一件棉衣，以便让他们御寒。

无论在陕公还是在边区中学，曹家兄弟都是如鱼得水，到延安的当年，兄弟俩就都光荣地加入了共产党。而且，无论是文化学习还是体力劳动，都没落人之后。曹云屏就和哥哥曹云青商量把自己在学校的学习和劳动情况向周恩来作个报告。然而，当时周恩来大多在武汉（后来到重庆）主持中共与国民党谈判等方面的工作，不在延安。直到1939年6月中旬，因蒋介石不断制造磨擦，甚至掀起反共高潮，周恩来为了与中共中央商讨对策，从重庆返回延安。是年8月曹氏兄弟从校领导那里得悉周恩来已经从重庆回到了延安的消息，于是就迫不及待地向周恩来写信汇报。同时，对国民党顽固派不断制造反共磨擦十分气愤，以致使他们同学中对抗战前途都有各种猜想，便也在信中提出了疑问，想请周恩来对当时的时局给个明示，作个指导。那时，国民党统治区和共产党领导的边区统一由国民党的国民政府邮局运输、投递信件。但在边区内的邮件转递是由边区政府交通站投送的，所以周恩来很快就收到曹云青、曹云屏两兄弟的信。然而不巧的是，1939年7月10日，周恩来应邀去延安中共中央党校作报告途中，周恩来骑的马受惊，把周恩来摔了下来，导致右臂骨折。但是周恩来仍然给曹家两兄弟写了回信：

云青云屏同志：

　　你们的信都收到。得悉你们学习紧张，生产努力，欣慰非常。我因坠马伤臂，不便作书，你们提的问题，恕我不能答复了。现在我要出外就医，日内就动身。希望你们更加努力学习，并祝你们进步。

周恩来

八·二十三

　　周恩来坠马伤臂后，在延安进行了一个半月的治疗，但臂骨的愈合不理想，而且右臂肌肉出现萎缩。周恩来考虑到党和人民有大量的工作等待着他去做，因此在他右臂骨折的当晚就不顾自身疼痛，练习用左手写字。这封信虽然运笔流畅，但仔细观察起来仍与一年前他的笔锋大相径庭，极有可能是周恩来用左手写的。这也足见周恩来对烈士子女的赤诚挚爱之心。

　　1937年底，曹云露在陕公毕业后，中共中央派他回安徽省寿县组织成立中共安徽省工委和皖北游击大队。5月，曹云露任中共安徽省工委书记和游击大队大队长，还曾率游击大队强袭日本侵略军占领下

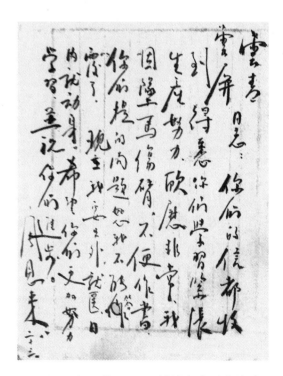

1939年8月23日，周恩来在延安坠马伤臂后疑似用左手写给曹云屏兄弟的信

的凤阳县城。曹云露也曾数次秘密赴武汉、重庆向周恩来或长江局、南方局其他领导汇报工作。

1939年初，中共中央调曹云露至湖北黄冈开辟新区，在蒋介石国民党顽固派制造的"夏家山事件"中壮烈牺牲。曹云青、曹云屏很长时间联系不上哥哥曹云露非常着急，而有关方面得悉云青、云屏是云露的兄弟后，又对他俩封锁消息，怕他们感情上受不了，影响他们的学习和工作。

1941年，周恩来从苏联治病回国，旋即去了重庆，直到1943年才回延安参加整风。焦急难耐的曹云屏便向周恩来写信，希望周恩来告知他们曹云露的情况。于是就有了周恩来给曹云屏写的第三封信。

云屏同志：

你的两封信早收到了，一因忙，二因想打听下皖北的情形再回答你，可是皖北始终没有人来，故遂一搁至今。

我下星期二（十四），大概要到你们那里去，到时可以和你谈了。特告。

周恩来

十二·九

这封信说明，周恩来对曹云露同志的工作调动、牺牲等情况并未掌握，或者他掌握了，也对曹云屏保密。当时曹云屏已在延安桥儿沟读延安大学。周恩来在这封信中说的"到你们那里去"就是指的到延安大学去。"十四"指的是1943年12月14日。

1945年抗日战争胜利前夕，一直在延安读书长大成人的曹云屏从延安大学毕业。他很想回家乡安徽工作，就以自己的想法请示周恩来。周恩来谆谆教诲他说："干革命，为什么一定要去家乡呢？你应该争取到革命最需要的地方去，到基层去，到连队去。"

遵照周恩来的指示，曹云屏背上背包、干粮袋等奔赴东北合江地区，到那里发动群众；剿匪反霸，搞土改、建党、建政，并曾担任县民运工作队队长、公安局局长。1949年，曹云屏随着解放大军的洪流南下江西，1953年又调到广州，任广州市公安局三处处长、广州市纺织局局长、市计委主任和市政府秘书长等职。在广州工作期间，他每次赴京开会，只要周恩来在京，他都设法与西花厅联系上，去看望周恩来、邓颖超，向周恩来汇报工作生活情况。

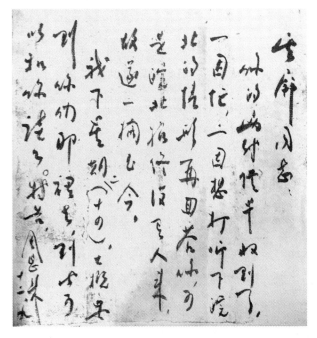

1943年12月9日，周恩来在延安写给曹云屏的信

　　1984年，邓颖超到广州视察工作。她在会见叶选平市长时问："怎么不见曹云屏？你叫他带着全家来见我。"曹云屏得悉后，带上全家大小去看望邓颖超。邓颖超亲切地接见了他和他的家人。

　　1986年，曹云屏从中共广州市委秘书长任上退居二线，担任中共广州市委顾问委员会副主任，还兼广州新四军研究会常务副会长、广东省黄埔同学会顾问等职。1992年，他偕夫人方扬到江苏淮安参观瞻仰周恩来纪念馆，是淮安周恩来纪念馆的第一批瞻仰者。

（作者是淮安市周恩来纪念馆研究室原主任）

刘少奇 1961 年深入湖南农村调查

周迅

　　1961 年，中共中央副主席、中华人民共和国主席刘少奇带领工作组，深入湖南农村基层微服私访、蹲点调查。在调查期间，他怀着对人民的深厚感情，深入群众，获得了真实的村情民意。

实地蹲点搞调研

　　1958 年"大跃进"和人民公社化运动开始之后，全国各地风起云涌地办起了公共食堂，好像从社会主义一步就跨进了共产主义，给国民经济造成了严重的损失。加之一些地方还不同程度地遭遇了自然灾害，导致国家经济面临非常严峻的局面，日子一天比一天难过，最突出的问题就是粮食严重不足，人民吃饭也成了问题。

　　1961 年 1 月 14 日至 18 日，中共八届九中全会在北京召开，总结了1958 年"大跃进"和人民公社化运动以来的经验教训，正式确定对国民经济执行"调整、巩固、充实、提高"的八字方针。3 月 23 日，中共中央又发出《关于认真进行调查工作问题给各中央局，各省、市、区党委的一封信》，要求县以上各级领导机关，特别是第一书记，必须纠正那种满足于看报告、听汇报，以感想代替政策的作风。从中央到省、地、县各级领导干部积极响应毛主席的号召，纷纷深入农村调查。

　　刘少奇准备回老家湖南农村调研，了解民情，弄清真相。

　　4 月 1 日，刘少奇从广州到长沙后，召集工作组同志开会，研究调查内容和方法，确定与地方合起来组成工作队，提出要求和注意事项。他说，下去以后，不要再叫他主席、首长或少奇同志，只叫他刘队长。

第二天上午，刘少奇听取了中共湖南省委第一书记张平化的工作汇报。汇报结束后，张平化要派中共湖南省委书记处书记李瑞山陪同刘少奇深入农村基层调查。刘少奇说："这次是来蹲点搞调查，采取过去老苏区的办法，直接到老乡家，睡门板，铺稻草，既不扰民，又可以深入群众。人要少，一切轻车简从，想住就住，想走就走，一定要以普通劳动者的身份出现。"

刘少奇为了了解到真实情况，他不满足于一般地看材料、听汇报、搞座谈，而是采用多种方式。比如家庭访问、个别谈话、田头聊天、不事先打招呼检查、看望病人等。

为了接近群众、方便开展调查研究工作，刘少奇在宁乡县东湖塘公社王家湾万头养猪场饲料保管室住了六天六夜。他白天走村串户，晚上在蜡烛照明下办公，睡的是饲养员用过的铺了稻草的木板床。在住地附近散步时，他发现一堆已经风干了的粪便，没有臭味。戳开那团人粪，他发现都是一些糠和粗糙的纤维，看出社员群众吃饭已经成了问题。

通过王家湾大队反映出的情况，刘少奇对湖南农村的情况也有了初步的了解。对社员群众生活上的困苦状况，以及造成饥饿的真正原因有了直接的感受。

天华大队是湖南省、长沙县两级树立的一面红旗。蹲点调查前，刘少奇看到的材料上说，1960 年天华大队 1324 亩田，产粮 120 万斤，除去国家征购 32 万斤，按全大队 1186 人计算，人均 742 斤，生产搞得好，群众生活不错。

在天华大队蹲点调查时，刘少奇住在阴冷潮湿的大队部土砖房中，睡的是用两张长条凳架着两块门板拼接起来的"床"，一住就是 18 天。他不分白天黑夜，深入开展调查研究工作，分别召开基层干部和社员座谈会，还深入田间山林、乡村医所、公共食堂、社办企业和社员家走访。

1961 年 4 月，刘少奇在天华大队调查

当时，全国上下"五风"泛滥成灾，积重难返。由于形势所迫，社员群众没有机会讲真话，也不敢讲真话。天华大队党总支书记彭梅秀自以为是，瞒上压下。刘少奇来时，她事先召开生产队长和党员会议，统一汇报的口径，封锁社员群众的嘴巴。她对刘少奇不仅"报喜不报忧"，而且当面撒谎，掩饰全大队 1000 多人中有 100 多人患浮肿病的事实。

刘少奇从天华大队不少社员患浮肿病、小孩得干瘦病、妇女月经不调等现象中，感到天华大队的汇报材料和彭梅秀的汇报有问题，便亲自到社员家中访问调查，终于弄清了真实情况。如天华大队的粮食产量，经核实，1960 年实际只有 72 万斤，虚报了 48 万斤。

当刘少奇调查到真实情况后，彭梅秀恼羞成怒，还隔着窗户大声奚落、谩骂刘少奇："刘胡子，你要扳倒天华的红旗，我不怕你……"

但刘少奇并不计较，还主动找彭梅秀谈心，开导她正确对待荣誉，正视工作中的缺点，勇于改正错误，更好地为社员群众服务。在这次调查后，他曾说过："我是国家主席，还有公安厅长带人保护着，随便找人谈话，都要受刁难。这说明听到真话，调查真实情况是多么不容易！"

在宁乡县城，刘少奇不住县委招待所，住在县委的电话会议室，睡的是一张长方形的会议桌。

刘少奇对基层干部们说:"一切从实际出发,这是马克思主义的观点。现在有一股风气,一切从上级的意图出发,这是非马克思主义的。请大家对我一定要讲真话!作为一个执政党的党员,在任何情况下都不能脱离实际、脱离群众。如果不顾群众的疾苦和饥饱,就会走向人民的反面。我们党的领导和人民民主专政,不能只是靠命令来维持的。如果群众对共产党失去希望,那是很危险的!"

实事求是纠错案

刘少奇深入湖南农村调查期间,认真倾听人民的呼声,虚心接受群众的意见,纠正在"大跃进""反右倾"运动中制造的错案。

在天华大队蹲点时,听说饲养员冯福田、冯国全父子将一根三寸多长的铁丝钉进生产队耕牛的肺里,致使耕牛死亡的"破坏耕牛刑事案",刘少奇觉得可疑,立即指示湖南省公安厅复查并重新研究这个案件。

经过详细调查和技术鉴定,否定了原定的结论。原来,这头牛曾几易其主,早在1955年8月在长沙县广福公社社员彭炳泉家喂养时,其子出于好奇心,将铁丝包在青草内喂牛,致使这头耕牛落下病根,最终铁丝进入了肺部致耕牛死亡。真相大白后,湖南省公安厅为冯国全父子平反,并于6月30日向中共湖南省委和公安部呈送了《关于长沙县广福公社天华大队社员冯国全破坏耕牛一案的调查报告》,如实讲述了这一案件的过程。

其间,刘少奇还为被错误打成"右倾机会主义分子"而撤职的天华大队原党总支书记段树成平反。

肖伏良是宁乡县花明楼公社完全小学四年级学生,当时不满10岁。父亲被抽调去修黄材水库,两三个月才回家一次,无法管教他。母亲又得了浮肿病,躺在床上走不动,需要他照顾。由于粮食不够吃经常饿肚皮,他连累带饿变瘦了。为了能够吃一顿饱饭,他到公共食堂打饭时,偷偷地多拿了一钵饭。查出后,他觉得无脸见人,一肚子气,写了一张"我们饿肚皮,只怪刘少奇。打倒刘少奇!"的白纸条,贴在路边的电线杆上。

民兵们"破案"以后,说这是反动标语、现行反革命行为,必须严肃处理：一是要将肖伏良挂牌、游乡、坐班房，二是要追究班主任和校长管教不严的责任。

刘少奇说："写这种东西，只是反映了群众的一种意见，一种情绪，算不得是反动标语。这几年我们犯了错误，群众当然不满。你还不许人家骂娘？小孩子吃不饱饭就有怨气，不要开除他的学籍，更不要责怪校长和班主任，不要停职反省。如果我们有意制造一种压抑的政治气氛，今后谁还敢说话呀！"

紧接着，刘少奇派人将肖伏良找来，笑着把他拉到自己的身边，关切地问："你说说心里话，为什么要写那张纸条？"

肖伏良拉开了话匣子，像竹筒倒豆子，滔滔不绝地讲了母亲的病情和自己的委屈。

刘少奇又问："你说，公共食堂好不好？"

肖伏良生气地说："好个屁！背时的食堂，害人的食堂，砍脑壳的食堂！"

刘少奇听了，说："好了！这恐怕是我们下乡以来听到的最没有遮掩的真话了！小孩子天真无邪，把社员群众不敢说的话和盘托出，宝贵得很呀！"

"不能由于我们的过失，影响孩子的一生。"刘少奇请湖南省公安厅厅长李强亲自去花明楼小学，消除影响，为肖伏良平反。

刘少奇认为：一个冤假错案，对一个人对一个家庭都是一场灾难，必须坚决纠正、彻底纠正。这样做既是对人民负责的表现，也是提高司法公正的有力措施。

七千人大会报告切中要害

刘少奇 1961 年深入湖南农村调查，紧紧围绕群众的生产和生活两大主题进行，涉及公共食堂、无偿调用社员物品和生产工具、退赔、粮食产量与购留以及基层干部民主作风等问题。可以说，这次调查是对"大跃进"和人民公社化运动以来的农村情况，作了一次全面而又具体细致的摸底。

比如，办不办农村公共食堂，刘少奇指出，愿意办的可以自愿组织，不愿意办的也可以自愿解散。他通过摆事实、讲道理，打通了群众的思想顾虑，从而使天华大队率先解散了公共食堂，把饭碗还给了社员群众。

为处理好公共食堂解散后的房子、炊具、蔬菜、自留地等问题，刘少奇又在天华大队一个一个生产队里进行讨论，拿出一套切实可行的方案，避免造成混乱。

对一些涉及省、地、县范围较广的问题，刘少奇还十分注意听取省、地、县各级干部的意见，与地方领导通报情况，共同研究决策，并且通过当地公布各项决定，把点上的经验和做法推广到面上去。比如，为确定天华大队超产部分的粮食购留比例，刘少奇与中共湖南省委负责人一起商量，最后敲定方案。关于自留地、自留山的定权发证工作，他也是与长沙县政府主要领导商定后，由当地领导出面办理的。

刘少奇发现前些年中央的一些决策是不对的，就勇于承担领导责任，多次向群众诚恳致歉，作自我批评。比如，在炭子冲干部和社员座谈会上，他说："回来看到乡亲们的生活很苦，我们的工作做不好，对你们不起。有的做法，是中央提倡过的，如办食堂，大办万头猪场，因此根子还在中央，不过到了下边就添油加醋了，如废掉好田挖鱼池，拆老百姓的房子。"

刘少奇经过湖南农村的调查，不仅推动解决了当地农村的一些具体问题，而且对社员群众的要求和愿望有了切实的感受。为此，他在天华大队提出了社员群众兴家立业的"十个一"目标："一栋好房屋，一套好用具，一栏好猪，一群好家畜，一园好蔬菜，一塘好鱼，一块好山，一天三餐好饭菜，一人有几套好衣服，房前屋后有一片好风景。"这个目标从小处着眼，反映了社员群众在建设新农村问题上的认识水平，也为农村经济的恢复和发展规划了一个社员群众"看得见、摸得着"的宏伟蓝图。

耳闻目睹刘少奇真心实意地访贫问苦、自律自责、忧国忧民，儿时极要好的伙伴李桂生掏出藏在心窝里的真话："去年（1960 年）粮食减产，我讲直话，主要不是天灾，而是人祸，是'五风'刮得咯样!"

李桂生这句振聋发聩的实话，使刘少奇陷入了深刻而沉痛的内疚和思考。

1961年4月至5月中旬，刘少奇回到他的家乡湖南省宁乡县和长沙县进行了44天的农村调查，广泛听取了农民群众的意见和要求，了解了农村的真实情况

实践出真知，调查出真相。从4月2日至5月15日，刘少奇偕夫人王光美和几个工作人员先后在湖南宁乡、长沙蹲点调查，前后共44天。他有33天是吃住在生产队，召开了20多个座谈会，走访了11个生产队，找各级干部、社员群众个别谈话，写了数万字的调查笔记。他深入田间、山林、食堂、猪场、医院、社队企业、社员家里察看，揭开社员家的锅盖，吃了社员用来充饥的野菜和糠粑粑……通过这次调查，刘少奇准确地掌握了当时农村的真实情况，为党和国家制定重大决策、调整农村政策中相关农民生产、生活的问题提供了直接依据。

1961年5月，刘少奇在中央工作会议上专门作了题为《当前经济困难的原因及其克服的办法》的讲话，比较深刻地总结了"大跃进"以来的经验教训，并提出："现在要解决的问题很多，中心的问题，就是要坚决缩短工业战线，延长农业战线和轻工业战线，压缩城市人口下乡……农业方面好转了，工业就可以好转，市场就可以好转。"

1961 年 5 月，刘少奇在湖南省宁乡县农村调查时看望乡亲们

在 1962 年 1 月中央召开的七千人大会上，刘少奇的报告对"大跃进"和人民公社化运动的经验教训的总结分析，就更深入和全面了，一共 16 条，涉及怎样处理全民和集体两种所有制的关系，怎样处理"多快"与"好省"的关系，怎样打牢农业的基础地位、怎样贯彻民主集中制，以及反对平均主义，发展商品交换，计划指标留有余地，珍惜群众精力等。很明显，这些分析和判断，是在湖南农村和其他地方的调查研究基础上得出来的，是对调查研究中获得的认识的进一步提炼和提升。

（作者是湖南省作家协会会员）

朱德的九次阅兵

刘荣付

　　阅兵，是一项极其隆重的军事仪式，它体现了一个国家的国威、一支军队的军威、一个民族的精神。阅兵，特别是新中国国庆阅兵，它集中反映了国防和军队建设的重要成果，展现了人民军队正规化、现代化建设的崭新风貌和威武之师、文明之师的良好形象。

　　朱德是人民军队的主要缔造者之一，他先后担任中国工农红军总司令、八路军总司令、中国人民解放军总司令。在革命战争年代和新中国成立后，他多次作为人民军队阅兵的主要领导者和检阅者，检阅红军、八路军、人民解放军受阅部队，为人民军队阅兵特别是新中国国庆阅兵作出了重要贡献。

革命战争年代四次阅兵

　　为庆祝中华苏维埃第一次全国代表大会的召开，1931 年 11 月 7 日，在瑞金的叶坪广场上举行了隆重的阅兵典礼。朱德以中国工农红军总司令兼红军第一方面军总司令的名义在江西瑞金检阅了红军受阅部队，这是朱德以红军总司令名义第一次检阅红军部队。红军总司令朱德和毛泽东、项英、任弼时等红军将领在大会主席台上检阅了红一方面军的各军团、各军派出的代表部队和红军学校、警卫部队等代表组成的受阅部队，并向受阅部队挥手致意表示问候。随后，在总参谋长叶剑英的陪同下，毛泽东、朱德等骑马检阅了部队。这是中国工农红军正式举行的第一次阅兵典礼。

　　1933 年 7 月 11 日，中华苏维埃共和国临时中央政府根据中央革命军事委员会 6 月 30 日的建议，决定以 8 月 1 日为中国工农红军成立纪念日。为纪念中国工农红军的第一个建军节，7 月 16 日，中国工农红军总司令兼第一方面军总司令朱德、总政治委员兼第一方面军总政治委员周恩来发布《关于"八一"纪念活动办法》的命令，决定"八一"建军节举行阅兵、授章授旗等活动。

8 月 1 日，按照中央革命军事委员会的决定，红一方面军隆重举行"八一"建军日阅兵等纪念活动。红军总司令朱德、红军总政委周恩来担任阅兵首长，陪同检阅的有红军总参谋长刘伯承、总政治部主任王稼祥和红一方面军参谋长叶剑英、政治部主任杨尚昆，红一军团军团长林彪、政治委员聂荣臻，红五军团军团长董振堂、政治委员朱瑞，红一、五军团参谋长、政治部主任和各师师长等。阅兵指挥员由红二师师长徐彦刚担任。

受阅部队由四个具有代表性的步兵团和方面军直属队组成：代表"继续井冈山的精神"的红一军团第一师第二团；代表"发扬南昌暴动的精神"的红一军团第二师第五团；代表"发扬宁都暴动的精神"的红五军团第十三师第三十七团；代表"光荣的博生模范师"的红十四师第四十团；代表"常胜的红一方面军"的直属队。阅兵仪式开始后，受阅官兵队伍排列成整齐的队伍接受朱德总司令、周恩来总政委等首长的检阅。

尔后，朱德总司令带领红军官兵庄严宣誓："我们是工农的儿子，自愿来当红军，完成苏维埃给我们的光荣的任务，为着工农解放而奋斗到底……我们是苏维埃柱石，誓以我们血与肉发展民族革命战争，实行土地革命，推翻国民党，保护苏维埃，打倒帝国主义，争取中国解放，武装拥护苏联，完成民主革命，为社会主义前途斗争。"宣誓后，朱德宣读中革军委通令，举行了颁发奖章典礼。随后进行了授旗仪式。

最后举行了阅兵分列式，受阅部队在军旗的引导下，在军乐声中，以连为方队，高呼"为苏维埃政权而奋斗!"的口号，阔步通过阅兵台，接受朱德总司令、周恩来总政委等首长的检阅。这次阅兵式，是红军时期我军规模最大的一次阅兵，在程序上既有检阅式，又有分列式，虽然不是集中在一天进行，但接近于现在的阅兵程序，可以说是新中国成立后我军阅兵的奠基之作。

1944年11月1日，朱德以八路军总司令的名义在延安检阅了八路军南下支队。这是抗日战争时期八路军举行的一次重要阅兵，也是朱德抗日战争时期唯一的一次在延安检阅八路军部队。中共中央为增强华南抗日力量，扩大对日军全面反攻的前进基地，决定派遣八路军第120师359旅主力4000余人组成南下支队，南下湘粤边，配合东江纵队创建五岭抗日根据地。11月1日，八路军总司令朱德与毛泽东、刘少奇、周恩来、任弼时等中央领导人出席了在延安东关机场举行的南下支队誓师大会。朱德等在主席台上检阅了南下支队指战员。接受检阅的部队迈着整齐的步伐，从会场的东边朝着主席台前进，精神抖擞地接受毛泽东主席、朱德总司令等中央领导同志的检阅。11月9日，南下支队从延安出发，朱德在王震旅长的陪同下，徒步检阅了南下支队指战员。

1944年11月1日，毛泽东、朱德在延安检阅了八路军南下支队

1949年3月25日下午，在西苑机场举行了隆重的阅兵典礼。刚刚抵达北平的中共中央军事委员会主席毛泽东、中国人民解放军总司令朱德和刘少奇、周恩来、任弼时等中央领导同志检阅了由人民解放军第41军

"塔山英雄团""塔山守备英雄团""白台山英雄团"和该军连以上干部等组成的受阅部队。当毛泽东、朱德等中央领导人乘着敞篷吉普车来到受阅部队队列前时，站在队列前的各分队指挥员举手向领袖们敬礼，毛泽东、朱德等站立在缓缓行驶的吉普车上，威严庄重地举起右手，向指战员们还礼。队伍里响起了"毛主席万岁！""朱总司令万岁！""中国人民解放军万岁！"的口号声。西苑阅兵，虽然只有检阅式，没有分列式，但它在人民军队阅兵史上具有重要地位，是新中国开国大典阅兵的一个预演。

1949年3月25日下午，朱德在西苑机场检阅人民解放军

朱德总司令在革命战争年代四次检阅人民军队受阅部队，鼓舞了部队指战员为人民的解放和民族的独立，为创建新中国而英勇奋战。同时，为人民解放军内部阅兵奠定了基础，也为新中国国庆阅兵提供了借鉴。

五次担任新中国国庆阅兵司令员

1949年10月1日，在中央人民政府委员会第一次会议上，朱德被任命为中国人民解放军总司令。当日，在开国大典上，朱德担任阅兵司令员，乘车检阅了人民解放军受阅部队，在天安门城楼上宣读了《中国人民解放军总部命令》，检阅通过天安门的陆、海、空三军部队。朱德作为中国人民解放军总司令，此后又先后担任1950年国庆一周年、1951年国庆二周年、1952年国庆三周年、1953年国庆四周年的阅兵司令员，检阅中国人民解放军受阅部队。作为人民解放军总司令、国庆阅兵司令员，朱德对国庆阅兵特别是开国大典阅兵十分重视。在 1949 年八九月开国大典受阅部队训练期间，63 岁的朱德多次到市郊训练场地视察，了解训练情况，鼓励指战员搞好训练。在炮兵训练场，朱德观看完牵引车驾驶训练后，询问教官：炮兵进行分列式时如遇牵引车熄火怎么解决？教官回答了总司令的提问，并报告了驾驶训练的口诀：纵成一列走直线，横成一排右标齐；互不相窜等距离，炮口朝向高平齐；前车熄火后车推，纵行横线不偏离。朱德听后说：总结得好。并指出驾驶技术要熟练，维修保养要精细！朱德先后两次到永定路北侧的战车训练场，听取指挥员汇报，询问坦克通过天安门两侧三座门时会不会把门墙撞坏等问题，并观看了坦克列队行进的情况。朱德还两次到北苑步兵训练营，视察部队分列式训练。第二次到北苑训练营，检查了步兵和海军地面部队的合练。海军方队是 9 月中旬才开始组建训练的，但他们大部分是国民党海军起义过来的，有着扎实的队列训练基础，走得比较好。朱德观看海军方队演练后，称赞说：开训晚，走得齐！朱德还到南苑机场视察机场飞机和设备，看望空、地勤人员，还登上飞机观看各种仪表和操作系统，鼓励飞行队为迎接新中国成立，为建设人民空军多作贡献。

9 月 25 日夜，朱德亲自到天安门广场参加开国大典地面受阅部队预演，模拟检阅受阅部队，并现场督察阅兵程序和预演全过程。

新中国成立后，朱德在天安门城楼阅兵

开国大典阅兵结束后，朱德在北京饭店举行宴会，招待中国人民解放军高级将领、受阅的陆海空军部队代表和驾机驾舰起义的原国民党空、海军人员。席间，朱德亲切地对几位驾机起义的飞行人员说：我们的空军要大发展，你们是空军的"种子"，将来大有作为。并举起酒杯说："从今天起，我才真正是陆、海、空三军总司令了！"

朱德不仅重视新中国开国大典阅兵，对以后的国庆阅兵也都十分重视和关心，给予指导。朱德不仅连续五年担任国庆阅兵司令员，而且出席了1954年至1959年举行的新中国六次国庆阅兵，检阅人民解放军受阅部队。

朱德在担任阅兵司令员期间，所形成的国庆阅兵程序、内容，包括阅兵口号用语等，都为后来的国庆阅兵所继承和发展。

朱德在深入阅兵部队训练现场，了解部队训练情况，指导受阅部队训练过程中，提出和阐述了一系列阅兵的思想。1949年8月，朱德在战车训练现场的讲话中要求全体受阅人员，要拿出打仗的劲头儿来，圆满完成阅兵任务，为新中国争光。1949年9月，朱德在观看完步兵分列式训练后指出："同志们，你们的形象就是中国军队的形象，你们在阅兵式上的一举一动，直接影响着人们对新中国的印象！通过你们的军姿，看到人民军队的面貌。希望你们努力训练，以良好的姿态出现在中国人民和世界面前。"这些阅兵思想，不仅有力地指导和激励了当时受阅部队的训练和国庆阅兵，而且对后来的国庆阅兵参阅部队也产生了重要的影响。

朱德与山西人民的鱼水情

罗淑蓉

1937年9月中旬，朱德率八路军总部东渡黄河，奔赴华北抗日前线。

在血与火的战斗中，为保卫祖国疆土，为保卫山西的每一寸土地和生活在这片土地上的人民，朱德率八路军发动和依靠广大人民群众，建立华北抗日根据地，用血与汗守住了这块阵地。

也正是在山西抗战的日日夜夜，朱德深深地爱上了这块布满硝烟而又充满热情的红土地，更爱上了充满智慧和力量的三晋大地上的人民，与他们结下了深厚的感情。

发动组织群众：抗日武装力量之源

"动员民族，武装民众，给民众以充分的救国抗日的自由，这是胜利的最必要的条件。民为邦本，民众是抗日的主要力量，因此，要与民众更密切地联合起来。"这是1937年7月26日朱德在《实行对日抗战》一文中指出的，在抗日斗争中，朱德也是这样做的。

朱德率八路军总部渡过黄河后，进入山西境内，准备从侯马乘火车前往太原与阎锡山会谈。当部队抵达侯马火车站时，站里挤满了群众。有东北、平津的流亡学生，有当地群众，还有地方政府官员和各界代表。他们打着标语，喊着口号，不断地把大饼、红枣、核桃、柿子饼等慰问品塞进车厢。许多从沦陷区逃来的难民热泪盈眶，期待着八路军去收复他们的家乡；当地群众则希望八路军挡住日寇，免得他们流离失所。朱德率八路军总部所到之处，都受到群众的欢迎。朱德深为人民群众的抗日热情所感动，每逢停车，都要走出车厢，向群众讲话，宣传共产党和八路军团结抗日的主张，鼓励大家团结起来，坚决同日本侵略者血战到底。无论商人、学生、工人、农民，都拼命往前挤，要亲眼看看万众景仰的八路军总司令。

日军在晋东丘陵地带的张庄实行残酷的"三光"政策，情景十分悲惨。朱德率部途经这里时，安排部队停顿下来。他察看了四周的地形，立即回到驻地，找老乡交谈。向老乡宣传他们是共产党领导的队伍，到这里是为了打日本、救中国、救百姓的。朱德走进一家院子，见里面只有一个孤单单的老大娘，就快步走过去，亲切地询问起来。当得知老大娘一家惨遭日寇残害时，他心里充满了对敌人的刻骨仇恨。他安慰了大娘后，就拿起扁担帮老大娘把水缸挑满，又拿起扫帚把院子打扫得干干净净。临别时，他对老大娘说：我们一定要赶走日本帝国主义，为你一家报仇，为全中国人民雪恨。朱德说完，又让警卫员留下一些干粮。老大娘感动得眼泪夺眶而出，泣不成声地对朱德说："八路军真是我们老百姓的救命恩人，我就是拼上老命也要跟着你们八路军，杀死那黑心的鬼子。"朱德认为："如果群众只有对付日本的心思而没有组织，也就不能抗日。"为此，八路军派出大批工作团、工作组，深入群众。当日军深入山西腹地时，在八路军推动下，各地群众纷纷组成游击队，广泛开展抗日武装斗争。

八路军刚到华北前线时，只有3.8万余人，远远不能适应客观形势的需要。因此，朱德把扩大八路军的工作放在十分重要的地位，尤其注重吸收爱国学生和知识分子参军，并对扩兵的方法以及新兵训练等问题都抓得很紧很细。朱德、彭德怀、任弼时共同发布了关于扩军工作的指示，要求各部队"在持久抗战中壮大本身是极重要的任务"，"我工作人员初到新区域，开始一星期内应以深入宣传，争取个别扩大新战士为最中心工作"。八路军总部还明确规定，各师在两三个月内应该各组织两个新的团，总部的特务连要扩充为特务团，在蔚县地区的独立团要扩大为三个团的独立师。按照总部指示，各师派出大批干部，到自己活动范围内人口稠密地区进行扩军。

消息一传开，不少男女青年学生、知识分子踊跃报名，入伍当兵，为八路军增加了新生力量。"随营学校"招生广告明确告示：愿学军事的可报考教导队，愿学政治的可报考学兵队。各报考站更是人山人海，青年学生们血气方刚，一被录取就毅然告别家乡父老投入艰苦的战斗生活。

八路军在前线打了胜仗的消息传开后，山西老乡感慨地说：没有八路军，山西早就完了。相应地，没有老百姓，八路军也就没有力量。因此，八路军除了打仗外，几乎天天做宣传和组织群众的工作。朱德心里时刻不忘广大人民，常常奔走于群众之中。他有时在群众大会上讲话，有时到老乡家谈心，有时到田野同老乡一起生产。他号召全体人民，有人出人，有钱出钱，有枪出枪，团结起来，一致抗日。

1927年，大革命失败后，朱德便和家人失去了联系，直到1937年全国抗战以后，才得以与家里通信。朱德与亲属的通信中，谈得最多的是革命形势和号召家人奔赴抗日前线，支援山西抗战，以及对革命充满必胜的信心。

十年中，朱德的儿子朱琦为了躲避国民党的搜捕，隐姓埋名，流落他乡。朱德通过党的地下组织找到了他，将他于1938年送到延安。朱琦到延安不久，在朱德"总司令的儿子更要上前线"的教导下，到了山西抗战前线。1943年，在山西方山县一次突破敌人封锁线的时候，朱琦被敌人的机枪打伤了左腿，成了三等甲级残疾军人。

朱琦是朱德唯一的儿子，却并没因为是总司令的儿子而享有特权，而是与其他热爱山西大地、热爱山西人民的有志之士一样，把满腔热血洒在了这块热土上，把青春奉献给了祖国和人民。正是有千千万万个这样的人的努力和奉献，全国抗战才取得了最后的胜利。

在艰苦的斗争环境中，朱德一方面指挥八路军作战，取得了大大小小的胜仗，赢得了群众的信任与支持；另一方面深入群众，积极宣传抗日救国，发动群众，壮大游击队伍，扩大抗日武装力量。

朱德根据毛泽东关于创建以太行山为依托的晋冀豫抗日根据地的指示，率部挺进山西晋东南地区，开创抗日民主根据地的工作。朱德提出了"坚持华北抗战，八路军与华北人民共存亡"的战斗口号，率部一面挺进到平汉路、正太路沿线，一面抽调大批干部和一些连队，组织了许多工作团和游击支队，和地方党组织相结合，分散到太行山区广大农村，发动群众、组织群众、武装群众，成立抗日新政权。武乡县当时只有12万多人，就有9万多人参加了抗日团体。党组织也迅速壮大，成为建立革命政权和地方武装的骨干。区、县成立游击队，村村组织起抗日人民自卫队。同时，一批又一批工农子弟踊跃参加八路军，从城镇乡村到山庄窝铺，到处出现了"母亲叫儿打东洋，妻子送郎上战场"的动人事迹。真是"村村像军营，人人都是兵，抗日根据地，一片练武声"。

在1938年3月以后的两年多时间里，朱德率八路军总部，一直战斗在太行山区。他根据党中央关于坚持持久战和独立自主的山地游击战的战略方针，指挥八路军放手发动群众，组织群众，广泛开展游击战争，先后建立了晋察冀、晋冀鲁豫、晋绥、山东等抗日根据地。

关心依靠群众：巩固抗日根据地之基

在山西抗战的日子里，朱德十分关心群众疾苦，关心群众生活；依靠群众，指挥八路军与日寇进行了不屈不挠的斗争。山西人民怀着对八路军的感激，对朱德的崇敬与爱戴之情，积极投入到抗日洪流中。

朱德说：我军一个总的原则，即是从人民出发，为人民服务。只有做到为人民服务了，人民的政治、经济、文化等生活改善了，才能实行人民战争。

在武乡县砖壁村朱德住处的窗户外面，有一盘大石碾。初到这里的一天，当朱德处理完文件又去找老乡们谈心时，看见一位老大爷在吃力地推碾子碾谷面，便走上前去帮助老人推起来。老人连忙阻止，朱德不但没歇手，还与老人一边推碾子一边聊天。朱德询问了老人的生活情况，交谈中，当他知道老人是抗属后，又同老人聊起了打日本、求解放等一些事情。老人越听越有劲，以后凡要碾什么粮食的时候，一定要到这个碾盘上来碾，有意找朱德攀谈。没多久，朱德帮助老人推碾子的事便在村子里传开了。于是，乡亲们都来这里推碾子，朱德便利用这一时机向广大群众宣传革命道理，鼓励乡亲们排除困难，积极生产，支援八路军打鬼子。几个月下来，朱德一有空就帮助乡亲们推碾子。这碾子成了一个连心锁，把共产党、八路军和广大人民群众紧紧连接在一起。后来，乡亲们编了这样一首歌谣："砂石碾，嘟辘辘转，朱总司令帮咱推石杆；碾米轧面讲抗战，贴心话儿堆下一碾盘。"至今还流传在当地群众中。

1939年的三伏天，太行山区武乡县砖壁村干旱缺水。老百姓只能到离村很远的地方去打水吃，十分辛苦。见此情景，朱德亲自率领战士们沿村四处寻找水源，翻山越岭，历经千辛万苦，终于在洼子里找到一股饮羊小泉和一个常年积水的"白龙洞"。朱德又动员干部战士们："目前，老乡的吃水问题是当务之急，我们八路军是人民的子弟兵，要处处关心人民的疾苦，为老乡解决问题，大家积极行动起来，打一场挖井抗战的歼灭战。"随后，朱德亲自动手干起来，还一边鼓励大家要增强信心。不几天工夫，一眼40多米深的水井就打成了。老百姓高兴得像过节一样，为了子孙后代永远不忘共产党、八路军的恩情，砖壁村人给这口井起了个名字叫"抗日井"，并且在井旁立了纪念碑，上写"吃水不忘打井人，幸福感谢总司令"。直到今天，砖壁村民还传唱着这样的民谣："抗日井啊抗日井，红砂甜水清凌凌；吃水不忘八路军呀，日夜想念朱总司令。"

1939年，（右起）聂荣臻、朱德、彭德怀、吕正操、罗瑞卿在八路军总部

战斗之余，朱德还组织剧团到村里演出，既丰富了部队的文化生活，也为这里的人民减轻了战争的痛苦，让人民找到了生活乐趣，更拉近了军民距离，加深了军民感情。他还让军医为老百姓看病拿药，让部队帮助老百姓种庄稼，抢收粮食等。他总是爱护群众，关心群众，和群众打成一片。

1939年的麦收季节，抗日根据地一派丰收景象，山西省上党地区（今长治市）的老百姓个个喜上眉梢，乐在心里。就在这时，传来日军为了抢到这些粮食，要对根据地疯狂"扫荡"的消息。朱德得知后，在前方战事非常紧张的情况下，利用空余时间带领身边的工作人员，连夜帮助老乡抢收小麦。他说：咱们要把小麦割尽、收尽、送到场上去，人民用血汗换来的果实一粒也不能让敌人抢走。50多岁的朱德，像一个年轻的小伙子那样和大家一起奔忙在麦地里，又割、又捆、又扛，直到把所有的小麦都扛进老乡家里。

随着抗日根据地的建立，抗日斗争蓬勃发展。在粉碎日军的九路"围攻"作战中，朱德和一二九师刘伯承、邓小平，指挥八路军、决死队，配合地方武装和广大人民群众，与敌寇周旋在太行山上。朱德命令一二九师主力部队转入外线，隐蔽集结，寻机歼敌。同时，发动群众，坚壁清野。地方游击队和自卫军不断袭扰敌军，破坏道路，捉拿敌探，肃清汉奸，并帮助八路军和友军搬运伤病员，进行联络、筹粮、运输，配合作战，为取得战斗的胜利，发挥了重要作用。对于这场战争，朱德说："从前他们说山西的民众是顺民。现在估计起来，从前他们因为没有枪；现在有了枪，经过了我们的组织，山西的民众已经不是顺民了，也能够起来干，打仗。""老百姓也学会了，知道打得不对就要避一避，打胜了就要追。""我们消灭他零零碎碎的，合拢起来便是一个大胜利。""虽然不是全靠游击队，然而游击队是创造最后胜利的主要条件之一，却是不可否认的。"山西人民由最初的期望、支持八路军对日作战，到直接参与战斗，发挥了不可低估的力量。

1940年，八路军总司令朱德在太行山上

随着敌后抗日根据地的日益发展，华北八路军已发展到13万多人，但国民党当局已在限制八路军的发展，仍按4万多人的编制发给经费。日本侵略者对抗日根据地也进行严密的经济封锁和军事破坏，使部队的物资、经费、弹药供应都异常困难。朱德、彭德怀从实际情况出发，提出解决困难的方针是：发展生产，有计划地经营和统制公私贸易；在改善贫苦人民生活的原则下，整理税收、田赋；加强敌占区工作，争取运入根据地所缺乏的物资；通过政权和群众团体，开展自愿献金、献粮；有计划地建设军事工业；建立严格的预决算制度，清除贪污浪费；成立华北总财政经济委员会。在困难面前，朱德指挥若定，抗日军民齐心协力渡过了难关。

全国抗战时期朱德使用过的八路军臂章

在山西抗战期间，朱德率领的八路军发动组织群众，相信依靠群众，与山西人民建立了深厚的鱼水之情。正是因为如此，八路军才在山西获得了力量之源，扩大抗日武装力量，建立抗日根据地，与日寇进行了顽强斗争，为取得全国抗日战争的胜利奠定了坚实基础。

（作者是山西朱德铜像纪念园管理所文博馆员）

任弼时与莫斯科东方大学

李琦

1940年3月，任弼时结束中共驻共产国际代表团团长任期，回国参加中共中央书记处工作。次年8月，他成为中共中央秘书长。胡乔木对此曾有过一个评论："任弼时当秘书长，一是因为资历老，二是因为他是二方面军领导人，三是他从共产国际回来的。这里有一些微妙关系，其他的人起不了他当时起的作用。"胡乔木在这里说得是很中肯的。任弼时在党内的经历异常丰富而又全面，在党中央领导人中也是比较突出的，所以才会有"微妙"之论。

任弼时"资历老"和他与共产国际的渊源密切相关。这两点都离不开他在莫斯科东方大学三年的留学经历。1921年8月至1924年7月，任弼时在莫斯科东方大学中国班学习，是东方大学第一批学员。他的同窗有刘少奇、罗亦农、萧劲光、曹靖华、彭述之、蒋光慈、汪寿华等，共36人。在他们中间，任弼时和刘少奇后来都成为中共第一代中央领导集体重要成员，其他人中也走出了许多政治名人、作家、翻译家。东方大学的经历都是他们青少年时期的精彩篇章。至少从政治名人来看，任弼时恐怕是从此段经历中得益最多的一位（刘少奇仅在莫斯科待了八个月就奉调回国了）。

留学东方大学的缘由

任弼时等人留学东方大学，是五四前后中国青年留学大潮中的一部分。在当时的大批有志贫寒青年中，可称为潮流的留学活动，最初是赴法勤工俭学。比任弼时年长11岁的湖南同乡毛泽东，当时已是湖南学生运动的翘楚，他和他所领导的新民学会决心"改造世界"，崇尚"大留学"。他本来也拟赴法，并四处奔走组织，成功送走包括李富春、蔡和森等在内的几批优秀的湖南青年，但他本人却选择了留下，其中一个原因是他的留学兴趣点转移到了列宁领导下的苏俄。十月革命后不久的 1919 年至 1920年，苏俄政府两次发表对华宣言，宣布废除沙俄时期一切不平等条约和在中国的一切特权，在中国引起强烈反响。很多人对苏俄产生了了解和效仿的兴趣。各地相继出现研究俄罗斯的团体。1920 年 8 月 21 日，毛泽东、彭璜、姜济寰、何叔衡、贺民范、方维夏等发起组织的湖南俄罗斯研究会正式成立，毛泽东被推举为书记干事。该会宣称"以研究俄罗斯一切事情为宗旨"，会务有三："一，研究所得后，发行俄罗斯丛刊；二，派人赴俄实地调查；三，提倡留俄勤工俭学。"由于倾注全部精力于国内实际革命活动，毛泽东再一次选择留在国内，但在他的努力下又促成了一批青年赴苏俄留学，其中就包括任弼时。

　　1920 年夏，16 岁的任弼时临近中学毕业。他的同窗萧劲光回忆他们当时的思想状态时说："青年人总是有理想的，我们不愿在内忧外患的国度里，做任人宰割的牛马，做一个仅仅为了谋生而活着的人，而想寻找我们理想中的最好的出路。"当时，"我们所向往的是效仿前几批留法勤工俭学的学生，到国外去见见世面，一边工作，一边求学，以寻找救国救民的道路，来改造这不平等的社会"。可惜当时赴法勤工俭学已经不再派了，只能另寻出路。当任弼时和萧劲光听说有个俄罗斯研究会正在筹备时，心中的愁闷一扫而空。二人"躺在宿舍的床上，辗转反侧，兴奋地睡不着。去不去？还有几个月就要毕业了，文凭还要不要？商量来商量去，两人都横下一条心，去！文凭不要了"。于是由船山中学校长贺民范介绍，他们加入了正在筹建中的俄罗斯研究会。当年秋天，在毛泽东等人主持下，经反复研究，最后选定任弼时、萧劲光等六人，赴上海外国语学社作留俄学习准备。另一位湖南人刘少奇有过与任弼时相似的经历。他起初也是计划赴法留学。1920 年夏，他从保定育德中学附设的留法高等工艺预备班毕业后，因筹措不到赴法费用，只得返回长沙。同年 10 月，刘少奇经贺民范介绍赴上海。

　　上海外国语学社实际上是中国共产党成立之前的一个重要活动据点。共产国际远东局代表吴廷康来华后，与李大钊、陈独秀商谈筹建共产党的同时，在知识界开展马克思列宁主义研究活动，准备选派一批青年去苏俄留学。1920 年 8 月，在上海的共产党早期组织成立后，开办了这个外国语学社，主要教授俄语。8 月 22 日，在上海的共产党早期组织决定在学员中正式建立上海社会主义青年团，由共产党早期组织成员俞秀松主持团的工作。20 多名学员被吸收为第一批团员，包括任弼时、罗亦农、萧劲光、任作民、王一飞、卜士奇、彭述之等。1921 年 4 月，经共产党早期组织与苏俄方面联络和安排，决定分批派学员去莫斯科学习。

1921 年 1 月，任弼时（前排右一）赴苏俄留学前与乡亲合影

　　这一批得风气之先的以湖南籍为多的先进青年，原本打算如赴法的青年们那样半工半读，历史却给了他们更好的机遇。1921 年 2 月，根据当时的国际革命形势，俄共（布）中央决定成立一所"专为东方殖民地国家、地区和劳动者共产党以及苏俄境内东部地区少数民族培训政工干部"的高等院校，直属教育人民委员部，这就是设在莫斯科的东方劳动者共产主

义大学，简称莫斯科东方大学（以下简称"东大"），由斯大林任名誉校长。其国内部招收苏俄境内东方各少数民族学生；国际部则专门培训东方各国学员，下设中国班、日本班、朝鲜班、蒙古班、越南班、印度班等。东方大学是苏俄乃至苏联最早一批高级党校之一，是一所政治大学，专事为东方各国共产党培训政治干部，它不仅不收学费，而且包食宿，还提供各种各样从事政治活动的机会。相反，当时欧洲失业严重，多数赴法勤工俭学的学生不仅难以进入各种专业技术学校，甚至连生活都越来越困难。

萧劲光回忆说："那时'俄国'是希望和光明的象征，对我们的吸引力太大了。推翻了旧世界，建立了工农政府，没有剥削、没有压迫……这些在书本中、课堂上读到、听到的崭新世界，就要展现在我们面前。一想到这些，我们都抑制不住内心的兴奋。"1921 年 5 月中旬，经在上海的共产党早期组织和吴廷康介绍，第一批学员乘日本邮轮从上海取道日本长崎到海参崴赴苏俄留学。同任弼时一批赴俄的还有刘少奇、萧劲光、任作民、任岳、彭述之、罗亦农、卜士奇、蒋光慈等，湖南人占了一半。临行前任弼时在给父亲任思度的信中说："人生原出谋幸福，冒险奋勇男儿事。况现今社会存亡生死，亦全赖我辈青年，将来造成大福世界，同天共乐，此亦我辈青年人的希望和责任，达此便算成功。"

这一批 36 名学员经过近三个月的艰险旅程，于 8 月抵达莫斯科，成为中国留苏学生中的"先驱"。三年后东方大学的规模已仅次于当时苏俄最大的政治大学斯维尔德洛夫大学，中国班学员达到 100 多人，其中不少人是从欧洲转赴而来。四年后，另一所著名的政治大学莫斯科中山大学才在国共合作大潮中成立。

入学伊始，苏俄方面为了他们今后回国革命时的安全起见，给他们每人都取了俄文名字，任弼时叫"布林斯基"（Брийский）。"任弼时"这个名字也是从这时取代他的本名任培国的。

在东方大学的学习及与共产国际、苏俄的接触

进入东方大学，最重要的当然是按照苏俄方面的安排，进行课程学习。苏方为了培训中共留学生，不惜在当时国内经济相当困难的情况下投入巨大的人、财、物力，汇聚了大批优秀师资，这固然是无产阶级国际主义精神的体现，同时也是希望对中共党团员骨干进行培训和塑造，使其接受并信仰苏俄式革命理论和经验，待其回国并成为中共的领导阶层后，将留学期间所受的影响发挥出来，使中国革命未来的道路能够按照苏俄的设计来发展。而研究苏俄、学习苏俄，为将来回国以苏俄式道路从事中国革命做准备，也正是任弼时等赴苏俄留学的明确目的：当时的中国革命，只有苏俄经验可以借鉴。

莫斯科东方大学

1922年3月5日，根据当时党团组织的要求，旅俄青年团团员们都填写了一个情况调查表。从任弼时填写的这张表上的一些内容，大致可以看出他初入东大时的所求所想。如，来俄时的目的：实际考察劳农俄国，观念明确，回国做相当的革命运动；政治经济和俄文学得怎样以及有何心得：政治经济，从前可是不明白的，现在觉明白了一个大概，算是才有进步，俄文也算有进步；现在想做什么，什么目的：现在是想求点革命的工具，使自己的观念明白，将来少要做点运动；打算什么时候回国，回国

后，在什么地方活动，干什么事情：回国问题，只看工作之急缓，不过自己的工具，还觉不足供用，若是回国，没有相当可以运动的机会的工作，少也要到工厂去做点工人运动的工作——上海或湖南。若是有机会还能多求点应用的工具，我很愿意。

基于其培训政治干部的宗旨，东大的课程偏重于政治理论教育尤其是苏俄革命与建设的理论和实践，开设的课程包括：联共（布）党史、国际共运史、俄语和一门西方语言、相关国家的革命运动史、东方革命运动史、西方革命运动史、社会发展史、哲学、政治经济学、经济地理、列宁主义理论等，其中联共（布）党史和列宁主义理论是最为重要的课程。东方革命运动史课程曾由其第二任校长舒米亚茨基主讲，可见其重视程度。

的确，在当时的国际共运中心"红都"莫斯科，他们拥有的是得天独厚的学习环境和条件。他们不仅系统地阅读和学习了马克思列宁主义著作，更重要的是大大拓展了观察和思考的政治视野。1921年7月9日任弼时等一行人抵达莫斯科时，适逢共产国际三大召开。他们被安排与会议代表同住一旅馆，并作为东方民族代表轮流列席大会。正是在这次大会上，列宁被选为名誉主席，并作了关于俄共（布）的策略的报告。列宁的演讲为这些初到莫斯科的中国青年上了令人难忘的第一堂政治课。

任弼时抓住难得的机会，如饥似渴地学习。尤其是学校的课程全部用俄语教学，在多数学员俄语不过关的情况下，他迅速练成一口流利的俄语，形成诸多学习和锻炼优势。据回忆，当时任弼时年纪最小，身体也差，经常患感冒，但他学习非常努力，俄文的水平提高很快。同志们问他有什么经验时，他腼腆地回答说：没什么，听不懂的多听听，记不住的多念念，自然就会了。学校曾聘请瞿秋白和李宗武来当中国班的课堂翻译兼助教。1922年12月21日，因瞿秋白回国，中国班西方革命运动史课堂翻译就由任弼时接替了。

不久，任弼时有机会又一次参加国际会议。1922年1月21日至2月2日，针对西方国家的"太平洋会议"，远东各国共产党及民族革命团体第一次代表大会（简称"远东会议"）召开。中国代表团44人，团长是中共代表张国焘。瞿秋白、俞秀松、任弼时、王尽美、邓恩铭、高君宇、林育南、张太雷、罗亦农、萧劲光等分别以共产党和青年团的代表身份参加；国民党的代表为张秋白。当时任弼时还不满18岁。两年后的1924年5月，李大钊率领中共代表团到莫斯科出席共产国际五大，任弼时等11人开始参加中共代表团的工作，并出席了共产国际五大。7月15日至25日，青年共产国际四大在莫斯科举行，任弼时和卜士奇、王一飞、彭泽湘代表中国社会主义青年团出席。除团长卜士奇由国内派出外，任弼时等三人都是东大学员。在这些国际会议上以及平时接待国内来访者的活动中，任弼时运用他对环境的熟悉和语言优势，为从国内来的中共高级领导人与共产国际执委会等的交流服务，与这两方面的很多"大人物"都建立起很好的"人脉"。

1922年1月，任弼时参加共产国际在莫斯科召开的远东各国共产党及民族革命团体第一次代表大会。图为大会一角

在莫斯科，离世界革命领袖列宁很近，这是当时任弼时等世界观正在形成中的青年坚定革命信念的精神动力之一。1924年1月21日，列宁逝世，莫斯科顿时陷入悲痛之中，东大也举行了追悼大会。任弼时立即绘制列宁遗像一幅，悬挂在中国班里以示悼念。一连数日，莫斯科各界代表纷纷赴全苏工会大厦向列宁遗体告别。东大学生也集体前往，但在进入大厅前需要冒着严寒排长队久久等候。任弼时平时学习用功，俄语又好，与苏俄同学交往相对较多，同时他又担任中国班团支部执行委员，与东大党支部局的同志很熟悉。1月25日凌晨，一位苏俄同学悄悄叫上任弼时，加入东方大学支部局代表的队伍，提前"看列宁去"。任弼时拉上萧三（曾是任弼时在长沙读小学时的老师，从欧洲转来东大）一起去了。

而此行更重要的是，瞻仰完列宁遗容后，他们又被安排代表东方民族为列宁荣誉守灵五分钟。参加护灵的人分若干批，每批四人，分别站在距列宁遗体周围六七米远的四角。萧三清楚地记得，他站在列宁的右脚方向，任弼时站在列宁的右肩方向。他回忆当时的心情时说："在明亮的灯光之下，我觉得他栩栩如生，正所谓虽死犹生。在短短的五分钟之内，我的感想千千万万。""我略低着头，眼睛直望着安静睡着的列宁，直到护灵的最后一秒钟。"任弼时和萧三是为列宁守灵的为数极少的中国人，这个特殊的经历在任弼时年轻的心中造成的震荡是难以磨灭的，更坚定了他对党的事业的忠诚。数月后，任弼时奉命回国，临行前特意去拜谒了列宁墓，发誓为列宁的事业而永远奋斗。

在中共旅莫支部的锻炼

除了参加东方大学所安排的课程外，中国班的学员还有自己的组织和活动。这就是中共旅莫支部的活动。

东大中国班起初并无党组织，但有团组织，称为"旅俄青年共产团"。先后担任支部书记的是罗亦农、王一飞、华林和彭述之，任弼时担任执行委员。1921年7月中共一大在国内召开后，旅莫团员分批转入共产党。刘少奇、卜士奇、罗亦农等是最早转党的，当时旅莫中共党组织称为"旅莫小组"或"旅莫组"，"推罗觉（即罗亦农）为主席"，并由大家轮流担任党团员大会的主席。

任弼时是在1922年冬的一次中共旅莫组会议上转为中共正式党员的，这次会议正好陈独秀也参加了。这年11月5日至12月5日，共产国际四大在莫斯科召开，中共中央局执行委员会委员长陈独秀率中共代表团来莫参会。12月7日，他来东方大学看望留学生，并列席了会议，讨论通过王一飞、彭述之、任弼时三人转为中共正式党员，蒋光赤（蒋光慈）、秦抱朴等为候补党员。

此时，由于一战后欧洲形势恶劣，前几年大批赴法勤工俭学的中国青年们学习和生活处境都十分困难，留学苏俄显得更有吸引力。更鉴于苏俄经验对于中国革命的指导意义，中共中央决定抽调和安排中共旅欧支部成员转而赴俄。1923年4月的一天，任弼时同王一飞等到莫斯科火车站迎来了由赵世炎带队的中共旅欧支部派来的第一批12人。其中陈延年、陈乔年是法共党员，熊雄、王圭是德共党员。这里还有一个插曲：萧三是1920年5月赴法的，1922年春任弼时致信萧三，向他介绍东方大学的情况及俄国十月革命后的社会状况，问萧三"有无意思前往苏俄一游"。萧三几经周折，于当年底只身辗转来到莫斯科东方大学，比赵世炎他们早了几个月。

1923年4月28日，中共旅莫支部正式成立。原旅欧支部的党员转入旅莫支部。至此，中共旅莫支部有正式党员和候补党员总计23人。经选举，由罗亦农、彭述之、赵世炎三人组成支部委员会，罗亦农为书记。

1923 年 4 月，任弼时（左一）与罗亦农（左二）、张国焘（左四）、刘仁静（左五）等在莫斯科

从莫斯科东方大学旅莫组到旅莫支部，均将训练职业革命家作为宗旨，宣称："共产党员，除了革命，别无职业——我们是职业的革命家。"为了成为合格的职业革命家，东大中国班的党团员除了学习苏俄安排的课程外，最重要的工作就是党团员的思想训练。在旅莫支部成立大会上，罗亦农提出党内对个人主义极不负责任等问题的监督，应给团组织做表率。他建议党员分成三个小组，互相监督，遇到不对，即报告书记或用其他方法纠正，每月必须开一次批评会。罗亦农的提议得到全体赞同，并讨论形成决议案，指出："我们来此是研究共产主义，养成自己为真正的共产主

义者，去替中国的无产阶级服务"，"我们本是由经济落后的国度而来，自然一定要受到这经济落后所产生出来的恶劣影响，如天然的无政府主义、小资产阶级的知识心理、个人主义、自由主义等"，对此"必须加以严格的纠正，即须以集体主义去纠正个人主义和无政府主义，以规律主义去纠正自由主义和知识阶级的心理"。要求每个党员必须作为"共产党这部机器之一部分"，绝不能存在勉强的态度和妨碍这部机器工作的行为；强调"团体的工作是我们唯一的工作"。在纪律方面，强调"始终要绝对的维持团体在行动上的一致"，"反对铁的纪律即是消极的帮助有产阶级来破坏无产阶级的革命组织"。支部对"集体化"作了十分严苛的规定，指出"生活和意志要绝对的团体化、群众化，绝对无个人生活和个人自由意志之可言"，而监督和批评则是"达到培养我们成为铁一般似的共产党党员的手段"。这样，支部将所有党员编成几个小组，每组四五个人，每周开一至两次会，进行批评和自我批评。

旅莫支部还十分重视党团员的马克思主义理论的学习和研究。1923 年 5 月 7 日召开中共旅莫支部临时大会，任弼时担任大会书记。会议讨论通过的《旅莫党团训练具体方案》对党团员的思想、组织、纪律方面作出了严格的规定。会议还重点研究了"关于党员的研究范围及供国内本党机关报的材料方面"的问题。内容包括：唯物史观、经济学、工农运动史、各种社会主义派别、殖民地问题、无产阶级之艺术及青年、妇女、军事、宗教问题以及各国革命现状等。会议要求每个成员选择两个专题，写出文章供《新青年》及其他刊物发表。任弼时在支部活动中是十分积极的。如在一张保存至今的旅莫组会议记录中，还留着他的一项被采纳的提议："研究内容增添少年运动一项；党支部负责青年团工作的执行委员应加入团支部执行委员会。"

作为中国共产党首批赴苏取经的一批青年精英，中共中央对东大学生倍加珍视。与国内同志相比，他们在对马列理论、无产阶级政党建设经验的学习等方面有很大优势，因此在很多问题上十分看重他们的意见。例如，1922 年 12 月 18 日的旅莫组会议，不仅学习和讨论了陈独秀带来的中共二大通过的党章，还就党章第二条、第三条提出了具体意见。党章第二条关于入党手续，只规定了报批单位而无候补期，介绍人也无具体限制。旅莫组讨论结果认为："党员入党时，须有三月以上之入党党员二人介绍于地方执行委员会，经地方执行委员会承认即为正式党员，但知识阶级等，须经相当候补期。"党章第三条规定"凡经中央执行委员会直接承认者，或已经加入第三国际所承认之各国共产党者，均得为本党党员"。旅莫组讨论时，一致建议上述两类党员，也要"经某机关审定"才得为本党正式党员。如上两条意见在他们向党中央报告后均得到相当重视，并被采纳。在中国共产党第三次全国代表大会通过的中国共产党第一次修正章程中，第一章党员第二条改为"党员入党时，须有正式入党半年以上之党员二人之介绍"，"候补期劳动者三个月，非劳动者六个月，但地方委员会得酌量情形伸缩之"。第三条则改为："凡经中央执行委员会直接承认之党员，当通告该党员所在地之地方委员会，亦须经过候补期；凡已加入第三国际所承认之各国共产党者，经中央审查后，得为本党正式党员。"这两条规定成为整个大革命时期我党组织建设中的基本原则。

为了使大家尽量熟悉和了解国内革命实际，旅莫支部像这样对国内形势及国内文件的学习和讨论是很多的。为了方便学习和集体研讨，他们将全体党员分为党章、党的策略和农民问题三个专题研究组，每周讨论一次，最后由大会讨论。任弼时参加党章和党的策略两组。他们与国内的通信往来也十分密切。虽然远离祖国，但他们心系故土，期待着学到一身扎实本领，回国投入实际工作。

在国共合作的高潮中回国效力

在苏俄艰苦而愉快的学习中，任弼时在学识上和政治上逐渐成长。他在一封家信中写道："我在莫身体如常，学识亦稍有进步。"但他仍然思念故乡："鲜红的野花，活泼的飞鸟，何等的有趣！""远隔异土，不能与你们共享这种幽乐！但我不惜！因为以后我们共享的日子还多……"1924年初国民党一大召开，国共合作正式开始后，国共两党均感干部奇缺。在莫斯科已经受训两年多的东大学生更是一批宝贝，他们回归故土，投身于火热的实际革命工作、施展才华和抱负的时间也日益临近了。

在莫斯科东方大学中国班的历史中，还有一件事少有人提及，就是接待蒋介石访苏。1923年秋，国内革命形势日益高涨，国共合作的局面初步形成。1923年9月2日，蒋介石率"孙逸仙博士代表团"到达莫斯科，和苏联商谈关于援助国民党和建立黄埔军校事宜。除"全权代表"蒋介石外，随行的还有沈玄庐和张太雷。东大中国班全体学员为他们举办了欢迎会，蒋介石发表演讲。10月10日，蒋介石在住地宴请全体中国学生，欢迎中共党员和团员参加国民党。东大学生蒋光慈的印象是，此时的蒋介石"说起话来是非常革命的，比谁都左"，这也是国共合作初期局面的真实写照。

1924年1月24日，旅莫支部召开党团员大会，由任弼时担任主席，热烈讨论国共合作的联合战线问题。26日支部又举行常会继续讨论。会议决定按国内的指示，暑假后派一批在东方大学学习时间较长而有工作能力的党员回国工作，包括罗亦农、赵世炎、任弼时等18人。后与吴廷康商议，在2月27日的常会上减为15人。罗亦农、任弼时、王一飞等八人暂时留在东方大学。共产国际和苏俄方面希望这些学生再多停留些时间，使他们更多更深地接受苏式革命的经验和路径，当然也更增进对苏俄的亲近感。

1924年5月20日的旅莫支部大会，来莫参加共产国际五大的中共代表团成员张太雷也出席了。他告诉大家，国共合作的联合战线形成后，大批共产党人参加了国民党的工作，共产党本身的组织和训练工作，因人手不足，有所削弱，以致党的刊物不能按期出版。于是决定加派陈延年、郑超麟和任弼时等六人回国。6月25日，第一批10名学员启程经海参崴回国。共产国际的两个大会闭幕后，7月23日，任弼时等第二批学员随同中共代表团启程，于8月回到上海，结束了在莫斯科东方大学三年的学习生活。

回国伊始，年方20岁、身体并不强健的任弼时显示出极大的工作热

1924年3月，任弼时在莫斯科东方大学学习时，给父母亲写的信

情和出色的才干。起初他曾被安排去国共合作风云际会的上海大学教授很热门的俄语，而后很快投身于青年团的工作，首先主要是贯彻共产国际大会的精神，筹备召开中共四大和青年团的三大。当年9月，任弼时就接受了三项任职：青年团上海区委委员、江浙皖区委委员、团中央宣传部下设编辑部编辑员，负责向《中国青年》《平民之友》《团刊》三刊供稿。后又被指定为团中央的俄文翻译。在团的三大后，任弼时担任团中央组织部主任，1925年5月至1927年11月担任团中央总书记。自1924年10月18日至11月8日仅20天内，他便在《中国青年》等杂志上发表了《社会主义青年团是什么》《苏俄与青年》《列宁与十月革命》《苏俄经济政治状况》四篇文章。据统计，截至1927年1月的两年零三个月时间里，任弼时仅在《中国青年》一种杂志上就一口气发表了15篇文章，在青年中影响很大。一些老一辈革命家日后回忆说：我们是先读到任弼时等人的文章，接受了他们宣传的思想，尔后走上革命道路的。任弼时显露出的这些

突出才华，主要是东大学习三年辛勤积累的初步成果。

任弼时等人从莫斯科"镀金"回来，起点够高，很有骄傲的资本，但任弼时却在工作十分勤勉的同时，又极其谦虚谨慎。如他在 1925 年 2 月 18 日致尚未回国的罗亦农、王一飞的信中说到他被选为团中央委员，感受却是："在我个人本不愿本届当选，然 CY 人选问题是 CP 中央的提出，故我也未敢反对，既被选出之后，复分我以组织部的工作。自己老实着想实在能力不及，然中局因人关系，亦无辞可推，只得听命，尽力而已。"在这段心里话中，人们后来所常称道的"骆驼精神"已然尽显。这个精神的形成，任弼时本身的性格当然是一个重要因素，然而 17 岁赴苏受训三年，尤其是旅莫党组织内部无产阶级政党严厉的批评制度也不能不起到相当大的作用。留苏生涯，应当是任弼时一生严于律己、勤于自省的真正开始。

中共旅莫支部为把这批学生培养成中共政治骨干，的确做了大量工作，但由于受苏俄模式影响较深，也容易把苏俄共产党的一些缺陷带到党内。如旅莫支部训练方针极端强调严格的纪律化、组织化、团体化，"绝对无个人生活和个人自由而言"。爱好文学创作，志在成为一个"革命诗人"的蒋光慈，就被视为自由散漫。学员中也有人忍受不了纪律的约束提前回国的。而任弼时却由此磨炼得更加坚韧。而且，虽然党组织的纪律十分严苛，但任弼时在积极参与活动的同时，仍保持着青年人的活泼和乐观。他在一封家信中对东大生活的描述洋溢着十分欢快的情调："莫城天气渐暖，街衢的积雪渐渐溶（融）化了，树木快发芽了，春天快到了，一年最快乐时光天天接近起来。我现在正筹备着怎样好好的渡（度）过这种时光。"所以有学者研究认为："任弼时是一个内心世界热情活泼又性格坚定的人。在他的世界观形成时期接受了上述严格的训练，这对于他的性格渐趋内敛和政治上颇为稳健不能说没有影响。"

在回国前，中国社会主义青年团莫斯科地方执行委员会给任弼时的鉴定中写道："用功，思想有进步，但对于实际和政治问题还须特别注意。"

这是比较切合实际的，任弼时本人也很认同。他清醒地认识到，留学生们熟悉国内实际工作还需要一个过程，为此也时常苦恼："接任以来为时不久，对于全国组织详情，尚无极明确观念，但现我正在从事清查。"由此他总结说：此次回国同志，"从工作中可以看出多是缺少实际经验，尤其对于很普通党团及工会组织工作，因我们在莫时没有注意实际研究以致不够应用，甚至较国内实际工作者尤为幼稚。玄空的理论，事实上在我们实际工作中是没多用处，至多能做点文字宣传上的帮助，然做文章看书又没有时光，且空空普遍的理论，我们出版的刊物上也不觉得十分的需要，这是我们所感觉而感困难的地方"。

正因为任弼时对莫斯科东方大学留学生这个令多少人瞩目和羡慕的精英群体的优势和劣势有着十分清醒的认识，积极勇敢地投身于国内实际革命工作，在此过程中有意识地去努力克服脱离实际的不足，所以他在中共政治舞台上的表现及成就，与后来同样拥有优越"政治出身"的莫斯科中山大学学生王明才有了天壤之别。

为什么是他去向共产国际汇报中国党的情况

在回国后的最初几年里，任弼时与共产国际，特别是由于从事团的工作，与青年国际的联系还是比较多的。1926年10月到1927年4月，他还曾赴苏参加青年共产国际执委会第六次扩大会议。1928年中共六大决定在莫斯科召开，共产国际还曾要求他去莫参加筹备工作，后来他留守国内，在缺席的情况下当选为中央委员。之后很长一段时间，任弼时和其他东大学生一样，在十年土地革命战争中历经艰险和挫折的磨砺。罗亦农、王一飞、赵世炎、陈延年等一大批优秀的东大学生先后为革命殉身。

1937年11月，作为共产国际执行委员、主席团委员、书记处书记的王明从莫斯科空降回国，行前还受到斯大林召见。王明打着"国际路线"旗号，以传达共产国际和斯大林"新政策"为名，两次在政治局会议上作主导报告，并提出"一切经过统一战线"等错误观点，一度模糊了党内对抗日民族统一战线的认识。此外，在1937年的12月会议上，王明进入了中共中央书记处，会议成立以毛泽东为主席、王明为书记的七大筹备委员会，但却确定王明在七大上作政治报告、毛泽东作工作报告；王明还坚持要在之后不久召开的六届六中全会上作政治报告。王明还在武汉另搞一套，俨然以中共最高领导人自居。在中国共产党的政治路线和毛泽东本人的政治地位都受到严重威胁的情况下，中共中央决定派人向共产国际报告抗战实情和党内情况，争取共产国际的理解和支持。

据《任弼时年谱》记载，1938年2月27日至3月1日的中共中央政治局会议决定派任弼时赴莫斯科，向共产国际交涉"军事、政治、经济、技术人才"等问题。1938年3月5日，任弼时从延安启程赴苏。抵莫后，他面见了季米特洛夫，并代表中共中央以口头和书面形式向共产国际详细阐述了中国共产党坚持抗日民族统一战线，实行全面、持久抗战的方针政策，并到各国共产党代表团作报告进行宣传，使共产国际比较全面和深入地了解了中国共产党的情况。1938年6月，共产国际执委会主席团通过了关于任弼时报告的决议案，赞同中国共产党的抗战路线和政策。季米特洛夫在会见任弼时和王稼祥时，在组织上支持毛泽东为中国共产党领袖。9月中下旬，王稼祥回国传达了共产国际决议和指示。任弼时作为中共中央和共产国际双方均可信赖的人选，留任中共驻共产国际代表团团长，继续充当中共中央与共产国际之间的重要纽带，直至两年后回国。之后召开的六届六中全会上，由张闻天致开幕词，王稼祥传达共产国际决议和指示，毛泽东代表中共中央政治局作政治报告。中共六届六中全会不仅巩固了中国共产党的抗战方针，而且确立了毛泽东在党内的领导地位。当时在党内负总责的张闻天后来指出："六中全会在毛泽东同志领导下，实质上推翻了王明路线。"因此毛泽东才会在七大政治报告中指出，"六届六中全会是决定中国之命运的"。

共产国际的支持，对坚持正确的抗日民族统一战线方针，以及以毛泽东同志为核心的中共第一代中央领导集体的形成，都起到了十分重要的作用。而任弼时也因出色地完成了这个也可以说是"决定中国之命运"的使命，而在人生中留下了闪亮的一页。

任弼时当时已经过革命的锤炼，成长为一位成熟而稳健的党的重要领导人。从大革命开始，他几乎经历了党的所有磨难和进步的历程。他长期在中共中央工作，但他有意识地逐渐将理论与实际相融合，逐渐学会了把在莫斯科学到的"革命的工具"正确地运用到实际斗争中去，到"山沟沟"里去寻找中国革命的真谛。经过中央苏区的斗争和长征，任弼时对于毛泽东领导的富有中国特色、符合中国实际的革命道路有着较为完整的认识和切身的体会。他对毛泽东的正确思想和策略逐渐有了深刻的理解和赞同。由他向共产国际进行党的情况及其方针的全面汇报，是有很强说服力的。

不过中共中央选择了任弼时，而不是别的什么人，承担这个事关重大的出使任务，还有着一个重要原因，就是他早在莫斯科东方大学学习时就与共产国际建立起来的联系。王明因长期在莫斯科充当共产国际传声筒，对国内搞遥控，他所造出的"深得共产国际支持和信任"的表象，很能迷惑一些对共产国际和苏联情况不熟悉的人。而任弼时作为留苏"元老"，与共产国际的历史渊源比王明还早几年；他在东大时读过的马列"本本"并不见得比王明少；他还能与王明一样，用流利的俄语和共产国际及苏联方面进行直接交流。任弼时以其独特的身份和经历向共产国际汇报，是更容易得到理解和接受的。同时，正因为任弼时与王明有着类似的莫斯科经历，他也是王明能接受的与共产国际交流的人选。

总之，任弼时与莫斯科东方大学的不解之缘，是他人生中一段具有重大而深远影响的奠基性经历。他最早作为青年毛泽东"改造世界"计划中的一部分，在毛泽东等人正在筹建旨在"赴俄勤工俭学"的俄罗斯研究会成立之前就参加该会，是在毛泽东等人的遴选和安排下得以赴苏俄留学的；他在留学准备中与共产国际代表及正在筹建中国共产党的早期党组织有过密切接触，并成为中国青年团组织的最早成员之一；他成为中共乃至中国第一批留苏学生中的一员，在莫斯科东方大学学习三年，求得"革命的工具"；他是中共最早与共产国际建立起密切联系的领导人之一。在此背景下，去考察任弼时在中国共产党领导的革命中的独特贡献和成就，应能得到更加全面、深入的认识和理解。

（作者是中共中央文献研究室宣传外事办公室副主任兼《党的文献》副主编）

邓小平与李富春、蔡畅的深厚情谊

邓榕

　　李富春伯伯、蔡畅妈妈和我父母的关系非同一般，他们之间有几十年的战友之谊和如家人般的亲情。而我们从小也有幸和李伯伯、蔡妈妈有过亲密接触，点点滴滴，令人不能忘怀。

　　我父亲与李伯伯、蔡妈妈的革命友情始于 20 世纪 20 年代初留法勤工俭学。李伯伯于 1919 年 10 月赴法勤工俭学，蔡妈妈于 1920 年 1 月赴法勤工俭学，我父亲于 1920 年 10 月赴法勤工俭学。

　　在赴法之前，李伯伯已是有觉悟的热血青年。到法国后，李伯伯深入考察法国社会和工人运动，与李维汉等发起组织勤工俭学励进会，积极组织和参加留法勤工俭学学生的多次政治斗争，在结识了蔡和森、向警予、蔡畅等马克思主义者之后，迅速走上革命道路并成长为一名共产主义战士。1922 年，李伯伯与赵世炎、周恩来参与发起建立旅欧中国少年共产党。李伯伯担任诺门地方支部书记，并参与编辑少共机关刊物《少年》。1923 年，旅欧中国少年共产党更名为旅欧中国共产主义青年团，李伯伯担任执行委员。蔡妈妈赴法前在湖南时受到兄长蔡和森和毛泽东的很大的影响。蔡妈妈到法国后，由赵世炎和刘伯坚介绍，加入中国社会主义青年团旅欧支部，1923 年转为中共党员。

　　1920 年 10 月，我父亲到达法国，在求学理想破灭后，勤工也屡受挫折，他说："从自己的劳动生活中，在先进同学的影响和帮助下，在法国工人运动的影响下"，思想开始变化，有了参加组织的要求和愿望，终于在 1923 年加入了旅欧中国共产主义青年团，并于 1924 年转为中共党员。

我父亲提到的先进同学有赵世炎、周恩来、刘伯坚、王若飞，也有李伯伯和蔡妈妈。我父亲加入旅欧中国共产主义青年团后，在相当一段时间内，一直与李伯伯、蔡妈妈在一起。我父亲回忆，他是和蔡妈妈一起在巴黎进行的入团宣誓，每个人还进行了自我宣誓。他们当时激动的心情，几十年后仍难忘记。我父亲在加入革命队伍的过程中，在法国从事党团工作期间，与李伯伯、蔡妈妈相当亲近。李伯伯、蔡妈妈长我父亲四岁，我父亲亲切地称他们为大哥、大姐。由于我父亲年纪最小，李伯伯、蔡妈妈亲切地称他为小弟弟。李伯伯和蔡妈妈在法国相爱并结为终身伴侣，我父亲是他们爱情的见证人。

　　1923年后，我父亲到巴黎，开始了职业革命家的生活，与李伯伯等一起在周恩来直接领导下工作。少共机关与其机关刊物《少年》一起设在巴黎戈德鲁瓦街17号一个旅馆的小房间里。蔡妈妈曾回忆：刊物《少年》是轮流编辑，邓小平、李大章刻蜡版，李富春发行。后来该刊物改名为《赤光》，社址在巴黎意大利广场S街5号，一个咖啡馆的楼上。邓小平、李富春是白天做工，晚上搞党的工作，而周恩来则全部脱产。蔡妈妈的回忆生动地描述了这些年轻的中国共产主义战士的生活。他们身居陋室，条件艰苦，白天做工糊口，晚上通宵苦干。他们挤在周恩来住的小房间里开会，床上、桌子旁都坐满了人。他们吃的是面包，喝的是白水，有时连蔬菜都吃不上。他们在艰苦的环境中努力工作，顽强斗争，焕发着青春的活力，保持着乐观向上的革命热情。

一九二四年摄於巴黎

1924年7月，出席旅欧中国共产主义青年团第五次代表大会的代表在法国巴黎合影。后排右三为邓小平，前排右四为李富春、左一为聂荣臻、左四为周恩来在巴黎期间，我父亲曾同李伯伯、蔡妈妈住在一起。我父亲经常提到，他常吃蔡妈妈煮的面条。回忆起那时的生活，蔡妈妈曾笑着对我们说："你爸爸最小，我们都亲切地叫他小弟弟、小胖子。他可爱吃我煮的面条了。"在巴黎的革命岁月和艰苦生活中，他们是为理想而奋斗的年轻革命家，是亲密无间的战友，也是情浓于血的亲人。

1925年，李伯伯、蔡妈妈赴苏联学习。1926年，我父亲也离开法国赴苏联学习。后来他们在不同的时间应国内革命形势的需要相继回国，投身于如火如荼的国内革命斗争。他们在不同的时期分别在不同的岗位战斗，经历了各种光荣历程、艰难困苦，甚至生离死别。在关键时刻和危难时刻，他们仍然互相关注、互相关心、互相帮助。1933年，我父亲在江西中央苏区遭受"左"倾路线的错误批判，在被批斗和处分的最困难的时候，李伯伯在政治上一如既往地关心他，蔡妈妈看见他生活艰苦还给他送饭吃。1934年长征时，由于我父亲刚刚受过批判，一开始参加转移的名单中没有他，最后还是时任总政治部代主任的李伯伯特意把我父亲加进了长征的队伍中。1939年，我的父亲和母亲在延安结婚。9月的一天，在杨家岭毛主席的窑洞前，为祝贺邓小平和卓琳、孔原和许明两对夫妇新婚，老战友们在一起聚餐。毛泽东夫妇、刘少奇、张闻天夫妇、李富春夫妇等，当时在延安的高级领导人，能来的都来了。在黄土窑洞外面，木板搭成的桌子上摆放着金黄色的小米饭，来者均着布衣布履的八路军军服，这是延安才特有的简朴而亲切的婚宴。席间都是叱咤风云的人物，都是未来新中国的中流砥柱。当晚，也不乏好事之人。那些革命老战士，居然童心大发，捉弄起新郎官。孔原被灌醉了，而邓小平有敬必饮却毫无醉意。后来张闻天告诉他的夫人刘英，原来是李富春和邓发弄了一瓶白水充酒，掩护了老战友邓小平。

1954年9月，李伯伯和我父亲同时被任命为中华人民共和国国务院副总理。1957年，我们家搬进中南海，住在庆云堂三院。恰巧的是，李伯伯和蔡妈妈就住在前面的一院。比邻而居，使我们两家人的关系更加亲密。我父母经常带着我们去李伯伯、蔡妈妈家玩。李伯伯用浓重的湖南口音，总是把我弟弟飞飞叫成"灰灰"。我和飞飞小时候很爱到李伯伯家，因为蔡妈妈总是拿糖给我们吃。我母亲对蔡妈妈非常尊重，有事常常向蔡妈妈请教。而蔡妈妈对我母亲也非常亲切。李伯伯非常简朴，他的中山装已穿得非常旧了，蔡妈妈要给他新做一套，特意让我母亲帮她一起去选料做衣。20世纪50年代和60年代初期，政治气氛比较健康和轻松，中央政治局开会时，在难得的休息的时候，几位叔叔伯伯有时会聚在一起打麻将，有邓小平、李富春、陶铸、柯庆施、李井泉等。如果在北京，地点往往在李伯伯家。因为李伯伯、蔡妈妈非常好客。平时，他们自己省吃俭用，但遇有客人来时，蔡妈妈就会为大家做点儿夜宵，比如稀饭、馄饨。他们打牌都很认真，每次要以记分分胜负。本次会议结束了，下次开会打牌还会接着上次继续记。记分这个工作往往由李伯伯担任，记分记录也都保留在李伯伯那里。我和飞飞因为小，有时会跑到一院李伯伯家看大人打牌，还会跟着吃顿夜宵。去李伯伯家，我们从来不感到陌生和害怕。

由于工作关系，我父亲和李伯伯常常一起出差，他们一起去东北、去西北、去西南、去华东。他们经常在一起深谈，而谈话时都是我父亲去李伯伯家。在工作上，他们配合默契。对于政治上和工作上的问题，他们有许多共同的认识和看法，相知甚深。以至于在20世纪60年代曾被批评为两个独立王国：一个书记处，一个计委。"文化大革命"开始后，我父亲被批判、被软禁，孩子们被强令赶出中南海。李伯伯也因为被诬为"二月逆流"受到批判。当时是暴风骤雨从天而降，人人自身难保。庆云堂四个院子，李富春、谭震林、邓小平、陈毅四个副总理都在不同程度上受到批判。有一天，在空荡荡的胡同里，李伯伯的警卫员小孔拿了两包烟，悄悄塞在我们家一位老公务员手中，说了一句："就说是富春同志送的。"被隔离软禁中的我父母收到这两包烟时，真是百感交集。1974年，我父亲被重新起用回到北京，他去探望了重病中同样渡尽劫波的老战友李富春。1975年，我父亲为他亲如兄长的老战友主持追悼会并致悼词，为李富春的一生献上了高度的评价。1977年"文化大革命"结束后，我们随父母一起去看望蔡妈妈，此时蔡妈妈身体已很不好，但她对我父母说："如果富春看见'四人帮'被打倒，他会非常高兴。"我父母紧紧地、长时间地拉着他们亲爱的大姐的手。这个场景感动着周围所有的人。1980年5月，蔡妈妈80岁大寿，我父母带着我们全家祖孙四代，去给蔡妈妈祝寿。我父亲给他亲爱的大姐献上一束鲜花。近60年的岁月过去了，他们的亲情，仍如在法国时期一样深厚。我问我父亲："这一辈子，您和谁的关系最亲近?"我父亲说："周总理。当然，还有你李伯伯、聂伯伯。"

1980年5月14日，邓颖超（右一）和邓小平夫妇、康克清（右二）向蔡畅（右三）祝贺80寿辰

　　我们纪念李伯伯和蔡妈妈，也是纪念我们的父辈们。他们是不可复制的一代人，他们是中华民族的骄傲，他们是我们后代的光辉榜样，是我们永远铭记和爱戴的人。我们深深地怀念他们。

（作者是邓小平之女）

邓小平视察北京地铁

胡玉峰 口述   石雷 整理

  北京地铁是我国修建的第一条地下铁道。在北京地铁建设发展过程中，党和国家领导人给予了亲切关怀。从20世纪50年代到80年代，邓小平曾三次亲临北京地铁视察，并多次作过重要指示和批示。我于1968年七八月间调入北京地铁公司，后任总公司办公室副主任，亲身经历了北京地铁的筹建、建设和运营的发展过程，现将了解的有关情况做一个简要的回忆。

  1956年8月18日，中共北京市委向中共中央呈送关于筹建北京地铁的专题报告。同年9月3日，邓小平代表中共中央批示："关于北京地下铁道问题，同意暂由北京市委负责。"这个批示解决了筹建北京地铁的组织领导和干部准备问题。北京地铁建设原本定于1961年7月1日开工，但因受三年困难时期影响，被迫暂缓开工。1964年国民经济得到好转，北京地铁建设再次上马。1965年7月1日上午9时，北京地下铁道一期工程举行隆重的开工典礼。邓小平和朱德、彭真、李先念、罗瑞卿等党

邓小平和朱德、彭真等为北京地铁工程建设奠基

和国家领导人出席，并挥锹铲土为北京地铁工程建设奠基。邓小平对地铁建设设计、施工还作了重要指示：车站要朴素大方、坚固适用、不要豪华。

北京地铁建设遵照毛泽东"精心设计、精心施工。在过程中一定会有错误失败，随时注重改正"的指示，经过四年的艰苦奋战，全长 23.6 公里的地铁一期工程于 1969 年 10 月 1 日建成通车。从此，结束了中国没有地铁的历史。1971 年 1 月 15 日开始试运营。

1974 年 7 月的一天，北京地铁公司接到国务院机关事务管理局保卫处处长刘生打来的电话，通知邓小平于 13 日上午要参观北京地铁。地铁公司接到通知后，公司领导商量汇报提纲，准备向邓小平汇报地铁的现状和存在的问题。当时地铁运营问题很多，着火、死人、撞车、瓦斯窒息等都发生过。加上"文化大革命"尚未结束，各项规章制度已被废除，无章可循，美国《洛杉矶时报》都报道说："北京地铁处于艰难运行之中。"地铁公司把这些想法向上级主管领导汇报后，上级领导说现在还是不要讲这些问题。我们只好收起了汇报提纲。但如何向邓小平汇报心里还真的有点犯嘀咕。其中主要是关于地铁战略设施是否汇报，按当时情况可以不说这部分内容，因为当时地铁建设方针是"以战备为主，兼顾城市交通"。是我们认为邓小平当年为北京地铁建设作过批示，还是地铁建设的奠基人，一定非常关心地铁建设的基本情况，战略设施是地铁的重要内容，没有理由不汇报。公司领导商量后，决定还是如实全面汇报。

13 日上午，地铁公司有关领导早早去了军事博物馆站等候，我们想邓小平来一定会警车开道，前呼后拥，但见到邓小平时，却是轻车简从，没有警卫和其他人员陪同，只是由国务院机关事务管理局保卫处刘处长陪同。同邓小平一起来的还有卓琳和他们的小儿子邓质方。邓小平穿着圆口布鞋，衬衣衣领上还打着补丁。进入东大厅会议室后，邓小平先听取了北京地铁公司经理冯双盛的工作汇报，然后到站台等车时又仔细认真地四处察看。当时车站上还有普通乘客，人来人往，但谁也没有注意到邓小平。我们一直陪他从军博站乘车到北京站。走进车厢里，我们搬了两把折叠椅放到司机室，请邓小平和卓琳坐到司机旁边，看司机操作，也看地铁隧道内的建设情况。列车运行途中，我们向邓小平介绍地铁运行情况，包括地铁运行中车辆容易发生的一些问题。他听得认真，看得仔细，还插话说："容易出问题的设备可以从国外引进嘛。"我们报告他说车辆设备不是标准产品，质量不过关，他当即指示："要进行技术改造，可以引进国外先进技术。"

根据邓小平的指示，地铁公司经过艰苦谈判引进了日本的地铁样车，迅速改变车辆、设备落后面貌，基本上满足了运营的需要。同时，公司领导认真抓建立健全规章制度工作，改变了长期以来纪律松弛、无章可循、松松垮垮的状况。1975年，邓小平主持中央工作，对各条战线进行全面整顿。北京地铁工作也出现了转机，由机务营（现古城运营二公司）开始整章建制，整修车辆设备。虽然当时还受"文化大革命"的干扰，但全面整顿是人心所向，大家把整理出来的规章制度用《红旗》杂志的封面作为第一页，防备极左人物发现，乱扣"管卡压"的帽子。

事隔11年后的1984年10月5日晚9点，邓小平再次视察了北京地铁二期工程。邓小平乘坐的面包车来到地铁复兴门站，早已在站台出口迎候邓小平的北京地铁总公司领导连忙上前问候："小平同志好！"邓小平与地铁总公司领导握手，答道："大家好！"大家见卓琳没有随同前来时，问道："卓琳同志怎么没有一起来？"邓小平说："她怕地铁太深喽，走不动。"说话间邓小平来到了复兴门地铁出入口的自动扶梯前，地铁总公司的领导说："现在不同了，二期地铁许多出入口都安装了自动扶梯，既可以乘电梯上，也可以下。请小平同志乘电梯进站。"这时邓小平略带遗憾地说："可惜她（卓琳——笔者注）不知道。"在步入大厅过程中，邓小平见没有乘客，便问道："我来是不是影响了老百姓乘车了？"地铁总公司领导连忙解释说："二期地铁现在还没有环起来运行，客流小，运行时间也短，暂时只运行到晚上8点钟。"邓小平点头表示满意。邓小平来时是晚上9点以后，列车早已停运。地铁总公司，已经在复兴门车站站台两侧停放好两组电动客车，一组是国产电动客车，另一组是新从日本引进的电动客车。地铁总公司领导问邓小平先坐哪组车，邓小平问："有啥子区别？"地铁总公司领导告诉了他两组车的不同特点，邓小平说："先坐国产车，先坐国产车好。"上车落座后，地铁总公司领导手拿两份示意图，先用列车运行示意图向邓小平汇报一线和二期（当时环城是沿西、北、东环等马蹄形）运行方式，然后又用"一环七线"的地铁规划图向邓小平汇报北京地铁的规划情况，并向邓小平建议，还是像开始筹建北京地铁一期工程那样，由中央明确一个单位，统一管理地铁的规划设计、投资、车辆和设备生产等问题。听到这里，邓小平风趣地说："你这是向我要钱哪！"这时，坐在邓小平身边的小孙女急忙说："我爷爷没有钱，我爷爷的钱都在我奶奶那儿！"引得在场的人哈哈大笑。列车抵达西直门站后，邓小平下车参观了站容站貌。这时，站台上的邓小平的小孙女最活跃，忙着招呼爷爷，又招呼记者：照相、快照相！

邓小平在西直门站留影后又乘车到雍和宫站参观。地铁总公司领导向邓小平介绍说："二期工程各站都考虑了地面重要建筑景观的特点，每个车站都相应突出了各自的风格和特点。"邓小平在雍和宫站改乘日产电动客车。列车启动后他便询问："国产车好还是进口车好？"有的地铁总公司领导笼统回答日本车好。邓小平追问："国产车就点好的地方都没有吗？"这时地铁总工程师阎景迪连忙说："日本车的优点是质量好，跑的时间长，

1984年10月5日晚9点，邓小平再次视察了北京地铁二期工程

但没有配件，故障率相当于国产车的1/250；国产车主要是质量没有保证，故障率高。但国产车有配件，相对来说质量差，日本车价格贵，零部件坏了不容易更换；国产车价格便宜，配件好解决。"邓小平听了之后说："这才是辩证地看问题嘛。国产车能用的部分就用自己的，国外可靠的技术要引进来。"地铁总公司领导说："我们从日本引进样车就是为了仿制，我们也引进了关键的技术。"说话间，列车已缓缓地停靠在建国门车站。邓小平下车后，乘自动扶梯到地面站口，在夜色中前往三元立交桥去视察。

（口述者是北京地铁总公司原办公室副主任）

邓小平访问美国

廉正保

    1979 年 1 月 28 日，是中国农历正月初一，邓小平副总理和夫人卓琳应美国总统卡特的邀请访问美国，方毅副总理、黄华外长、章文晋副部长等众多官员随行。

    这是中华人民共和国成立以来，中国国家领导人第一次访问美国，也是对 1972 年尼克松总统访华的回访，同时也是邓小平亲自同美方谈判实现中美建交的重要举措。

    美方对邓小平来访特别重视，以政府首脑待遇破格接待。美国副总统蒙代尔和国务卿万斯等到安德鲁斯空军基地迎接。卡特总统亲自主持在白宫南草坪的欢迎仪式，鸣礼炮 19 响。我作为代表团工作人员参加了此次访问活动。当我站在白宫草坪上，耳闻隆隆礼炮声，仰望高高飘扬的五星红旗时，热泪盈眶，心潮起伏，真正感受到"中国人民站起来了"。

    邓小平曾表示，希望通过与美国领导人和美国人民的直接接触和会谈，进一步促进中美两国人民的友谊和了解，以及两国在科学技术、经济文化等多个领域的友好联系和合作，借鉴学习美国的先进管理经验，促进国内经济发展。同时，也为即将进行的对越自卫反击营造对我国有利的国际舆论环境。

    邓小平夫妇下榻白宫对面的布莱尔国宾馆。布莱尔国宾馆面积不大，但精致、漂亮，具有独特的欧式风格。只接待国家元首和政府首脑。

    邓小平抵达华盛顿当晚，即赴弗吉尼亚麦克林镇，出席总统国家安全事务助理布热津斯基和夫人为他准备的家宴。这是八个月前布热津斯基访华时和邓小平当面约定的。布热津斯基还请了国务卿万斯、白宫中国问题专家奥克森伯格作陪。布热津斯基夫妇殷勤待客，他们三个十几岁的孩子端盘子上菜，增加了亲切的气氛。吃的是美国菜，喝的是苏联前驻美大使多勃雷宁送给布热津斯基的伏特加。邓小平和卓琳虽然旅途劳累，但在整个家宴上兴致都很高。

1月29日上午10时，邓小平出席卡特总统在白宫南草坪举行的欢迎仪式。卡特致辞说："昨天是你们春节的开始，是走亲访友的时刻，也是团聚与和解的时刻，对我们两国来说，今天是和解的时刻，是久已关闭的窗户重新打开的时刻。我们期望中美关系正常化能够帮助我们一同走向一个多样化的和平世界。"邓小平致答词说："中美关系正常化的意义远远超出两国关系的范围。位于太平洋两岸的两个重要国家发展友好合作关系，对于促进太平洋地区和世界的和平，无疑将是一个重要因素。中美关系正处在一个新的起点，世界形势也在经历着新的转折。中美两国是伟大的国家，中美两国人民是伟大的人民，两国人民的友好合作，必将对世界形势的发展产生积极的深远的影响。"

1979年1月29日，美国总统卡特及夫人在华盛顿白宫南草坪举行仪式欢迎邓小平夫妇

欢迎仪式结束后，卡特总统和邓小平步入白宫椭圆形办公室进行会谈。卡特先寒暄了几句。然后说，1949年4月，他作为一名年轻的潜艇军

官曾在青岛待过。邓小平说，我们的部队当时已经包围了那座城市。布热津斯基插话说，那你们早就见过面了。邓小平笑着说，是的。然后开始正式会谈。当天下午和次日上午，又进行了两次会谈。双方首先就国际问题交换意见。邓小平指出，我们的看法是，整个世界局势是不安宁的。如果要创造一个有利于和平、安全、稳定的世界，就应该认真对待国际形势。就中国来说，我们不希望打仗，我们的目标是实现四个现代化，这就需要一个比较长的和平环境。因此，我们不得不对越南不断进行的无理武装挑衅进行自卫反击。卡特一方面对此表示遗憾，说不希望看到出现这种局面，同时他安排布热津斯基随后向黄华外长通报美方掌握的军事情报。我用速记作了全文记录，访问还没有结束，我就将美方通报记录整理出来，交给领导。

在谈到美苏限制战略武器协议时，邓小平说："我们不反对美苏签订这种协议，这种协议甚至是必要的，但我们认为重要的是要做扎扎实实的工作。"

然后谈到台湾问题。卡特仍然强调美国对中国和平解决台湾问题的关切。卡特要求邓小平在美国公开讲话时使用较温和的措辞，如"和平"和"耐心"等。而绵里藏针的邓小平则表示，希望美国推动台湾当局同中国谈判，在和平解决台湾问题上作出贡献，而不要使他们翘尾巴，有恃无恐。邓小平表示，中国只有在两种情况下不以和平与不耐心的方式解决问题，那就是：台湾长期拒不谈判和苏联势力进入台湾。邓小平还要求卡特来年在对台出售武器问题上采取审慎态度。他表示中国不赞成美国对台湾出售任何武器。1981年8月，邓小平在北京同卸任后首次访华的卡特谈到台湾问题时说："在台湾问题上，我们的方针是立足于用和平的方式解决祖国的统一问题。但至少在三种情况下，我们不能放弃使用武力：一、台湾领导人根本不同我们谈，使和平方式成为不可能；二、台湾当局投靠外国，台湾变成外国的基地；三、台湾用武力统一中国。"邓小平丰富和完善了他的这个重要思想。邓小平还说："我们希望美国不要做妨碍用和平方式解决台湾问题的事情。美国有力量也有条件促进双方谈判，美国在用和平方式解决台湾问题上可以做很多事情。"

双方还讨论了其他一些问题。在向中国出口技术产品问题上，卡特表示，今后将放松些限制。双方同意通过谈判解决仍然冻结的中美资产问题，签订航空和海运协定，互派留学生和常驻记者，增加高层官员互访。邓小平的睿智为化解中美关系中的一些难题奠定了基础。卡特谈到，根据《杰克逊—瓦尼克修正案》，美国视移民状况对苏联等国限制最惠国待遇的问题。邓小平对卡特讲，在移民问题上，美国不能将中国同苏联相提并论。如果需要，中国可以向美国"输送1000万中国人"。在场的人听后都笑了起来。1980年2月1日，根据《中美贸易关系协定》，中美双方给予对方最惠国待遇，对中美双边经贸关系产生巨大推动力。中国先于苏联获得最惠国待遇。

会谈间歇时，邓小平笑着问卡特："美国国会有没有通过一条法律禁止在会谈中吸烟？"卡特说："没有，只要我任总统，他们就不会通过这样的法律，我的州种植大量的烟草。"邓小平开心地笑了起来。

我记得有一次会谈一开始，邓小平同卡特谈到了自己的家史，谈到了小时候母亲对他的谆谆教诲，情真意切，使在座的每个人包括卡特总统在内，都无不感动。

卡特出生于乔治亚州，是美国历史上最年轻的总统之一。一生经历丰富，种过花生，当过海军，木工活也干得不错。他曾在日记中写道，实现中美关系正常化和接待邓小平来访，是其任内最愉快的事情之一。卡特在任时没有访问过中国，卸任后曾多次访华，为促进中美关系的发展和中美两国人民的友谊做了大量工作，是中国人民十分尊重的老朋友。

1月29日，卡特总统和夫人举行盛大国宴欢迎邓小平和夫人。卡特在祝酒时说："在争取自由的革命中诞生的美国，是一个只有200年独立历史的年轻国家。但美国的宪法是世界上最古老的仍在继续生效的成文宪法。有4000年文字记载历史的中国文明是世界上最古老的文明之一，但作为一个现代化国家，中国还是很年轻的。我们能够相互学到很多东西。"邓小平在致答词中说："在中美关系正常化的此刻，特别怀念生前为实现中美关系正常化开辟了道路的毛泽东主席和周恩来总理，也自然地想到前总统尼克松先生、福特先生和基辛格博士、美国参众两院的许多议员先生和各界朋友，他们都为中美关系正常化作出了努力。我们高度评价卡特总统、万斯国务卿和布热津斯基博士为今天实现两国关系正常化所作出的宝贵贡献。我们两国曾在 30 年间相互处于隔绝和对立的状态，现在这种不正常的局面终于过去了。我们两国社会制度不同，意识形态不同，但是两国政府都意识到，我们两国人民的利益和世界人民的利益要求我们从国际形势的全局出发，用长远的战略观点看待两国关系。双方承诺，任何一方都不应当谋求霸权，并且反对任何其他国家或国家集团建立这种霸权的努力。这一承诺既约束我们自己，也使我们对世界的和平与稳定增添责任感。"整个宴会期间，气氛友好热烈，宾主间轻松、幽默的交谈常引发阵阵欢笑声。

宴会结束后，邓小平夫妇在卡特夫妇的陪同下，出席了在肯尼迪中心举办的文艺晚会。美国艺术家表演了精彩的节目，博得全场喝彩。最后一个节目是一群天真活泼的美国儿童唱起了中国歌曲，使晚会的欢乐气氛达到了高潮。邓小平夫妇和卡特夫妇一起登台同演员见面、合影。卡特在当天的日记中写道：当邓副总理拥抱和亲吻演唱中国歌曲的小演员时，流露了真挚的感情。后来记者们报道说，不少观众被感动得热泪盈眶。

邓小平在美国期间同美国社会各界进行了广泛的接触。1 月 30 日，美国外交政策协会、国立图书馆、美中关系全国委员会、与中华人民共和国学术交流委员会、亚洲协会和中国理事会等六个团体联合举行招待会，与会者达 800 人。邓小平在会上阐述了中国在世界形势、中美关系和台湾问题上的立场和政策。关于国际总形势，邓小平指出，"霸权主义"是世界"各个地区动乱的主要根源"。邓小平批驳了有些人宣传的"中国人好战"的谬论，指出"我们之所以一再呼吁各国人民警惕新世界战争的危险，正是希望能够通过联合的努力，推迟战争的爆发"。关于中美关系，邓小平说，"我们两国人民的利益和世界和平的利益，都要求我们从世界的全局着眼，用长远的政治和战略观点来处理中美关系"。在谈到台湾问题时，邓小平指出："统一祖国，这是全体中国人民的共同夙愿。我想，曾经在100年前经受过国家分裂之苦的美国人民，是能够理解中国人民统一祖国的民族愿望的。至于用什么方式解决台湾回归祖国的问题，那是中国的内政。按照我们的心愿，我们完全希望用和平方式来解决这个问题，因为这对国家、对民族都比较有利，这在我们人大常委会《告台湾同胞书》中已经说得很清楚了。应该说，中美关系正常化以后，这种可能性将会增大。当然，这并不完全取决于我们单方面的愿望，还要看形势的发展。"

1979 年 1 月 30 日，邓小平（右三）在美国华盛顿白宫与美国总统卡特（左二）举行会谈

在美国社会中，国会分享外交决策权力，国会和议员具有重要的政治影响力。邓小平在美国访问期间，同美国议员进行了多次接触。在同议员的接触中，台湾问题占了重要的位置。邓小平在国会参众两院举行的联席会议演讲时，还首次向他们勾画了"一国两制"的伟大构想。他说："我们不再用'解放台湾'这个提法了，只要台湾回归祖国，我们将尊重那里的现实和现行制度，台湾当局可以继续管理其军队，还可保持它同美国和其他国家的商业等非官方关系。在尊重台湾现实的情况下，我们要加快台湾回归祖国的速度。"1981 年 8 月，邓小平对应邀访华的卡特全面地阐述了"一国两制"构想。邓小平说："实现祖国统一后，台湾社会制度不变，台湾人民生活方式不变，生活水平不降低。台湾作为地方政府，对外关系可以保留，也可以保留自己的军事力量。"我们还作出承诺，"将对台湾各

界人士在全国政治机构中作妥善安排"。

在中美建交之后，海外人士普遍关心的一个问题就是台湾问题的解决方式，特别是"武力解决"问题。美国广播电视网雷诺兹就向邓小平提出了这样的问题："如果台湾人民和政府拒绝自愿和你们重新统一，而美国甚至在共同防御条约废除后，继续向台湾人民提供防御性武器，那你们除了使用武力外，还有什么选择求得统一？"邓小平回答说："我们力求用和平方式来实现台湾回归祖国和完成我国的统一。但是中国不能做出不使用武力的承诺。因为问题是如果我们承诺根本不使用武力，那就等于将我们的双手捆绑起来，结果只会促使台湾当局根本不同我们谈判和平统一。那反而只能导致最终用武力解决问题。"由于美国《时代》周刊把邓小平评为1978年度的新闻人物，把他的画像作为该刊1979年第1期的封面，议员们纷纷拿这本杂志请邓小平签名留念，邓小平热情地满足了他们的愿望。

在美中友协和全美华人协会举行的招待会上，邓小平对美国人民和华人代表表示：中国政府出于民族大义，准备以合情合理的态度处理台湾问题。邓小平说："一定要考虑到台湾的现实，重视台湾人民的意见，实行合情合理的政策。统一祖国是全体中国人民、包括台湾同胞在内的共同愿望。我们关怀台湾同胞，寄希望于台湾广大同胞。我们也寄希望于台湾当局，希望台湾当局以民族大义为重，正视现实，这样，台湾回归祖国就能够比较顺利地实现。"（《人民日报》1979年2月1日）这也是中国领导人最早提出"寄希望于台湾同胞"的重要思想。

邓小平还对"无冕之王"——媒体做了大量工作。邓小平同《华盛顿邮报》《纽约时报》《洛杉矶时报》《基督教科学箴言报》《芝加哥论坛报》《时代》《新闻周刊》《美国新闻与世界报道》、美联社、合众国际社和《华尔街日报》的新闻工作者共进午餐，并回答了他们的提问。指出，中国实现四个现代化政策的持续性，不是由个人因素决定的，关键在于这些政策是否正确，人民是否赞成，对人民是否有好处。如果这些政策是正确的，对人民有好处，又得到人民的支持，政策的持续就有了根本的保证。既然我们现在执行的政策是正确的，可以肯定，这些政策会继续下去。

邓小平在接受美国广播电视评论员采访时说："我这次访问美国肩负着三项使命：第一是向美国人民转达中国人民的情谊；第二是了解美国人民，了解你们的生活，了解你们建设的经验，学习一切对我们有用的东西；第三是同贵国的领导人就发展两国关系和维护世界和平和安全问题广泛地交换意见。我可以告诉美国公众，我同卡特总统和其他美国领导人两天会谈的结果是令人满意的。"还宣布："卡特总统已接受华国锋总理的邀请，在适当的时候正式访问中国。"

访问中，邓小平和卡特总统共同签署了《中美科学技术合作协定》和《文化合作协定》。方毅副总理和黄华外长同美方相应官员分别签署了中美《教育、农业、外层空间合作的谅解备忘录》换文、《高能物理方面合作的协议》以及《建立领事关系和互设总领馆的协议》。双方同意成立联合经济委员会。我记得，签字后，一位在场的美国记者问邓小平："你们当初决定与美国实现关系正常化时，你在国内有没有遇到政治上的反对势力？"邓小平回答说："有！在中国的一个省——台湾，遇到了激烈的反对。"全场顿时爆发出热烈的掌声，人们为邓小平机智和幽默的回答高声喝彩。

1月30日晚，邓小平出席中国驻美大使柴泽民为庆祝中美两国建立正式外交关系举行的盛大招待会。邓小平同出席招待会的共和党议员富布莱特和民主党议员曼斯菲尔德亲切交谈。中国人民的老朋友海伦·斯诺远道来华盛顿出席招待会，并把毛泽东在1937年介绍她去太行根据地给小平同志的信交给邓小平。

1月31日上午，邓小平接受美国费城坦普尔大学授予的名誉法律博士学位。邓小平致答词说："这不仅是给我个人的荣誉，也是美国人民对中国人民友好和尊重的表示。坦普尔大学已经有上百年的历史，为美国以及其他国家造就了许多人才，在美国国内外享有很高声誉。坦普尔大学又是以主张学术自由著称的。我认为，这是贵校的事业兴旺发达的一个重要因素。你们把名誉博士学位授给像我这样一个信仰马克思主义和毛泽东思想的人，也足以说明这一点。为了实现四个现代化的宏伟目标，我们主要依靠过去30年建立起来的基础和积累起来的建设经验，同时也特别注意加强同世界各国的经济、文化和科技交往。美国作为当今世界上经济发达的国家，在工农业生产和科学技术的许多领域领先，在经济管理和教育事业方面也有很多成就。我认为，进一步发展我国人民同美国人民的友谊，向美国人民学习，完全符合中国人民的利益。中国人民深信，把自己的社会主义制度的优越性同经济发达国家的先进科学技术和经济管理、人才培养等方面的先进经验结合起来，对于加快实现四个现代化具有重要意义。"

当天上午，邓小平还会见了美国前总统尼克松，就共同关心的问题交换了意见。邓小平指出：在尼克松、毛泽东、周恩来，还有基辛格博士的努力下，开始了实现中美关系正常化的进程，尽管时间稍长了一点，但也还不晚。邓小平对尼克松提出的中国不仅应注意强调培养高级教授、律师、哲学家，还应重视培养工农业技术人员的建议表示赞同，并指出：这正是我们需要注重的方面。不仅要培养技术专家，还要培养管理人员。管理是一门专门的学问，这是我们最薄弱的一个环节。

1979年1月31日，邓小平在美国华盛顿白宫与美国总统卡特签订《中美科学技术合作协定》和《文化合作协定》

访美期间，邓小平还会见了前国务卿基辛格、腊斯克和在美国参加联合国安理会的诺罗敦·西哈努克亲王，同他们进行了亲切、友好的交谈。

在华盛顿，邓小平还参观了林肯纪念堂并献花圈。同时，参观了美国宇航博物馆，并进入"阿波罗十一号"指令舱听取宇航员介绍1969年乘这个座舱飞往月球的情况。邓小平离开华盛顿后，还访问了亚特兰大、休斯敦和西雅图。在亚特兰大，邓小平在黑人人权运动领袖马丁·路德·金遗孀的陪同下，拜谒了他的墓并献花圈。在美国南部最大的城市休斯敦，得克萨斯州州长和休斯敦市市长邀请邓小平观看马术竞技表演，还赠送邓小平和我们每人一顶牛仔帽。邓小平马上把帽子戴在头上，应邀乘上一辆19世纪的马车绕场一周，向在场的美国人挥动帽子致意。这种入乡随俗的做法立即得到在场群众的欢呼。在西雅图，邓小平参观了美国波音公司有六层楼高的747客机装备车间。

1979年2月2日，正在美国访问的邓小平在休斯敦观看马术竞技表演时向观众招手致意

2月5日，邓小平离开西雅图回国。他在机场发表告别讲话说："我们是带着中国人民的友谊来的，现在是带着美国人民的情谊回去的，我们亲自看到了美国山川秀丽、土地富饶、经济发达，但是最使我们难以忘怀的是美国人民的友情。""中美两国之间一度中断的联系恢复了。我们面前展现了两国人民广泛合作的前景。"

（作者是中国前驻美国大使馆一等秘书、中国驻纳米比亚大使、外交部档案馆馆长）

亲历邓小平专访法国

蔡方柏

1964 年 1 月 27 日，中法两国政府同时宣布建立正式外交关系。毛泽东主席和戴高乐将军的战略决策震惊了世界，对国际战略格局产生了重大而深远的影响。回顾中法关系 50 多年的光辉历程，邓小平副总理专程访法是具有里程碑意义的重大历史事件。

1975 年 5 月 12 日至 17 日，邓小平副总理应邀对法国进行正式访问。当时邓小平身兼中共中央副主席、国务院第一副总理、中央军委副主席和中国人民解放军总参谋长等职务。这是中国高级领导人第一次访法，而且这次访问是在国内"文化大革命"尚未结束，国际上美苏两个超级大国加紧军备竞赛、争夺欧洲，南北差距继续扩大、矛盾加深的历史背景下进行的，因而引起了各方的关注和瞩目。

作为时任驻法使馆新闻专员，我有幸参加了整个访问过程并担任两国领导人的会谈记录，愿对这次历史性的访问作一回眸，和大家一起深入学习邓小平同志的外交思想，为实现中华民族伟大复兴的中国梦力尽绵薄。

你先来，我后往

吉斯卡尔·德斯坦总统从其对世界走向多极化趋势和一个强大而繁荣的中国的存在是世界均势与和平的基本因素的分析出发，急于要同中国领导人直接对话，以提高他同美苏打交道的地位。

从礼宾规则上来说，1973 年蓬皮杜总统访华后，只有在我方派相应的领导人访法后，德斯坦总统才能访华。因此，德斯坦总统上台不久就通过多种渠道传话，希望我领导人访法。1974年7月18日，法国企业家改革委员会主席絮德罗宴请曾涛大使，席间当着法国外交部亚澳司长的面说，他希望德斯坦总统访华，但在访华之前希望周总理或邓小平副总理先回访法国。考虑到周总理因健康问题可能出国有困难，希望邓小平副总理访法。絮德罗强调，这不是他个人的意见，意思说他是奉命行事的。同年8月，法国驻华大使马纳克约见乔冠华副外长时说得更直接、坦率。他说，因为蓬皮杜总统已经访华，按礼宾规则，应在中国领导人回访后，德斯坦总统才好访华。9月27日，邓小平副总理原则表示可以应邀访问法国。不久，法国外长索瓦尼亚格约见曾涛大使，开门见山地说，中法关系很好，我们的总统很想邀请邓小平副总理正式访问法国，请大使阁下先向国内报告，如果同意，我们会很快发出正式书面邀请。曾涛大使立即报告了国内。几天后，曾大使按国内指示答复法方说：邓小平副总理愿意接受法国的邀请去作正式访问，如果对法国方便的话，时间可在明年5月。法外长对此十分高兴，说立即报告德斯坦总统。10月25日，马纳克大使约见乔冠华外长，奉法政府指示，正式邀请邓小平副总理和夫人于1975年5月访法。

元首规格的接待

法方把邓小平副总理的访法看成是对蓬皮杜总统的回访，因此按元首的规格接待他，住专门接待国家元首的玛丽尼国宾馆，玛丽尼大道上和爱丽舍宫墙上都飘扬着五星红旗。5月12日上午11时多，邓小平副总理的专机抵达巴黎奥利机场。前往迎接的有法国总理希拉克、外长索瓦尼亚格、法国驻华大使阿尔诺、法外交部礼宾司长昂格勒等。曾涛大使和中国大使馆的其他外交官，以及旅法华侨、华人代表也到机场迎接。在希拉克陪同下，邓小平走到共和国卫队的旗帜前面，军乐队高奏中法两国国歌。巴黎军区司令让·法弗罗将军陪同两位领导人检阅了仪仗队。进到贵宾厅后，希拉克首先致欢迎词，以法国总统和政府的名义，对邓副总理正式访法表示热烈欢迎，接着强调指出：您的访问是中国和法国互相表示关心的证明，是双方友好关系的证明，为加强法中多方面的合作提供了机会。双方将就最重要的国际问题和两国有关的事情交换意见。您在法国逗留期间，将访问法国的一些省份，将能了解法国工业的成就，以及现今法国人的生活方式，当今的法国与您过去所见的法国差别是很大的。然而，法国没有背弃它最珍贵的东西。在这些珍贵的东西中，将看到法国向中国人民表达的友谊。

1975 年 5 月 12 日，法国总理希拉克在奥利机场迎接邓小平副总理访问法国

邓小平深情地说，法国是他年轻时代曾经生活过的国家，法国人民的热情好客给他留下了深刻的印象。现在重游旧地，感到十分愉快。这段话引起大厅里一片掌声。邓小平指出，他对 1964 年中法建交以来两国关系不断发展感到高兴，相信通过这次访问，两国之间的相互了解必将进一步加强，业已存在的良好关系会得到新的发展。

1975 年 5 月，邓小平副总理率团出访法国，受到法国人民的热烈欢迎

按法国的礼宾规定，只有国家元首正式访法时才在机场发表讲话。邓小平副总理访法，中方也就没有安排讲话。后来法方告知，希拉克总理将亲自前往机场迎接，将致欢迎词，届时亦请邓副总理讲话。这也是法方为提高接待规格所作出的精心安排。

高层次的战略对话

12日下午，邓小平和希拉克在总理府举行了会谈。

关于双边关系，希拉克表示希望访华，并称渴望会见毛主席。邓小平代表周总理欢迎他在将来适当时候访华。双方商定，两国外长根据需要不定期举行磋商，并成立司局级的经贸混合委员会。

关于国际形势，双方主要讨论了欧洲形势。希拉克说，欧安会经过一年半的讨论，可能今夏召开最高级会议了结此会。但它不会对欧洲安全带来任何变化。法国长远目标是建立独立于超级大国的、拥有自己防务手段的欧洲。在实现防务联合之前，法国要加强独立防务。他特别对我方决定同欧洲共同体建立关系并派驻大使表示高度赞赏。

邓副总理指出，现在世界不太平。法国和欧洲朋友对形势表示担忧，这是有道理的。危险的局势往往被缓和、安全、欧安会、亚安体系之类的表面现象所掩盖。苏联一面积极主张召开最高级会议，一面却搞全球海军演习。苏联人急于开成欧安会，一方面是为了缓和国内矛盾；另一方面，企图欺骗世界人民，特别是欧洲人民。还企图以欧安会推动它的"亚安体系"。有人说苏联人搞亚安体系主要是包围中国。固然他们有想孤立中国的一面，我们不怕。但他们更主要的还是对付美国人。邓副总理赞赏法国推动西欧防务联合的立场，指出，你们要同美国改善关系，但在安全问题上不能单靠美国。欧洲如不组织自己的防务，总是危险的。关于欧美关系，邓小平指出，欧洲需要美国，美国也需要欧洲。美国如果觉悟到这一点，将有助于同你们建立平等伙伴关系。

会谈后，希拉克总理向新闻界宣布，两国政府决定今后经常进行外交部长级的政治磋商。据我所知，这是中国同西方国家建立的第一个外长级的政治磋商机制。

当天晚上，希拉克总理和夫人在外交部举行欢迎宴会。法方出席的有两院议长，外交、内政、装备、卫生等几位部长，前总理、前部长等人士。是夜，外交部灯火辉煌，客人都在谈论这次访问的重要意义。

宴会上，希拉克总理首先致欢迎词。他指出："在我们看来，共同性的特点是一国人民的主要优点，这就是我们彼此都热爱民族独立。在经历挫折、辛酸和胜利的悠久历史中，我们两国都很早就完全成熟了。它们拥有十分悠久的文化遗产，都为自己的历史而感到自豪。两国都理所当然地关心在国际生活中维护自己的特点。它们都懂得，它们不应该让任何国家，不管它多强大，来决定自己的事务。因此，我们对一切涉及我们国防的事情要保持警惕。但是我们也知道，这种独立的愿望，即维护自己决定事务的能力的愿望，并不排除对协商和国际合作的关心，对于这些，我们彼此都是重视的。"他还说："法国密切注视着现代中国的逐渐的然而是明显的复兴。它同情地注意到，中国是被中国人民的突飞猛进所解放的，而丝毫没有受到外部力量的影响。你们的革命也是这样，是在争取独立的斗争中经过长期的、耐心的准备的。本世纪末期是重新掌握了自己命运的中国的世纪。我们懂得这个事件的十分伟大的意义。自从中国改变了面貌和获得了它今天向我们表明的力量以来，世界再也不能像过去那样了。"

最后，希拉克强调："我们对贵国政府最近决定向欧洲共同体指派一位大使感到高兴，因为它表明你们对这个伟大事业的重视。"

接着邓小平致答词。他说："自从1964年建立外交关系以来，中法两国关系的发展一直是令人满意的。我们的政治往来日益频繁。我们的经济、科技和文化交流也不断增加。德斯坦总统和希拉克总理多次表示了发展两国关系的愿望，我要说，这也是中国的愿望，是我们双方共同的愿望。""展望两国关系的前景，我们是很有信心的，因为我们之间有许多共同点。我们两国都坚持不懈地捍卫和维护自己的独立，不允许别人对我们发号施令，为所欲为。尽管我们两国社会制度不同，对不少问题的立场和做法也不可能一致，但我们都不企图把自己的立场强加于对方，更不彼此求助于武力或武力威胁。所以，我们之间可以交朋友，我们的关系有着广阔的前景。"

邓小平指出："当前总的国际形势是令人鼓舞的。世界在前进，人民在进步。全世界不愿受超级大国侵略、控制和干涉的国家都在为争取和维护民族独立而奋斗。超级大国内外交困，日子越来越不好过。许多事实表明，坚持正义斗争的小国可以打败侵略和欺负他们的超级大国，这种趋势今后还会继续发展。与此同时，我们也不能不看到，我们这个世界还很不安宁。超级大国利用各种手段争夺世界霸权，特别是在欧洲的争夺，愈演愈烈，使得战争的因素不断增长。经历两次世界大战的欧洲人民希望和平与安全，中国人民对此完全能够理解。我们方面也希望有一个较有利的国际条件，以便进行我们的建设事业。但是，树欲静而风不止，事物的发展往往不以人的意志为转移，在争取较好的国际条件的同时，我们要对形势的突变作足够的估计，并且要做好切实准备，才能立于不败之地。"

邓小平讲话针对性很强，说出了法国在场人士的心里话，赢得了热烈的掌声。

破例与法总统进行两次正式会谈

这次访问的另一特别之处是，邓小平副总理同德斯坦总统举行了两次正式会谈。一般说来，法总统即使接待国家元首来访也只正式会谈一次。这种破格安排表明此访的重要性和对邓小平个人的尊重。

13日下午4时，邓小平副总理与德斯坦总统在爱丽舍宫举行第一次正式会谈。双方主要讨论了世界局势和美、苏战略及欧美关系和欧洲联合问题。

德斯坦认为，世界局势发生了很大变化，而且继续在变。美苏之间似乎存在着战略平衡。尽管在常规武器方面，苏在欧洲拥有对美的优势，但我们感到，在军事上总的来说，美国比苏联强些，特别在空军、战略核武器等方面。如果美苏在欧洲发生直接冲突，最终还是美国处于有利地位。但它们在别的地区的对抗，包括非洲军事性对抗，则对苏更有利些。

针对德斯坦的上述看法，邓小平强调指出，我们说世界不安宁，主要是两个超级大国争霸世界。从全球战略来看，美处守势，苏采取进攻态势。苏不但在常规武器超过美国，在核武器方面也接近美国，并企图超过美国。苏用武力作为外交上施加压力的手段是一方面，另一方面，如果苏联不是企图有朝一日采取行动，为什么要这样发展军备和常规武器，成百万地增加其军队呢？战争问题不以人的意志为转移。我们两国都不希望发生战争，但人家要称霸世界，要打，你怎么办？当然我们不是说三五年内就要爆发，从现在的战略态势来看，美国还不敢打，苏联也没完全准备好。邓小平说，如果发生战争，不能排除核战争，但更大的可能是打常规战争，因为美苏双方都拥有大量核武器，从而都不敢轻易下决心使用核武器。

谈到欧美关系和欧洲联合问题时，德斯坦说，欧洲的不幸是它目前还处于分裂状态，政治上不统一，更谈不上军事上的统一。法国的政策是首先推动政治统一，然后再搞军事统一。法国主张同美建立平等伙伴关系，但有些困难，因为美国还是以超级大国自居，总要把它的决定强加于欧洲。

邓小平还指出，欧、美互有需要，美国应同欧洲建立平等伙伴关系，只有平等的关系才是可靠的。美、苏称霸世界，不夺取欧洲不行。我们认为欧洲的政治作用、经济、军事力量不可忽视，条件是欧洲自己要团结起来，这是唯一可走的路。所以，我们欣赏法国主张西欧联合的立场。

法方对这次会谈很满意，因为邓小平高屋建瓴和要言不烦的论断使法方很钦佩。后来希拉克对邓小平说，德斯坦认为这次会谈给他留下了深刻的印象，德斯坦很重视邓小平对苏联的看法。

13日晚8时，德斯坦在爱丽舍宫为邓小平访法举行了盛大晚宴。德斯坦在讲话中热烈欢迎邓小平副总理正式访问法国。他说："这次访问特别表明了法中关系是非常良好的，同时也突出地表明了在当前形势下的重大历史意义。因此，这次访问，一方面表明了友谊，另一方面又表明了对世界问题的一定的看法。"

他说："我们欢迎您，您是一个对国际稳定作出了主要贡献的十分伟大的民族的代表。因此，法国接待中国代表时不能不讨论当代的重大问题。""中国和法国共同性的东西是相当基本的，在许多情况下，它们有同样的反应，寻求同样问题的解决办法，而且，尽管通过不同的途径，却得出同样的结论。"

他强调指出："法国和中国知道，一个国家依赖别国来维护自己的安全，是不可能不得到恶果的；如果说联盟经常是必要的，那么什么东西也不能代替一个国家自己确保防务和自己拥有防务手段的意志。它们也明白，推动各国人民团结起来共同为自己的自由和未来创造条件的运动，是符合世界平衡的要求的，因而也是符合和平的要求的。法国正是本着这种精神决心继续积极从事欧洲的联合。它为中国关心欧洲的联合和最近作出同九国共同体建立正常关系的决定所表示的这种关心感到高兴。"

邓小平副总理在讲话中特别赞扬了吉斯卡尔·德斯坦总统为推动两国关系的发展作出的新的努力，并相信，通过双方的共同努力，两国关系一定会得到进一步的加强。

他指出："中法两国社会制度不同，但是我们都愿意在相互尊重主权和领土完整、互不侵犯、互不干涉内政、平等互利、和平共处五项原则的基础上发展两国关系。在国际上，我们都反对超级大国垄断世界事务。中国政府一贯主张，国家不论大小，都应一律平等。各国的事情应由各国人民自己来管，任何国家都无权对别国进行侵犯、控制和干涉。如果世界上所有的国家在彼此的关系中都能遵循这个原则，这个世界就安宁得多了。但是不幸的是，世界人民所面临的现实却完全是另一个样子。当今不是天下太平，而是天下大乱。如果形象地说，就是我们这个地球有病。现在有那么一两个国家。它们总是要干涉别人的独立，实行强权政治和霸权主义。"

邓小平谈到西欧联合问题时说："西欧人民也日益清楚地看到摆在他们面前的现实情况。他们要求加强联合的呼声日益增高。正如你们所知道的，中国是坚决支持西欧联合的。我们认为，西欧国家为维护独立和保证自己的安全，在联合的道路上不断取得进展，这有利于世界局势朝好的方向发展。法国和欧洲人民可以相信，在他们维护独立和加强联合的事业中，总是能够得到中国人民的支持的。正是根据这种精神，最近中国政府同欧洲经济共同体建立了关系。我们希望联合的欧洲将在世界事务中发挥更积极的作用。"

14日下午4时，邓小平副总理同德斯坦总统举行第二次会谈，两位领导人主要就国际经济和能源问题交换了意见。

邓小平副总理首先代表朱德委员长和周恩来总理邀请德斯坦总统在其方便时候访华。德斯坦表示感谢，并请邓副总理转达他对毛主席的问候，并说他十分敬仰毛主席的思想和他的领导才干，对至今未能见到毛主席感到很遗憾，希望访华时能会见毛主席。

接着德斯坦就国际经济和能源问题发表看法。他说，第三世界的出现使国际经济产生了新的因素，旧的国际经济体制已经瓦解，故法主张建立新的国际平衡，其办法是增加发展中国家自己的资金，并对这些国家组织多边援助。关于能源和原料问题，他说，法国倡议的国际能源会议筹备会遇到两个方面的困难，一方面是石油生产国要求能源和原料问题一起讨论；另一方面，美国从根本上反对这一会议。由于美国的态度，会议推迟了。法继续同有关国家协商，初步考虑在7月中旬提出开会的建议，希望得到中国的支持。

邓小平说，总的说来，第三世界要求改变旧经济秩序，建立适合现在形势的新秩序，我们支持这一立场。美国对产油国采取对抗政策，我们反对。欧洲国家，首先是法国，主张对话，我们赞成。第三世界国家要求把石油同其他原料一起考虑，这是无可非议的。坚决反对改变旧秩序的是美苏。我们认为法国继续朝对话的途径努力走下去，问题总是能够逐步得到合理解决的。对法在这方面作出的努力，我们是支持的。关于援助问题，邓小平指出，我们对一些国家提供的援助也有限，但我们的援助是无条件的，有的援助是无偿的。我们知道这种援助方式对你们不适用，所以，我们宁可搞双边的，不搞多边的。

午宴时，德斯坦询问了中苏边界谈判和一些亚洲形势等问题。邓小平均作了介绍。当邓小平谈到过去沙俄通过不平等条约割去了中国150万平方公里的土地，但在边界谈判中并未向苏提出归还这些领土的要求，将来也不会提出这一要求时，德斯坦表示惊讶，说法舆论界和政界一直认为中国准备收回这些土地。德斯坦还说，了解到这一情况很重要。

邓小平对德斯坦的反应也很吃惊和感慨。访法回国后，他在"访法报告"上特意加了一段话："在同德斯坦、希拉克等人的接触中，发现他们对中国的情形不甚了解，对中苏边界的争议，还以为是中国要将沙俄时代侵占的土地通通要回来，甚至对苏联在中苏边界陈兵百万也表示惊讶。所以我们同他们增加接触是必要的。"

当天晚上，国民议会议长埃德加·富尔和夫人在国民议会大厦宴请邓小平和代表团全体成员。希拉克总理夫妇，九名政府成员及许多前政要和议员出席。富尔是中法建交谈判的特使，同毛主席、周总理等中国领导人进行过长谈。因此，他致祝酒词说，戴高乐将军选择他作为其代表，这可能是他一生中最大的骄傲。戴高乐将军承认独立自主的中国的个性，从而表明了法国的独立性，也就恢复了法国个性。法中两国人民都遭受过战争的苦难，他们希望和平，但决不出让自由决定自己行动的权力。富尔也对中国和欧共体之间建立直接关系表示满意。这是法国领导人对此事所做的第三次积极的评论。因此，邓小平在"访法报告"中加了"我们最近决定同共同市场建立关系的措施是正确的"这句话。

邓小平在致答词中称赞了法国国民议会，特别是富尔议长在发展中法关系中一贯作出的努力，希望本届议会在增进两国人民的友谊中作出新的贡献。许多中国老朋友出席了这次宴会，因而气氛热烈、友好。

丰富多彩的外地参观

在巴黎，邓小平只参观了凡尔赛宫。他受到凡尔赛宫博物馆总监范德肯普等负责人的迎接。他看得很快，不说什么话，也不提问题。

14日上午，邓小平在法国农业国务秘书德尼奥陪同下乘直升机去马恩省的奥比尼村参观一个农场。这个农场占地322公顷，主要生产粮食和甜菜，还养了牛、羊、马等家畜。农场主皮戎请邓小平坐上汽车，参观了葡萄园、酒厂、养马场、蔬菜地、花圃等，差不多用了两个小时。他看得很细致，特别是对农场的粮食耕种和施肥很感兴趣，同主人讨论了农家肥和化肥的利弊。参观过程中，有一个有趣的花絮。当农场主介绍有多少公羊，多少母羊时，法方翻译把公羊翻译成"羊公"、把母羊翻译成"羊母"，引起中方人员哈哈大笑。

参观后，皮戎在农场餐厅里举行了一个小型招待会。邓小平举杯祝贺中法友谊，并发表感想说，我们认为，在全世界，农业问题比工业问题更重要。

5月15日，邓小平在法国国务部长兼内政部长波尼亚托夫斯基的陪同下，乘专机去里昂访问。邓小平在法国勤工俭学时，在这里生活过。里昂市长普拉代尔在市政府大厅举行盛大的招待会，欢迎邓小平副总理。普拉代尔和邓小平先后讲话。普回顾了16世纪连接中国和里昂的往事后，强调应该加强里昂和中国之间的联系。邓小平说，希望加深里昂同中国的关系，要把传统贸易关系和两国人民之间的友好关系，在里昂和中国之间发展得更好些。

邓小平到达里昂市府时，发生一场虚惊。当时一群法国人高举一条红色横幅，法国警察看到红色横幅就紧张起来，在未弄清情况下扯下横幅，于是双方就争吵起来了。我方警卫和工作人员也以为发生了不利于访问的事情。后来经过解释，法方警察就不再干预，我方人员也放心了，原来横幅上的内容是赞扬中法两国人民之间友谊的。

邓小平在里昂市政厅
的留言簿上题词，半个世
纪前，邓小平曾在里昂从
事革命活动

下午参观贝利埃汽车厂。这是法国第二大卡车厂，向中国出口了近万
辆重型卡车。这是中法之间签订的第一项重大合同。后来中国又买了该厂
的生产卡车专利。该厂董事长保罗·贝利埃亲自陪同参观该厂的陈列室，
里面展出了从几乎像马车样的汽车直到现代各个时期所生产的汽车。当参
观到铸造车间时，几十名工人面带微笑举起拳头高呼："贝利埃，必须给
钱！"这个场面让大家吃了一惊，并私下询问是怎么回事。厂方解释说，
工人们往往趁有外宾来厂参观时提出权利要求。这是该厂的"民间风俗"，
希望中国客人不必介意。

参观贝利埃汽车厂后，邓小平一行乘直升机飞往普罗旺斯。当我们抵
达机场时，恰好正在普罗旺斯主持"乔治·蓬皮杜街"命名仪式的希拉克
总理已在那里迎接邓小平并邀请其共进晚餐。

邓小平一行抵达普罗旺斯旅游胜地莱博村，下榻闻名遐迩的博马尼埃
尔旅店。只有453名居民的莱博村建在245米高的岩石高原上，站在村头
眺望，阿尔勒市等地的优美景色尽收眼底，被称为"法国最美的村庄之
一"，每年接待游客高达150万人。博马尼埃尔旅店是由一座古老的城堡
改建的。旅店主人叫雷蒙·蒂利埃，也是著名的烹调大师，曾接待过戴高

乐将军、英国女王、丘吉尔首相等许多国家的首脑和知名人士。他们的留影在餐厅的四周挂得满满的。由于是希拉克总理宴请邓小平副总理，蒂利埃亲自在门口恭候两位领导人，并特别做了自己拿手的汤和鸭子等法国菜来招待贵宾。

晚宴前，邓小平对希拉克说，今晚是朋友聚会，我们应该完全放松，是否可以达成一个协议，晚宴上就不发表讲话了。希拉克表示完全同意。

但是，快吃到甜食时，希拉克站起来对邓小平说，虽然我们已达成不发表讲话的"君子协定"，但我还是要说几句，以表达此时的高兴心情。邓小平也只好站起来致词，他幽默风趣的即席讲话引起阵阵笑声。晚宴后，希拉克在11时左右乘飞机返回巴黎。

第二天上午，邓小平参观了莱博村的博物馆和现代绘画馆，并在村子古老大街上漫步，村民和游客向中国客人鼓掌表示欢迎。邓小平也亲切地向他们招手致意。离开村庄时，30多名少女迎面欢呼而来，送给每位中国客人一株虞美人草。

上午10时，邓小平参观马库尔原子能中心。总经理吉鲁介绍中心的组织情况，技术总经理卡尔介绍反应堆的先进技术。邓小平在这里参观时间比较长，而且特别有兴趣。国务部长波尼亚托夫斯基见状说，法国政府准备扩大对中国出口尖端产品。后来，我国建设大亚湾核电站，主要设备是从法国进口的。

满载而归

16日下午，邓小平返回巴黎后，晚上在中国驻法国大使馆举行答谢宴会。希拉克总理、政府部长、三军参谋长、国民议会议长、议员及各界代表、华侨、华人代表等都出席了。客人们说，重要人物都来了，你们的朋友真多！

邓小平致词说："中法两国虽然社会制度不同，所处的地位不同，但在不少问题上，我们两国采取完全一致的立场和做法。通过这次会谈和同各方面的接触，我们发现我们之间的共同点和相似点比我们过去了解的更多。"他宣布代表朱德委员长邀请德斯坦总统访华，代表周恩来总理邀请希拉克总理访华，法方愉快接受了邀请。

希拉克总理致答词说，邓副总理的访问标志着两国之间关系的一个十分重要的阶段。通过会谈证实我们选定的共同走上的道路是宽广的。他强调指出，我们彼此都希望世界各国都能够发展对话和团结，并且都能够用对话和团结来代替对抗。最后，他表示德斯坦总统和他本人都非常乐意接受邀请去中国访问，索瓦尼亚格外长将在当年访华。宴会在热情友好的气氛中进行了两个多小时。

5月17日下午，邓小平副总理结束对法国的正式访问。离开玛丽尼国宾馆时，邓小平同宾馆服务员一一握手告别，向他们送了纪念品，用法文说"谢谢你们"。我作为使馆的联络员也在国宾馆。一天早上邓小平和一位年龄较大的服务员聊天，邓小平问到服务员的家庭和生活情况，对方答称，生活还可以，只是通货膨胀严重，物价飞涨。邓小平风趣地说，"水涨船高啰!"邓小平这种平易近人和平等待人的宽阔胸怀使国宾馆的服务员都很感动。此事在法国产生很大反响，连希拉克总理事后都对曾涛大使说，邓小平副总理访法是一件大事，法国人很高兴。临走前，他向所有玛丽尼国宾馆的人握手告别，还送了东西，这是件小事，但很重要。在法国过去没有一个来访的高级政府领导人这样做，现在也没有人这样做。

希拉克总理亲自去机场送行，而且法国其他领导人去的比迎接时还要多。希拉克对邓小平说，法国人和中国人都拒绝接受两个超级大国的霸权。两国外交部都摒弃集团政策，我们满意看到中国支持欧洲建设。法国决定扩大与中国的经济关系。

巨大反响

欧洲各国舆论对邓小平访法都作了充分的报道和评论，加上此访前几天我国决定向欧共体派出常驻大使，因而评论大都是积极的。法国《世界报》认为，应当把这次访问看作是中法关系中的一个重大事件，同1973年蓬皮杜总统的访华同等重要。

英国《经济学家》说，邓代表生病的周恩来对已故蓬皮杜总统两年前的中国之行进行回访。中国期望欧洲人发挥积极的居间作用，以抗衡两个超级大国。

瑞士《日内瓦报》指出，中国在国际舞台上日益增长的作用，在最近由中国政权第三号人物邓小平率领的一个18人代表团对法进行一周的访问期间，变得具体化了。巴黎所以被选中，是由于它对苏联和美国独立的政策，与第三世界友好的政策，也是因为戴高乐和毛泽东是有一些相似之处的。

丹麦、荷兰、意大利的舆论也认为，这次访问是"极其重要的政治事件"，是"时代的一个标志"，对中国与欧共体建立关系表示高兴，说威胁欧洲的危险来自两个超级大国的看法有道理。

我认为此访最成功之处，是增加了两国领导人之间的政治互信。德斯坦总统在1975年6月24日宴请驻法外交使节时，专门找曾涛大使交谈，德斯坦说："对邓小平副总理的访问感到很高兴，通过交谈，了解了中国立场，也让中国了解了法国的观点，希望这种关系继续发展。"可以说，在德斯坦总统七年的任职期间，中法关系一直在稳步向前发展。

邓小平对法国的专访虽已过去39年，国际形势和国际格局也发生了巨大变化，但他当时就我国对外关系基本原则的阐述，对一些重大战略问题的思考和对发展对欧关系的重视，至今仍具有重要指导意义。

（作者是中国前驻法国大使）

在莫斯科为宋庆龄工作的两周

〔俄〕А. И. 卡尔图诺娃 著　　马贵凡 译

编者按：А. И. 卡尔图诺娃是俄罗斯著名中国问题专家，俄罗斯科学院远东研究所学术顾问。1988 年 11 月译者访问莫斯科时，她应约撰写了这篇回忆文章。

1957 年 11 月，莫斯科大规模地庆祝十月革命 40 周年，举行了隆重的纪念大会。参加大会的，除苏联外，还邀请了 100 多个外国代表团。会后举行了各国共产党和工人党代表会议。由于举行这两个会议，我有机会在两周时间内天天为中国人民的杰出女儿、伟大的民主主义革命者孙逸仙的遗孀宋庆龄做联络、服务工作。当时宋庆龄任中国全国人民代表大会常务委员会副委员长。

11 月初的一天，苏共中央部国际处 Е. С. 谢尔巴科夫处长往我家里打电话（我在读研究生之前就在该处工作），他告诉我近日以毛泽东为首的中国党政代表团将来莫斯科参加十月革命 40 周年庆祝活动，代表团成员中有宋庆龄，"我们想让您为宋庆龄做联络服务工作，详细情况见面时再谈"。谢尔巴科夫问我何时能到。

一个半小时之后，我来到谢尔巴科夫办公室。谢尔巴科夫建议我暂时中断在苏共中央社会科学院上的课程，完全转到完成中央部交办的任务上，为即将到来的宋庆龄工作一段时间。

在苏共中央部部长 Б. Н. 波诺马廖夫给我交代了任务之后，我有些不安。使我感到不安的理由有很多：首先是在这以前无论在莫斯科还是在中国我从来没有见过宋庆龄；其次，宋庆龄是中国南方人，中国南方地区的方言与北京话有多大的区别我并不清楚，会不会出现翻译或理解上的障碍；第三，引起我不安的最主要的原因，是我意识到这是要与真正传奇式的人物、著名的国务活动家和社会活动家交往，她的名字在全世界广为人知，我的能力能否适应。

我作为研究中国史学工作者，清楚地知道，宋庆龄在1915年就把自己的一生同孙逸仙联系在一起了，成了他的夫人、朋友和为中国人民的民族与社会解放事业而奋斗的战友。1925年孙逸仙去世后，宋庆龄是争取实现他的思想的最积极斗士之一。我知道宋庆龄在抗日战争时期（1937—1945）所作出的最杰出的爱国主义活动，她为建立抗日民族统一战线所作出的贡献。在那个时期，根据她的倡议建立了"保卫中国同盟"。通过这些组织，她从国外为战斗中的中国募集到各种援助，特别是为医院募集到药品。我想起中国抗日战争时期曾在中国工作过的 Д. А. 戈杜诺夫所讲述的一个关于宋庆龄的爱国主义活动的故事。当特区（即中国共产党人的根据地）由于蒋介石军队的封锁，处境特别困难的时候（1946年），宋庆龄组织购买医药和绷带，先用飞机运到美国，然后转运到特区，而且宋庆龄还为此事贡献了自己的资金。

我知道，宋庆龄在世界上享有多高的声誉，她曾被授予"加强国际和平"斯大林国际奖金，担任世界保卫和平理事，1952年被选为亚太区域和平联络委员会主席。我不打算列数宋庆龄的所有功绩和职位，因为中国读者知道的不比我少。

11月4日或5日（准确日期我记不清楚了）晚上，中国代表团的飞机在莫斯科伏努科沃机场着陆，苏共中央和苏联国家的高级官员到机场迎接中国代表团。

在那里我第一次见到宋庆龄，从机场陪同把她送到她下榻的克里姆林宫。

在那天白天我看到，在她住处的上空飘扬着中华人民共和国国旗，因为她是中华人民共和国国家副主席。毛泽东也下榻在克里姆林宫里，但他住处的上空没有中华人民共和国国旗，因为当时他是以中国共产党中央委员会主席的身份来访的。

第二天早晨 8 点，我来到宋庆龄的住处，门打开了，打破了平静。宋庆龄走进餐厅，用英语跟我打招呼后，我请她去吃早餐。听到宋庆龄会讲英语，我的心里感到轻松了。宋庆龄英语讲得很好，要知道，她是在美国受过大学教育。

就这样，我们的交往开始了，一天一天地持续了两周时间。

初次见到宋庆龄给我留下深刻印象。她不平凡，很成熟，我可以不夸张地说，她是个大人物，每次与她见面我都有这种感觉。这表现在她的举止上、性格上和她的谈吐内容上。更表现在她所关切的事情上和她在清晨不受任何打扰时所做的事情上。

宋庆龄有怎样的外貌呢？按我们俄国的标准，她身高中等偏下。1957 年她 64 岁，仍然保持着端庄的魅力，脸上没有一丝皱纹，梳着一头光溜溜的黑发，黑眼睛。虽然她上了年纪，但还很漂亮，有一种安详自尊的美，而且她本人并未为此赋予什么意义。在宋庆龄的脸上映出的是少有的迷人微笑。她通常穿旗袍，有时穿深蓝色的裤子。

在我陪同她参加的所有会见中或者是在招待会上，宋庆龄作为所有出席者当中最杰出的女国务活动家，始终是众人关注的焦点。不仅仅是因为她的性别，她简短而富有内容的讲话，也引起大家对她的注意，当然首先引人注意的是她的外表。

我想不起来宋庆龄什么时候开过玩笑，但她常常用和善的口气与人交谈。她膝关节不好，特别是在下楼梯的时候会感到疼痛。在克里姆林宫，从格奥尔基大厅沿着白色大理石阶梯下楼的时候，我和她的贴身卫士轻轻地托着她的手，她还有点儿不好意思，默默地忍着病痛。

宋庆龄对我说，她的作息制度安排得很严格，她坚持她所制定的时间表已几十年了。早晨 4 点起床，然后是搞卫生和做健身活动。早上 6 点她基本上都坐到办公桌旁。8点吃早饭，接下来是工作、开会、会见、外出等。宋庆龄在莫斯科时也坚持这样的作息时间表。

晚饭后，7点钟她自己安静待一会儿。夜里，根据宋庆龄的请求，要给她在卧房放一个柠檬、一些甜饼干和一个生鸡蛋。工作日结束后，谁也不能打扰她。

但我也办过一件令我尴尬的事。宋庆龄一直请求预先告诉她第二天她要参加的会见和活动，以便她的秘书好对她在第二天要参加的活动准确地记录，到晚上好提醒她第二天有什么安排。一天我在苏共中央部被责成转告一次事先没有安排的邀请，是第二天赫鲁晓夫要接见她。当我来到宋庆龄住处时，已是晚上7点10分。我知道她不喜欢即兴发言，所以我请她的秘书向她转告次日安排的变化，她的秘书断然拒绝在未约定的时间去打扰她。但赫鲁晓夫的接见是极其重要的事情，于是我决定亲自向她说这件事，使她能做相应准备。我敲了门，听到宋庆龄的声音后，我对打扰她表示了歉意。我透过门缝通知了需要做的事情。第二天早晨，她用自己的行动表达了对昨天晚上发生的事情的不满。我讲这件事只是为了强调宋庆龄是如何遵守自己的生活和工作制度的。

有一天，我比约定的时间提前10分钟来到宋庆龄的住处，我看到她正在客厅里浏览杂志并在上面做标记。我们互致问候之后，宋庆龄让我坐下等一会儿。她结束工作后，指着杂志（可能是校样）告诉我，她在回应该杂志编辑部的请求，要在为华侨出版的杂志封面上签名。宋庆龄的威望是很高的，她是该杂志的创办者之一，她的签名足以吸引人们对该杂志的关注。我想，她很明白这一点，并很负责任和很珍惜自己的威望，认真地审读和修改稿子，并不是委托什么人来做这项工作。她有大量的国家事务要做，尽管如此，她还是对这个杂志赋予了很大的希望。因为中华人民共和国还年轻，在它的经济建设方面还需要援助，而华侨明显是这种援助的后备力量。

宋庆龄对自己的讲话是很负责任的。每次她要进行什么出访或会晤时，都会问是否需要她讲话。如果需要她作出什么简短发言，她都会认真做好准备。

观察宋庆龄的言谈举止，我看到的是一位有高度责任感的人。

从 1954 年起，宋庆龄担任中苏友好协会会长。她为加强两国人民之间的友谊做了很多工作，自然，全苏对外文化联络协会主席尼娜·瓦西里耶夫娜·波波娃很想利用宋庆龄访问莫斯科的机会邀请她到协会做客。一天，波波娃给我打电话，请我到全苏对外文化联络协会去一下，因为她打算在协会同宋庆龄会面。那天晚上我去见了尼娜·瓦西里耶夫娜。尼娜·瓦西里耶夫娜问，宋庆龄什么时候方便到协会来做客？我回答说，我只能在第二天去问她，因为先得同宋庆龄说定才能做安排。第二个问题是该送什么礼物的问题，波波娃很明白，什么礼物都不可能使宋庆龄感到惊讶，她也不打算让宋庆龄感到惊讶。于是波波娃提出了几个送给宋庆龄纪念物品的方案，最后我们决定了用中国不产的乌拉尔宝石做成办公室用具送给她。在接待的那一天，友谊宫主人明显很激动，尽管她在各种国际论坛上已见过宋庆龄。一开始，波波娃在自己办公室里同宋庆龄进行了交谈，然后邀请她到大厅里去，在那里波波娃向莫斯科市积极分子们介绍了宋庆龄。波波娃邀请一些著名学者、文学家、演艺界代表和其他文化活动家出席这次会面，还邀请了知名的女工、农业工人、社会主义劳动英雄。在不少人向宋庆龄致欢迎词后，宋庆龄发表了讲话，她讲了两国人民之间的友谊，很深刻，也很优雅，以至她讲话结束时，所有参加会面的人都起立报以热烈的掌声和欢呼声。

终于共产党和工人党代表会议开幕日期到了。宋庆龄在那天早上精神饱满，神态端庄。她是唯一一位不是中共正式党员的与会者。

我们走进会议大厅时，会议参加者无比尊敬地把她围了起来，宋庆龄知道会议的许多代表走向她是对她表示欢迎和敬意。宋庆龄每天都参加所有的会议，因为关于举行共产党和工人党会议的通知公布之前，哪里也没有提到过这次会议，宋庆龄很遵守纪律，没有提过一点会议代表发言的内容和会议上通过的文件。

1957 年 11 月 8 日，宋庆龄在莫斯科举行的庆祝俄国十月革命 40 周年的群众大会上讲话

　　宋庆龄在会议结束离开莫斯科之前，还有 40 分钟自由时间，她跟我谈了自己对刚刚结束的共产党人论坛的看法。她最后说，会议给她留下了很深的印象。当时她的心情很好，看来，她受到了鼓舞，得到了力量。她热情地与我告别，给我留下了久久难以忘怀的印象。

　　　　　　　　　（译者是中共中央党史研究室原译审）

陈云在东北解放战争中

张秀山

1945 年到 1949 年，陈云在东北先后任过东北局常委、北满分局书记、东北局副书记、南满分局书记，沈阳军管会主任，以及与这些职务相适应的北满军区政委、东北军区副政委、辽东军区政委，还兼任了东北财经委员会主任。当年，我时任中共北满分局委员、中共松江省委书记兼松江军区政治委员，在陈云领导下工作，亲身感受和目睹陈云在东北工作期间，总是坚持深入群众，调查研究，一切从实际出发，高瞻远瞩地提出问题和解决问题。特别是在具体落实中共中央关于《建立巩固的东北根据地》的指示和其他战略方针方面，作出了重大贡献。

关于东北战略的决策建议

1945 年 9 月 16 日，陈云由延安飞抵东北。1945 年 11 月 16 日至 1946 年 6 月，主持北满分局工作。当年，国内外和东北的政治、军事形势，正处在一个风云变幻、错综复杂的时期。日军投降，苏军驻留，党中央从全国调派大量主力部队与干部先机进入东北，以及全国各战区配合作战，阻滞国民党军北进，还有苏军不允许国民党空运或海运部队去东北，等等，这无疑对我争取东北十分有利。但另一方面，我在东北尚未取得全局的优势，广大群众尚待发动，他们对国民党蒋介石仍抱有幻想，大批的土匪和反动武装尚未肃清，根据地的建设已成为一个突出的严峻任务。我党与国民党蒋介石争取东北的战争不可避免即将展开。而苏联由于中苏条约的约束，又不可能给我们超出条约范围的帮助。在这种情况下，如何看待形势，制定正确的战略和工作方针，就成为当时一个至关重要的问题。而这，又不能不经过一个认识过程和统一思想的过程。

为了正确地分析时局与制定对策，陈云从 9 月至 11 月在沈阳、哈尔滨、松江省的宾县进行了周密的调查研究。他以毛主席 1945 年 8 月 13 日所作题为《抗日战争胜利后的时局和我们的方针》的报告为指导，通过对国际形势、苏美政策、国民党战略和国内各阶层与中共各级干部的政治思想动向的分析，逐步形成了全满战略的构想。

11 月下旬，在他主持下，与北满分局的主要成员高岗、张闻天等一起，在哈尔滨的一个小楼上，针对干部中的混乱思想与东北局的领导状况，经过三天讨论，写出了关于全满战略的重大决策建议，即《对满洲工作的几点建议》（1945 年 11 月 29 日、30 日）。这一具有历史意义的文献，对客观形势、全满战略、分歧意见和应取的工作方针与作战方针，作出了全面的正确的阐述。当中共中央在只收到第一天的电报后，即复电表示完全同意。事后，毛主席从实际出发，参考陈云、李富春、黄克诚、林彪等人的意见，为中共中央拟定了关于《建立巩固的东北根据地》的指示，即中共中央的"十二月指示"。这个重要决策完全肯定了陈云等同志提出的建议。刘少奇也于 12 月 24 日与 31 日对东北局提出的新方针发出了电示，要求东北局领导同志应"以主要力量建立东、北、西满根据地"，指出对当时东北的整个部署，"觉得是很危险性的"。这也完全肯定了陈云提出的建议。

北满分局进驻宾县后，为了落实中共中央"十二月指示"，具体制定了建设北满根据地的方针政策，以统一干部思想、做好战争准备。陈云经常深入到宾县、通河、方正、木兰等县做调查研究工作，开座谈会。由于陈云亲自主持会议，并引导与会同志沿着提出新问题、研究新问题、解决新问题的路子进行思考，座谈会开得很生动、很活跃，做到了畅所欲言，集思广益。陈云还经常把已经考虑成熟的问题向座谈会做明确的阐述。有时还利用召开干部会或向才从关里来的干部作形势报告的机会，具体阐述党中央"十二月指示"精神。所以凡是听过陈云谈话、座谈、报告的同志，无不感到深受教益，深感工作方向之明澈而正确。

陈云当时说：东北，因为它具有重要的战略地位，不仅是国内而且是国际革命与反革命争夺的一个焦点。如果美蒋控制了东北，便将切断我革命根据地同苏联、朝鲜、蒙古的联系，并对全国解放区形成南北夹击之态势，使中国革命处于不利的地位；反之，如果我们控制了东北，则不但可以摆脱我党革命根据地长期处于被包围的局面，而且可以使东北与冀、鲁、热、察四省老根据地处于连成一片的局势中，依靠东北发达的工业、军工，丰富的能源物产和发达的铁路运输等优越条件，建成北靠苏联、东邻朝鲜、西有蒙古的战略基地，使中国革命立于不败之地。对此，东北党内、军内的干部思想基本是一致的。

但是，具体到怎样落实中共中央的战略方针与"十二月指示"，制定具体的工作方针与作战方针时，大家的认识即不太一致了。在这种情况下，陈云当时常常提到这样一些问题：

（一）苏联出兵东北，消灭日军主力——关东军，是日本投降的重要原因。苏联政府为了世界和平与亚洲和平，一方面要把沈阳、长春、哈尔滨三大城市与铁路干线移交国民党政府；另一方面也尽可能援助革命力量发展，他们是希望我们在满洲胜利的。

（二）苏军既要执行"中苏条约"，同时也要拒绝美国势力进入满洲。我们对于这种政策和国内外敌人的和平宣传应持正确观点，不理解苏联政府和幻想和平都是错误的。

（三）当前有无可能独占东北或独占三大城市和长春铁路干线？应采取什么方针才能改变敌强我弱的客观形势，达到转弱为强，取得全国的优势？应怎样经过建立根据地，以乡村包围城市进而取得城市？

（四）当时在三大城市应该做些什么工作，其目的是为建设根据地服务，还是要立即占领三大城市？

（五）在北满建立根据地的意义、主要区域与主要措施。

（六）不经过与国民党反动派长期、艰苦而严重的斗争和战争，是否可能取得全满优势？

（七）应否把相当数量的老干部与大部分干部派到东、北、西满去从事剿匪、发动群众、建设根据地的工作？特别在苏军尚未撤退回国前，有它代为把守中长路干线，我们力量部署的重点应放在南满还是东西北满？

对于这些问题，陈云坚持了中共中央的正确路线，作出了正确的回答。

由于对上述这些问题认识的不一致，于是"战争与和平""城市与乡村""优势与劣势"以及"应怎样看待主要矛盾（由民族矛盾到阶级矛盾）的转变"和"应怎样对待苏军援助"等问题，便成了当时人们最关注和亟待解决的问题。

在我军先机进入东北的头几个月，正是由于在一部分领导干部头脑中存在着幻想和平，认为我军已占优势；忽略主要矛盾的转变和低估敌伪残余势力，而采取错误的建军方针；要求苏军超越"中苏条约"给我军以特殊的帮助等思想，便产生了希望立即独占东北，独占三大城市，"一战和平"，过早地与敌人拼主力等失误。这样，就使落实中共中央的"十二月指示"、建立巩固的东北根据地，以阻击国民党军进攻等问题遇到了困难。陈云从实际出发，及时地向中共中央、东北局提出了上述全满战略的决策建议，从政治上、军事上与理论上，为全东北的解放战争指明了方向。

《建议》中写道："我们必须承认，首先独占三大城市及长春铁路干线以独占满洲，这种可能性现在是没有的。因此，当前在满洲工作的方针，应该不是把我们的全部注意力集中于这三大城市，而是集中必要的武装力量，在锦州、沈阳前线给国民党部队以可能的打击，争取时间。同时，将其他武装力量及干部，有计划地、主动地和迅速地分散到北满、东满、西满，包括广大的乡村、中小城市及铁路支线的战略地区，以扫荡反动武装和土匪，肃清汉奸力量，放手发动群众，扩大部队，改造政权，以建立广大城市外围及长春铁路两侧的广大巩固根据地。我们必须经过战争及根据地之建立，以达到包围歼灭大城市之敌及钳击长春铁路干线，使我们能够在同国民党的长期斗争中取得全局的优势。"决策建议还对东北具体工作方针与作战方针作出了全面的阐述。陈云在战略决策问题上的正确判断和建议，体现了陈云实事求是的独创精神与革命气魄。

陈云在平时谈话、座谈会与报告会上，对上述决策与中共中央的"十二月指示"，以形象、明晰、深入浅出的语言，做过多次阐述。他说过：当时东北所面临的形势是个"美蒋必来，水涨船高"和"敌强（有美援蒋）我弱（群众没有发动进来）"的形势，即使美国因《雅尔塔协定》约束不能直接出兵东北，但由于东北战略地位重要，它必然继续为蒋军运兵、运军火，也等于美国势力到了东北。我们必须通过剿匪、发动群众、建立巩固的根据地，自己解决兵源问题。他始终坚持建设根据地的方针。他常说：因为有苏军的存在，日军的投降，我军先机进入东北，这是个"万事俱备，只欠东风"的好形势。他说：我们所指的"东风"，就是巩固的东北根据地，只要有了根据地，我们就是战无不胜的。他还说：不抓紧建设根据地，却在没有群众基础与武装力量作为后盾的情况下，对敌伪残余与封建势力的武装成建制地收编加委，或轻率地只派几个干部去接收由国民党加委的政治土匪、敌伪残余组成的维持会所控制的县城，那是一种"肉包子打狗，有去无回"的方针，是一种错误的建军方针与错误的工作方针。

因此，陈云在北满多次号召：所有党政军干部，凡是可以离开机关的，都要到农村去，集中力量做剿匪、发动群众、建设根据地的工作，为打人民战争解决兵源、粮源和后方稳固问题。他强调说："现在的大城市只是个旅店，广大的农村才是我们的家。""不论是中央委员还是区委委员，都是群众一级干部，都是下乡当工作队员。""这可以叫作'大官'做'小事'，这种'小事'，对于当地工作来说，就是世界革命。"这种由党政军干部组成的工作队、工作团、武工队，去做群众工作，去稳步地、一片一片地肃清敌伪势力与土匪、地主武装，建立根据地的方针政策，可以叫作革命的"蝗虫政策"。不这样做，便不会有根据地，便不会有真正的优势，就解决不了兵源、粮源与后方问题，就谈不到打人民战争。对于宾县的群众工作，他经过调查了解，曾做具体指示说：全县20多万人口，开始派了20多名干部在县城里做工作，到处找工人，连剃头的也算上，不过 1000 多人。发动了半个月，还是那么多。那么，一个是二十几万，一个是 1000 多，毫无疑问，应抓二十几万。他说："应该确定，县委就是民委，民委就是农委。不只在省、市与全东北，就是在县里，也要把工作重点放到农村。发动农民是建立巩固的东北根据地的关键。""农民不发动起来，我们就'不得了'，就会死无葬身之地。农民发动起来了，我们就'了不得'，因为有了根据地才会有人民战争。中国革命就立于不败之地。"

为东北局起草《关于东北目前形势与任务的决议》

1945 年 11 月国民党军占领山海关后，很快占领锦州、沈阳，并立即以沈阳为基地向周围扩张，先后占领了辽阳、鞍山、海城、营口、抚顺、铁岭、法库等地。1946 年 4 月上旬，敌军又沿中长路北犯四平，南攻本溪，向我军展开了全面进攻，妄图一举消灭我军，以独占东北。这正是毛主席、刘少奇先后向东北局指出应予以预防的那种被动局面，也是陈云向东北局建议中所担心的问题。在敌军占领四平、长春、吉林后，党内、军内的干部思想出现了十分混乱的现象，许多同志对东北斗争的严重性和长期性认识不足，缺乏长期作战和做艰苦群众工作与创建根据地的精神准备，少数人甚至对革命的前途丧失了信心。

陈云预见到必然发生这种严重局面，他除及时提出了全满战略建议外，还多次给东北局发电报提出正确的具体建议。1946 年 2 月 25 日致电东北局，写道："（一）北满情况（估计东、西满类似）。甲、国民党勾结之土匪蜂起，占据我战略要点，四处袭击我新部队及我占之县城。乙、国伪匪所占北满县城有三分之二，武装抗我接收。丙、人民盲目盼望中央军，对国、匪与我取中立态度。丁、苏军不让我进攻长春路县城，并令我退出已占之县城，其他铁路线上不干涉，但也不帮我进剿。戊、我二万五千新兵，政治上极不巩固，且有两面派，整营整连哗变，棉衣缺一半，无战斗力，无力剿匪攻城。己、北满区尚只有老兵一千二百人。（二）估计美蒋全力北来，苏联不能额外助我，依靠现在东北主力，已无独占东北可能，下决心放弃独占东北的打算，应立即执行中央创造根据地的指示，将适当数量的主力以迟阻蒋顽北进为目的进行作战外，将必须数量的主力及干部分散东、西、北满（北满至少还要五个主力团），带领新部队肃清反动，创造根据地。如再犹豫，将既不能独占东北又无依靠的根据地，使东北与全国的革命处于不利地位。（三）我们不知全国与南满情况，亦未见东北局通报，所提意见适当否，恳盼示复。"

与此同时，北满各省在北满分局领导下，认真执行了中共中央关于《建立巩固的东北根据地》的指示。正如陈云为北满分局起草的给东北局并转报中共中央的关于《北满根据地建设的发展情况》报告（1946年4月20日）所反映的那样，分局向各省市提出的总方针很明确，那就是："必须将北满建设成为全东北的大后方和最巩固的根据地。"具体任务规定得很明确，即（一）继续积极主动地肃清残匪。（二）把发动群众作为工作的根本。（三）使北满成为兵源及练兵的基地。由于执行了中共中央的"十二月指示"，所以北满的局面旋即顺利打开，"经过了八个月的工作，我在北满已掌握主动"。这种工作效率与成果，是中共中央的正确方针与广大群众相结合的必然结果。

北满分局与北满各省市的领导同志一起，经常深入各条战线第一线现场，向干部、群众调查研究，做具体指导，运用认识与解决问题的科学方法，突破一点取得经验，以推动全局工作。所以北满建设根据地的工作，与李富春领导的西满地区一起，比起战争频繁的地区来，先行了一步，并且取得了建立巩固的根据地的工作经验。

1946年6月，东北局撤到哈尔滨，这时中共中央关于《建立巩固的东北根据地》的指示尚未在全东北贯彻执行。为此，中共中央再次重申了1945年12月中共中央关于《建立巩固的东北根据地》的指示，电告东北局要"做长期打算，为在中小城市及广大乡村建立根据地而斗争"。6月12日，中共中央又发出关于东北局干部分工问题给东北局的指示，改组了东北局的领导机构。此时北满分局撤销，陈云任东北局副书记兼东北民主联军副政委。改组后的东北局，为了解决党内、军内的干部思想问题，为了在全东北所有地区普遍落实中共中央一再重申的关于《建立巩固的东北根据地》的方针指示，决定在7月召开东北局扩大会议。由于陈云对东北的工作方针与作战方针多次提出许多正确的建议，并被实践证明是完全正确的；并且由他主持北满分局工作时坚持执行了中共中央的"十二月指示"，取得了建设根据地与为解放战争解决兵源、粮源与后方问题的经验，东北局乃在会前委托陈云起草了提交会议讨论的决议草案，即东北局《关于东北目前形势与任务的决议》（又称"七七决议"）。它的制定和执行，使中共中央的路线与战略决策得以落实，使东北地区的工作发生了具有历史意义的转折。

1946年，陈云出席中共中央东北局、东北民主联军总部在哈尔滨举行的高级干部会议。右起：陈云、林枫、吕正操、李立三

陈云为了把决议草案写得切合实际，做到实事求是，会前曾分别向东、西、南、北满的领导同志了解情况，调查研究，进行座谈，倾听与探讨对形势任务和建设根据地的看法及具体意见。他亲自写出了文件的草稿后，还征求了大家的意见，做了修改。所以东北局七月会议通过的题为《关于东北目前形势与任务的决议》，是一份完全体现了中共中央指示精神、符合东北的客观实际、集中解决了许多悬而未决的思想问题，并制定了正确的工作方针与作战方针的历史文献。它充分评估了当时敌强我弱的客观形势和我们的弱点与问题。具体规定了当时的任务，即"克服和战问题上的混乱思想，准备以长期艰苦斗争取得和平"；"坚持中央关于建立巩固的东北根据地的正确方针"；"应向全党全军明确指出现实的斗争和战争

的目的，这正是目前党内所含糊不清的问题"；"在敌强我弱的条件下，我军作战的原则，不在于城市和要点一时的得失，而是力求消灭敌人"；"适应长期战争和创造根据地的方针，必须在军事、剿匪、民运、土地、财经、后勤、民兵、交通、城市工作、文化和建党、建政等等方面，根据具体情况，规定各种政策"；"造成干部下乡的热潮，克服干部中的错误思想"。决议还明确指出了东北斗争的光明前途。会议通过这一决议后，陈云又根据讨论提出的意见做了修订。决议上报中共中央后，又经过毛主席亲自修改，中共中央便于7月11日批准了这一历史性文献，从而把东北工作推入一个新阶段。

1946年7月7日，中共中央东北局扩大会议通过了陈云起草的《关于东北目前形势与任务的决议》，又称"七七决议"。图为陈云在西满分局会议上作关于东北形势的报告的提纲

会后，东北局从三个方面采取重大措施，为落实"七七决议"作出了努力，改变了东北工作与作战的被动局面。这些重大措施是：

（一）东北局与省市委的主要领导同志亲自传达"七七决议"，着重以中央的战略方针与建设根据地的指示精神，解决干部思想问题，统一东北全党全军思想，强调只要充分发动群众，在东北建立起巩固的根据地来，我们必胜。从此，建设根据地的思想，在干部中占了主导位置。

（二）动员1.2万名干部下乡发动群众，进行土改、剿匪、建设根据地。陈云说："干部下乡，不分男女、新老及哪一级干部，都要下去。军队每个团都要抽三分之一指战员下乡。下去要当参谋，参群众之谋。城市、机关、学校工作都可以放松一点，受些损失都可以。乡村工作的比重，应占全部工作的百分之八十。"还说："能否发动农民是东北斗争成败的关键。"

（三）动用主力部队与地方武装和工作队一起进—步开展剿匪、搜山斗争。大大小小的"座山雕"与散匪及地主武装，在我军民强大的攻势下，被迅速消灭了。这对于发动群众，建设根据地，是具有决定意义的措施。

传达和贯彻执行"七七决议"和中共中央的"十二月指示"后，东北的工作发生了历史性的重大转折。由于有了群众，有了根据地，有了人民战争，东北的工作与东北的作战发生根本上的转变，为后来"四保临江、三下江南"，夏、秋、冬季攻势，以及辽沈决战的胜利，打下了牢固的基础。

坚持南满斗争，粉碎敌人"南攻北守，先南后北"的战略方针

国民党军侵占四平、长春、吉林后，气焰虽然十分嚣张，但由于它为了控制和巩固已占地区，不得不把有限的部队过分分散进行守备。从全国战局来看，国民党军已陷于无法解脱的矛盾之中。在关内人民解放军、各解放区全面作战的牵制下，国民党军已无力向东北增兵。1946 年 10 月中旬，蒋介石亲临沈阳，制定了要在东北实行的"南攻北守，先南后北"的战略方针，妄图集中兵力先吃掉南满我军与南满我根据地，然后集中全部兵力进攻北满，以实现其独霸东北的美梦。从此，南满战场进入了最艰苦的阶段，一度成了东北战场的焦点或主要战场。

这时，中共中央与东北局十分重视南满的斗争，发出了多次电报、指示，准备作最艰苦的斗争。当时陈云过度操劳，已影响到了他的健康，但在东北局七月会议后，他还是自告奋勇，建议亲赴南满，领导南满的工作。经东北局同意，报中共中央批准后，他兼任了南满分局书记、辽东军区政委。萧劲光任司令员、副书记。已在南满主持工作的萧华任副书记、副司令员、副政委。1946 年 10 月 27 日，陈云、萧劲光从哈尔滨动身，途经牡丹江、图们，取道朝鲜去辽东。途中，在宁安县斗沟子车站发生了撞车事件，在扳道工的紧急处置下，避免了灾难，但因铁路被毁，误了行

期，11 月 27 日才到达辽东军区所在地临江。

那时，南满敌军已占绝对优势，我南满根据地只剩下临江、长白、蒙江、抚松四个县和两道大沟。陈云在党政军领导干部会议上，传达了中共中央与东北局的有关指示，肯定了过去一年多南满艰苦斗争的工作成绩，也指出了工作缺点，并号召要注意加强团结。同时宣布了经中共中央与东北局批准成立的南满分局及分局与军区领导成员名单，说明了由分局统一领导党政军工作对于坚持南满斗争的意义。这时，第四纵队刚刚在新开岭打了一个大胜仗，全歼敌五十二军之二十五师，俘敌 6500 余人，是一个重大胜利，振奋了士气。但由于大敌压境，局势严重，敌我力量对比过于悬殊，在干部中对能否坚持南满斗争的意见很不一致，而且三纵、四纵已做了要过松花江与北满主力会合的准备，地方武装也做了要上长白山打游击的准备，部分辎重物资已按照东北局指示陆续向大连、朝鲜转移。陈云到达时，所遇到的正是一个意见纷纭、举棋不定的局面，也是要求分局立即作出战略决策的关键时刻。

为了对去留问题作出正确决策，陈云用了半个月时间，向干部、群众和从敌后回来的同志们进行了周密的调查研究。他在极其艰苦的条件下，夜以继日地工作着。当时，摆在面前的主要问题是：从全满战略着想，要坚持南满斗争，要坚持江南与江北两个战场，坚持南满战场可以牵制国民党军兵力，对于东北解放战争的全局十分有利，这种认识在领导同志中基本上是一致的。但是对于能不能坚持和应该怎样坚持，在领导同志间与干部、群众中，意见就很不一致了。陈云为了广开言路、集思广益，走群众路线，召开过多次座谈会，依靠组织和集体的智慧，进行过多种形式的探索和讨论。大家认为，南满的形势确已十分困难，与全副美械装备的敌军相比较，敌强我弱的形势十分突出。我军主力与机关只有三四万人，被围于长白山脚下的狭长地带。四个县只有 23 万人口，在兵源、粮源、后方与支前等方面均有困难。土匪、特务、伪警、地主武装配合国民党进攻，蜂起作乱。而广大群众又未充分发动起来，分不清国、共、匪本质，盲目正统观念严重，根据地尚待进一步巩固。部队在零下 40 度的严寒中作战，又缺少棉衣、帽子、手套等御寒工具；特别是在敌后作战的部队，吃住尤其困难，有时还要在雪地里露营，因此部分战士、干部情绪低落，希望北上。

南满分局在上述情况下，为了牵制国民党军北犯，支持江北根据地建设，在几个问题上统一了认识：

（一）南满必须坚持。因为它的战略地位对东北战局至关重要，不坚持南满，国民党军便会集中全力北进，我军全满战略便有失利的可能；只有粉碎了国民党军"南攻北守，先南后北"的战略部署，才能牵制敌人，保证东、西、北满根据地的建设。南满是个人口多，工业发达，铁路交通顺畅的地区，不能使它落入敌手，充当敌军进攻北满的基地。为使我东北根据地保持与大连（苏军军管区）、朝鲜以及冀、鲁、察、热老根据地的联系，也必须坚持南满战场。

（二）南满能够坚持。国民党军队虽然装备优越，但它的致命要害是得不到人民群众的支持；它占据了许多城市，实际上是背上了包袱，需要分兵把守；国民党军兵力过分分散，调动频繁，不能不常常"割肉补疮"；在连续不断的战事中，它的老兵在减少，新兵在增多，部队的素质日益下降。我军的情况与它不同，我军在新开岭的胜利，证明国民党军是可以击败的。在关内战场的呼应与配合下，南满战场不是孤立的，何况人民的部队与人民群众存在着天然的血肉关系。

（三）坚持南满斗争的主要方针。当时最大的困难是群众还不完全了解我们，部分群众在国民党特务与地方官员的宣传下，认为蒋军是国军，国民党政府是国家政府。我军的兵源问题一时不容易解决，要采取特殊的措施。陈云在给东北局的电报中写道："经一再研究，兵源来源如下：1. 争取伤兵70%归队；2. 采取俘虏50%上连队；3. 地方动员1000名新兵；4. 把机关及警卫人员精简上连队；5. 讲究战术减少伤亡，巩固连队减少逃亡；6. 大连扩兵大体只能补充辽南。"在这种困难情况下，坚持南满斗争的主要方针只能是以我军主力部队调动与牵制敌军主力，集中力量加紧发动群众、建立巩固的根据地和以战养战、发挥南满战场对东北解放全局的应有作用。

分局与军区的主要领导同志认识一致后，便由萧劲光、萧华在七道江召开了师以上的干部会议，讨论南满形势、作战方针、军政教育训练工作。会上，对于坚持不坚持与怎样坚持展开了讨论，分歧很大，愈争愈烈。会议进行了两三天，做到了畅所欲言、各抒己见，但分歧始终相持不下，做不了结论。这时还得到情报说，敌军两个师由梅河口、辑安正在向此间进犯，主要目标是进攻分局所在地。因此，军区领导不得不立即请陈云亲临会场，对战略方针作出决断。

13日晚10时，在滴水成冰的黑夜里，陈云冒着暴风雪，赶到了七道江会场。这时与会同志都在担心他的健康，一面烤着火，一面等他来做结论。当看到他并未被冻倒时，大家才放心了。陈云和大家互相致意后，紧迫的气氛缓和了。当同志们要他立即作出结论时，他谦虚地说，你们都是搞军事的，我想听听同志们的意见，主意要大家出，办法要大家想。当他听清了大家的争论，又经过细致的询问，才引导会议进一步讨论他提出的问题："南满地区有没有文章可作？"会议直到凌晨3时才休会。

次日上午，陈云亲自主持会议，但还是不肯立即作出决定。当时陈云如果做结论，是可以解决大家的分歧，统一大家的认识的。然而他没有这样做，而是坚持让大家把话讲完。他倾听着，不断地从各方面提出新问题，不做肯定性的讲话，而是引导会议从争论到探讨，冷静地思考。会议又进行了一天。当晚又复会时，他才进一步提问："南满能容纳多少部队？"同志们知道是要在南满作大文章了，才相继回答说：要作大文章的话，长白山正面可以放一个军，本溪、抚顺外围可以放一个军，安东一线可以放一个军。但意见并不一致。这时，陈云终于作出了决断。他说：我代表分局向同志们宣布，我们不走了，我们都留在南满，一个人也不走。我们留下来要当孙悟空，要大闹天宫，要在长白山上打红旗，摇旗呐喊，把敌军拖在南满。他首先阐述了党的全满战略，南满战场对于东北战场全局的重要作用，以说服持不同意见的同志。其次，他用形象的语言说明，坚持南满战场是争取东北解放战争胜利的关键。他说：东北的敌人好比是一头野牛，牛头、牛身子是朝着北满去的，在南满留了一条牛尾巴。如果我们揪不住这条尾巴，那就"不得了"，它是会横冲直撞，南满保不住，北满也危险；如果我们抓住牛尾巴不放，那就"了不得"，敌人就进退两难。因此坚持或不坚持南满斗争，对于东北全局来说是个关键的环节。陈云具体权衡比较"去"与"留"的利弊得失说，"南满的战略地位很重要，要坚决守住，不能丢，如果我们五个师北上北满，敌人在南满能解除后顾之忧，它就会有十个师跟着进犯北满，就会打乱东、西、北满的根据地建设。就算我们两个纵队都到了北满，最多能对付敌人一个军。但是，我们都留在南满不走，便可以牵制敌人四个军"。他还用算细账的方法进行说服工作，他说："如果不在南满坚持了，要向江北撤退，部队过长白山要损失几千人；我们撤到北满，敌军势必尾追而来，还要打仗，又会损失几千人；由于南满撤退了，敌军就会集中全部部队进攻北满，那时，北满也可能保不住，难道还能撤到苏联吗？即使无奈，部队只好继续北撤，撤到苏联境内，但我们都是中国共产党人，都是中国共产党领导下的人民军队，不能总住在苏联，总有一天还要打过黑龙江，打到北满和南满，在那些战斗中，又会损失几千人；而且，主力北撤后，留下来的地方武装，会遭到很大的损失。这样算来，前前后后在一起，会损失一万多人，等于北面老部队的一半。相反，如果留下来坚持南满斗争，部队可能损失四分之三，甚至五分之四，但主要能在南满坚持，在东北的全盘战局中便有个掎角之势，就能牵制大量敌军。使东、西、北满得到时间，把根据地建立起来，解决兵源、粮源、后方问题，东北的解放战争就可以进入反攻。"他作出结论说："两相比较，还是坚持比撤退损失少，况且敌军在南满兵力也不足，我们留下来坚持南满斗争是完全可能的。"陈云的决策，平息了会议的争论，统一了同志们的思想，提高了大家对全满战略的认识水平，为粉碎敌人"南攻北守，先南后北"的战略部署奠定了基础。

1947 年，张秀山（右一）和陈云（右三）等在北满根据地

　　七道江会议后，经过传达与工作部署，在萧劲光、萧华等同志的指挥下，作战的形势改变了，整个南满的形势改变了。同志们都把陈云的三个决定，称为"三槌定音"，说陈云像乐队指挥那样，统一了干部、群众的思想和步调。一是他在七道江会议上的上述决策，称作"第一槌定音"，因为它决定了南满根据地的命运。二是关于应由哪个部队到敌后作战，迫使敌军从我军占区周围调兵回去保"家"，以减轻对我根据地的压力，这比大家都在正面与敌人硬顶，拼主力要好得多。由于四纵主动请战，陈云当即批准了这一请求。但究竟应去多少部队，仍是要进一步决策的问题。陈云说："一个纵队全部出去，这样才能有足够的力量深达敌占区各个要点，才能有声势去大闹天宫，才能使我军民在山上与山下相互呼应，打乱敌军的部署。"同志们把这一决策称为"第二槌定音"。三是要为即将开赴敌后作战的四纵队解决困难，包括由军区解决与四纵的情报联系问题，由军区处理新开岭战役的俘虏，由地方解决部队的棉衣、帽、鞋问题。当提出要由地方部队为四纵补足减员时，又遇到了困难。陈云说："没有野战军就没有地方武装的存在，把部分地方武装补充给野战军是顾全大局，一定要交，交出去之后如果地方丢了，由我承担责任。"同志们把这一决定称为"第三槌定音"。从此，南满战场与南满根据地在陈云与分局、军区、各省委同志领导下，得到了进一步扩展和加强，对全满作战发挥了应有的支援作用。

在北满军民"三下江南"的配合下，南满军民取得了"四保临江"的重大胜利。后来，经过东北全军与广大人民群众发动的夏、秋、冬三季攻势，在东、西、南、北满各根据地的支援下，东北形势由被动到主动，由防御到进攻，彻底扭转了东北的战局。这对于1948年取得辽沈战役的伟大胜利是至关重要的。

南满战场与南满根据地站住了脚跟，发挥了扭转东北战局的作用后，陈云因病离开了南满回到了东北局。当时东北的解放战争已进入大反攻，接近决战的时刻；巩固的东北根据地已经建成，在解决人民战争的兵源、粮源与后方依托方面发挥了应有的作用。由于经过夏季、秋季、冬季攻势后，东北解放区已占东北全境面积的90%以上，拥有大中小城市的绝大部分，只有沈阳、长春、锦州、鞍山等12个孤立据点仍在敌手。因此，东北局于1948年3月作出决定：党的工作重心要逐步由乡村转入城市；把东北局与各省、市、地、县委的民运部改为城市工作部。陈云直接参与领导和亲自主持了与此有关的一系列重要工作。他兼任东北行政委员会党组书记和东北经委会主任，进一步加强了党对政府工作、财经工作和城市工作的领导，拟定了正确对待和处理新接收企业中的职员问题等一系列的政策措施，把多项经济建设和城市建设工作推向一个新阶段，从而更有力地支持了战争。在东北最大城市沈阳解放前夕，他亲自主持了沈阳接管工作，兼任沈阳军管会主任。他所总结的《接收沈阳的经验》一文，得到中央的首肯，成为人民解放军各个战场接管城市的范例。

陈云在创建巩固的东北根据地和解放全东北的战争中所发挥的重大作用，展现了陈云的马克思主义理论水平，实事求是、理论联系实际的能力，坚持正确意见、敢于担当的魄力。

（作者是国家农委原副主任）

陈云家风

——共产党人家风的典范

朱佳木

　　家风是指家庭的风气、风貌，是家庭中的长辈通过日常言谈举止，影响家庭成员思想感情、人格品德、生活态度、行为规范而形成并可传之后代的精神力量。作为党和国家领导干部家庭的家风，其好与不好不仅是他们一家的事，而且关系到民风、国风、党风和社会风气。

　　中国共产党是在近代中华民族灾难日益深重，中国工人阶级伴随帝国主义经济侵略和民族资本主义发展而产生，中国的先进知识分子和劳苦大众被俄国十月革命唤醒的时代大背景下诞生的。组织这个党和较早加入这个党的人，绝大多数都是胸怀国家与民族兴亡，以解救天下劳苦大众为己任，并且信仰马克思主义、愿为中国独立和人民幸福不惜牺牲自己一切的人。因此，当他们在组建家庭、有了子女后，往往会很自然地用自己的崇高追求和人格、情操去感染家庭的成员，从而形成革命的家风；当革命胜利、共产党取得全国政权、他们成为掌握国家权力的人后，也不会像往日的农民起义军那样一旦建立政权便忘乎所以、腐化堕落，而会自觉、慎重地看待手中的权力，并通过言传身教和日常生活的点点滴滴，影响自己的家庭成员，使他们也能做到谦虚朴实、平等待人、公私分明、遵纪守法、勤俭节约、助人为乐，从而保持革命的家风，为普通人家树立榜样。在所有这样的家风中，陈云的家风可以称得上是一个典范。

　　俗话说，"言教不如身教"。陈云的家庭之所以能有一个好家风，说到底，首先因为他自己有一个好作风，凡要求别人做的都是自己已经做到的。他虽然出身贫寒，幼年父母早逝，由舅父母抚养，但从小就很有志气。14岁那年，因无力继续上学，经人介绍到上海的商务印书馆当了一名学徒，并由于勤快能干，提前一年升为店员。1925年"五卅"运动爆发，他刚满20岁，因平时克勤克俭、追求上进，在工友中享有很高威信，被推举为罢工委员会的领袖。斗争中，他表现英勇机智，很快加入了中国共产党。对于自己入党的动机，他在后来的自传中说，是大革命的影响和通过看马克思主义书籍，"了解了必须要改造社会，才能解放全人类"。他写道："做店员的人，有家庭负担的人，常常在每个重要关头，个人利益与党的利益有冲突时，要不止一次的在脑筋中思想上发生矛盾，必须赖于革命理论与思想去克服个人利益的思想。"后来的无数紧要关头都证明，他的确是抱着这种崇高的革命理想而入党的，革命意志的确是经受住了任何一种考验。在革命的征途上，他通过各种斗争的锤炼，思想越来越成熟，经验越来越丰富，领导艺术越来越高超，终于成长为一位伟大的无产阶级革命家。1930年25岁时，他便进入了党中央委员会，以后又被指定为临时中央的政治局委员和政治局常委。在1934年临时中央与中央革命根据地的苏区中央局合并后，他当选为中央政治局委员和政治局常委（又称书记处书记）。从那时起直到"文化大革命"中间的九大，他一直是党中央领导集体的重要成员。粉碎"四人帮"后，他在党的十一届三中全会上重新当选为中央政治局委员和政治局常委，从此回到中央领导集体，直至党的十四大时离职休养。在70年的革命生涯里，无论处于地下斗争还是战争环境，身居要职还是遭受政治"冷遇"，他都能始终保持坚定的革命信念、积极的人生态度、旺盛的斗争精神、负责的工作态度、低调的处事风格，并能始终严格要求自己的家人、亲属和身边工作人员，要他们"读好书，做好人，以普通劳动者身份自居，不搞特殊化"。正因为如此，他的家庭才形成了一个既有老一辈革命家家风共性又有自身特点的良好家风。

既小心谨慎又坚持原则

陈云要求自己的家属和身边工作人员做人做事既要谦虚谨慎又要敢于

坚持原则，就是说，既不要马马虎虎、松松垮垮、不负责任，也不要唯唯诺诺、胆小怕事、跟着风跑。只要注意观察就会发现，他的一生正是这么做的。我担任他的秘书是在20世纪80年代初，在我即将离开他那里到基层工作时，他同我做了一次谈话，主要内容就是关于这一点。他说："我有在中央根据地失败的经验，因此，1945年到东北后，兢兢业业工作。解放后，我到上海开会，抓'二白一黑'，打破帝国主义封锁。有人提出把工厂搬出上海，我考虑不行，只能从外地调大米、棉花。结果，到1953年，经济就恢复到了战前水平。那时，我算出全国只要每年有2780亿斤粮食，就不会出大问题。毛主席很奇怪，不知我是怎么算出来的。但我也有硬的一面。1962年七千人大会时，毛主席要我讲话，我不肯讲，在陕西组的会上讲了'交换、比较、反复'。1978年底中央工作会议上，我也是顶的，讲了彭德怀的问题，超出了当时华国锋关于平反冤假错案不得超出'文化大革命'的界限。后来，审判'四人帮'，政治局开会讨论，许多同志主张判江青死刑。我说不能杀，同'四人帮'的斗争终究是一次党内斗争。有人说，党内斗争也可以杀。我说党内斗争不能开杀戒，否则后代不好办。总之，我是一方面小心谨慎，一方面又很硬。"

1982年夏，朱佳木与陈云在中南海陈云住所

说到陈云对待工作之小心谨慎，考虑问题之周全细致，我是深有体会的。长期以来，他的讲话、发言都是由他亲自动笔，从不让人代劳。在我

当他的秘书时，由于他已是 80 岁左右的老人，因此，有些讲话、发言就由我事先按他的意思起个草稿，然后送他审定。每当稿子写好送给他审，他都看得十分认真仔细。1982 年底，出席五届全国人大五次会议的上海代表团要派代表来看望他，他交代我先拟订一个谈话稿，并要求在里面说一下搞活经济与计划指导的关系。于是我按照此前他听取时任国家计委主任的宋平等同志汇报时的谈话纪要，以及他在讨论提交全国人大五届五次会议政府工作报告稿的中央政治局会议上的发言精神，写了这样一段文字："搞活经济是在计划指导下搞活，不是离开计划的指导搞活。这就像鸟和笼子的关系一样，鸟不能捏在手里，捏在手里会死，要让它飞，但只能让它在笼子里飞。没有笼子，它就飞跑了。如果说'鸟'是搞活经济的话，那末，'笼子'就是国家计划。当然，'笼子'大小要适当，经济活动不一定限于一个省、一个地区，在国家计划指导下，也可以跨省跨地区。"他看过后，亲笔在"'笼子'大小要适当"后面加了"该多大就多大"6个字，在"也可以跨省跨地区"后面加了"甚至不一定限于国内，也可以跨国跨洲"16个字。虽然只增加了二十几个字，却使"鸟"与"笼子"这个形象的比喻得到了更加完整而准确的表述，被赋予了更加丰富而深刻的内涵。

至于说陈云坚持原则、敢于碰硬的故事，那就更多了。新中国成立后在财经战线特别是计划、财政、金融、物资、粮食、劳动等综合部门工作过的老同志，几乎都知道他有一句名言，叫作"原则问题，该顶必顶，现在不顶，以后检讨"。这是因为，在那个年代，许多地方、部门为了本地区本部门的发展，都千方百计争项目、争资金，一些领导同志也往往出面说情、批条子，使得综合部门左右为难，压力很大。不同意吧，要得罪人，甚至遭到批判；同意吧，国家的财力、物力就那么多，如果这个也批准，那个也通过，搞"冒"了，今后肯定又要调整、要"下马"，最终国家要受损失，点头的部门也免不了做检讨。所以，陈云提倡在综合部门工作的同志"头皮要硬"，要顶得住。他自己就是因为"顶"，结果在反"反冒进"中遭到了严厉批判。当然，历史已经证明，那时正确的是他。

改革开放后，陈云担任中纪委第一书记，在中央政治局常委中分管党风党纪工作。他要求各级纪委要做"铁纪委"，不当"老太婆纪委"，并指出：对于钻改革开放空子以权谋私的人和事，必须以除恶务尽的精神与之斗争，无论是谁违反党纪、政纪，都要坚决处理，违反法律的还要建议依法处理，"各级纪委必须按此原则办事，否则就是失职"。他这样要求别人，自己首先以身作则。1982年初，在他和邓小平推动下，全国掀起了一场打击严重经济犯罪的斗争。有些同志担心大张旗鼓地打击经济犯罪会影响改革开放，他针对这种顾虑说："怕这怕那，就是不怕亡党亡国。"他对我说："抓这件事是我的责任，我不管谁管?! 我准备让人打黑枪，损子折孙。"他要我转告他的子女，出门时要注意安全，还交代我也要小心。当我转身走到门口时，他又把我叫回来补了一句："让你的爱人也要注意。"他就是抱着这样的决心和勇气，对待反腐败斗争的。

陈云这种既小心谨慎又敢于碰硬的精神，使他的家人受到很大熏陶。他的二女儿陈伟华在"文化大革命"期间高中毕业，被分配到北京远郊区当了一名小学教员。每当周末回到城里休息，周日晚上一定要乘坐长途汽车赶回学校。有一次，由于返校时遇上大雪，长途汽车停驶，为了按时给学生上课，她硬是踏着雪步行了几十里路。因为工作勤勤恳恳、热心公益事业，她被县教育局评为了优秀教师，还被批准加入了中国共产党。陈云得知她入党的消息，非常高兴，嘱咐她一定要做名副其实的共产党员。陈云的夫人于若木，"文化大革命"中被下放到湖南衡东中国科学院的"五七干校"。她对江青的奢侈有所了解，尤其看不惯江青在"文化大革命"中的那种嚣张表现，没有和任何人商量，便在"一打三反"运动中用真名真姓贴出了两张揭发批判江青资产阶级生活作风的大字报，遂被打成现行反革命，开除党籍，隔离审查。可以想象，这在当时的政治气候下，没有敢于斗争的勇气是做不到的。幸亏后来陈云亲自给毛主席写信，总算保住了她的党籍。

既公私分明又勤俭持家

不占公家便宜，不搞特殊化，是陈云家风的一大特色。全国解放初期，陈云担任中财委主任，于若木也在中财委机关工作，本来完全可以搭乘他的汽车上下班。但于若木从来是自己骑自行车去机关，没有搭过他一次便车。以后，于若木调到中国科学院工作，单位在香山，平时住单位，周六要骑一个半小时的自行车才能到家。改革开放后，有人就这件事采访她，她的回答很简单："我们的家风有一个特点，就是以普通的劳动者自居，以普通的机关干部标准严格要求自己，不搞特殊化。"新中国成立初期由供给制改为工资制，他家有三个孩子都在住宿制学校上学，学费、伙食费要从工资中扣，一下子交不出来。为了省钱，于若木只好把他们转到附近的普通小学走读，在家吃住。三年困难时期，国家棉布实行定量供应，为了省布票，于若木就把大人的衣服拆了，改给小孩穿；又把大孩子的衣服拆了，改给更小一点的孩子穿。那时，孩子的衣服和书包都是她用缝纫机缝，就连陈云的衬衣、睡衣也都是她做的。在"文化大革命"期间，陈云被下放到江西南昌，身边没有一个亲人，陈云的大女儿陈伟力向单位请假去照顾他。他对陈伟力说："你来照顾我这段时间，不能拿工资，要把工资退还给公家。"后来，陈伟力果真按照父亲的要求，把那段时间的工资退给了单位，单位的财务部门还因此给她开了一张收据。

上海刚解放时，陈云给家乡一位老战友的孩子回信，叮嘱他和自己在家乡的表弟，"千万不可以革命功臣的子弟自居，切不要在家乡人面前有什么架子或者有越轨违法行为"；要求他们"必须记得共产党人在国家法律面前是与老百姓平等的，而且是守法的模范"。信中还说："我与你父亲既不是功臣，你们更不是功臣子弟。""你们必须安分守己，束身自爱，丝毫不得有违法行为。我第一次与你们通信，就写了这一大篇，似乎不客气，但我深觉有责任告诫你们。"可见，他不仅对自己的家人严格要求，对所有沾亲带故的人也都是这样要求的。

陈云要求家人、亲属公私分明，自己分得更清楚，更严格。他是江浙人，从小喜欢听评弹，新中国成立后，为了养病和休息，把听评弹录音当成自己的主要业余爱好。50 年代时，他一直使用苏联送给我们中央领导人的那种笨重的磁带录音机，用久了，经常坏。改革开放后，工作人员拿来一个台式录音机让他用，他一问，是从机关拿来的，立即让拿回去。后来，陈元用工资给他买了一台，这才留下，一直用到去世。有一年，上海评弹团在进京演出前，让我请示可不可以到他家里演出一次。我去问他，他说："见见他们可以，但不必听演出。我每天听录音不是很好吗？在这种事上（指设专场——笔者注），还是要严肃一些。"还有一次，他要我请上海广播电视台的同志帮助录一段评弹，说完从桌上拿出两盒没有开封的空白磁带交给我。我一下子没有反应过来，不知给我那两盒磁带是做什么用的。他看出我的疑惑，解释说："这是让他们录音的。"我这才明白。还有一件事，也很能说明陈云在公私问题上分得之清楚之细微。那是1984年，中国人民银行送来三枚新中国成立35周年的纪念币，每枚面值一元。他把我叫去说："要给他们钱，否则我不要。"我当然只能照办，弄得对方都不知道该怎么下账。

陈云对属于公家的东西秋毫不犯，对于自己私人范围的事，要求也十分严格，有时几近苛刻。他平日粗茶淡饭，生活极其俭朴，出门轻车简从，而且从不吃请、不收礼。他吃饭非常简单，中午两菜一汤，菜谱每周一轮，都是一些家常菜，每餐必吃光喝净，不剩一粒米一口汤。有一年春节我值班，到他吃饭的小房间，见仍然是两菜一汤，一荤一素，便对他说："过节了，加个菜吧。"他笑着说："不用加，我天天过节。"意思是说，现在的伙食和过去艰苦年代比，就和过节一样。有一次他到外地，接待的宾馆不知道他的规矩，第一顿饭为他摆了一桌子菜。他一看就不高兴，无论如何不肯就座。人家没办法，只好按他的习惯重新做两菜一汤。虽然耽误了吃饭时间，但看到把宴席撤掉了，他兴致却很高，和我坐在餐厅边等饭菜边聊天，足足聊了一个小时。

陈云每到外地休养，对当地领导一律有个"八字原则"，叫作"不迎不送，不请不到"。他认为自己不是为工作去的，不应再给当地领导添麻烦。有一次在杭州，一位省领导因为知道他的"原则"，所以没打招呼便过来看他。人已经到住地门口，我立即去报告。陈云说："我这里没事，要他回去做工作。"我只好如实回答，并陪着那位领导在客厅聊了一会儿。

我心想，人家是不扰民，陈云是连"官"也不扰啊。

陈云拒绝宴请和送礼是出了名的。他说过，只有毛主席和周总理送的礼他才收，因为他们没有什么事要求他办。有一天，他要外出开会，让我帮他从办公桌连体柜里找个公文包。我看到里面有好几个包，不知他要哪一个，便都拿了出来。他指着其中一个皮包说："其他都是会上发的，只有这个包是荣毅仁送的。他在公私合营时代表资本家同我们谈股息，他送的东西我不能不收。"这个话说的是 20 世纪 50 年代，我们党决定对资本主义工商业实行赎买政策，但资方固定资产如何折旧，国家按多少利率付股息，还需要政府同资方具体算账。政府方面主管这项工作的是陈云，资方出面的是荣毅仁等。荣赠送皮包，是为了表示对陈云的敬重，如果不收，不仅失礼，也会影响工作气氛。所以，陈云说，他只收过荣毅仁的礼。但对于党内同志送礼，他就没那么"客气"了，不仅铁面无情，而且在旁人看来有时甚至有些"不近人情"。我就遇到过一次这样的事。一位同陈云非常熟悉的部队老同志知道他肠胃不好，医生要他每天吃香蕉，所以特意从广州带回一箱香蕉，派人送来，已到了中南海大门口，给我打电话。我们这些工作人员都知道陈云的规矩，凡是有人来送礼，必须向他报告，不得擅自收下，所以我只能请示。陈云回答得很干脆："我这里有香蕉，让他拿回去，自己吃。"我不好意思回电话，便骑自行车到中南海大门口，向人家当面答谢和解释，眼看着来人扛着那箱香蕉快快而去。

对于陈云这种克勤克俭、严于律己的精神，于若木和子女都很了解，也都很支持。因此，他们从不为自己的事去麻烦陈云，相反，陈云对他们提出的要求，则会欣然照办。在陈云 80 大寿时，有人提出召集一些老同志和他在一起吃顿便饭，庆祝一下。他知道后，坚决不同意。于是于若木及子女们经过同他协商，决定全家照张合影，用这种再简单不过的形式，为他过了 80 岁的生日。1984 年，他从报纸上了解到师范学校招生难，认为这个问题很值得重视。他要我转告有关领导，教师质量不高对下一代影响很大，应当使中小学教师的工资比同等学历从事其他行业的人略高一点，并帮助他们解决一些实际问题，提高他们的社会地位，使教师真正成为社会上最受人尊敬、最值得羡慕的职业之一。在那次谈话中，他还提到陈伟华，说她过去是小学教师，以后上了师范大学，但毕业分配到国家机关，对此他是不赞成的，今后应当"归队"。我把陈云的这个意思告诉了陈伟华，她很痛快地表示，她正好也在考虑离开机关重新干老本行的事，父亲的话促使她下了决心。不久，她回到自己的母校，当了一名普通的中学教师，在这个岗位上一直干到退休。

既淡泊名利又酷爱学习

陈云晚年为了锻炼身体，开始练写大字。他写得最多的条幅之一是："个人名利淡如水，党的事业重如山。"这两句话可以说是他在市场经济条件下向全党同志发出的告诫，是向家人和身边工作人员的提醒，也可以看成是他自己一生的写照。他对名利一向看得很淡，总是见到工作朝前站，遇到名誉往后靠，凡是宣传他的东西，只要送他审查，一概被他"枪毙"。有人说他谦虚，他说这不是谦虚，是实事求是。20世纪60年代初，青年出版社编辑丛书《红旗飘飘》，组织人撰写当时七位中央政治局常委青少年时代的革命故事，把关于他的那篇送他审阅，他坚决不同意发表，说他和毛、刘、周、朱（指毛泽东、刘少奇、周恩来、朱德——笔者注）不能一个规格。他给自己立下的这条杠杠，还用在了许多其他事情上。例如，20世纪50年代初，苏联以斯大林名义送给当时党中央五位书记一人一辆吉斯牌轿车，他同样以这个理由没有要，而是仍旧坐原来那辆吉姆车。我在他那里当秘书时，有一次谈到定工资级别的事，他对我说："在这种事上要自知之明，自己不要争。"当年供给制改工资制时，有关部门把党中央五位书记定成最高级别一级，他知道后，给时任中央组织部部长的安子文打电话，说对他要和对毛、刘、周、朱有所区别，他们是"第一排"的，他属于"第二排"，他只能定二级。后来，毛主席知道了这件事，问为什么给陈云同志定二级。有关部门如实答复，毛主席听后大为赞赏。

改革开放后，陈云和邓小平的威望最高，尽管在正式排名上他们并不在最前面，但在全党全国人民心目中，他们两位无疑是处在最前面的。不过，陈云总是强调，邓小平是全党的核心，对他的宣传要和对邓小平的宣传有所区别。1983年，他听说《陈云文选》第一卷在发行宣传规格上和《邓小平文选》发行时一样，便让我转告时任中央宣传部部长的邓力群，说他的书在宣传规格上要比邓小平的书略低一些，邓小平应当比他高一些。1982年初，为了配合当时党的思想作风的整顿，中央决定发表陈云在党的七大上的发言，并冠以《要讲真理，不要讲面子》的标题。文章发表后，报纸上刊发了几篇学习体会。他一看到便对我说："搞这个东西干什么？发表我那篇讲话就行了嘛，为什么还要登学习体会！这样搞不好，告诉他们，不要再登这些东西了，明天就刹车。这种事我要说话，自己不说话，别人不好说。"

我经历的还有几件事，也很能说明陈云这种淡泊名利的风格。一件是党的十二大之前，中央组织部一位负责同志给我打电话，说现在许多老同志在填写十二大代表简历时，都将学历一栏按现有文化程度做了修改，有的填"相当高中"，有的填"相当大专"；他们考虑将陈云原来填写的"高小毕业"，也改为"相当大专"，让我请示陈云。我说，这一栏是填学历，不是填水平，陈云上学只上到高小毕业，但论水平，恐怕博士毕业也比不了，不信让一个博士来领导中国经济试试，所以我建议还是不改为好。那位负责人坚持要我请示陈云，我于是向陈云报告。他听后说："不要改。简历中要填写的是指接受正规教育的情况，不是指实际水平。我只上过小学，只能写高小毕业。至于说实际水平，大家都清楚嘛。"后来，陈云简历上的学历一栏，仍然写的是"高小毕业"，没再改过。在一次全国组织工作会议上，有人反映现在一些领导干部改学历也是一种不正之风。这个简报送给陈云，他在上面批示："工作成就与学历是两回事。"另一件事，也是在党的十二大之前，当他审阅中央委员会向大会做的报告稿，看到里面写到他"在党的八大上早就提出过关于社会主义经济体制的正确主张，可惜后来没有照着去做"时，让我告诉起草组的同志，要把他的名字从报告中删掉。

党的十二大之后，中央新闻电影制片厂向我提出，他们那里有其他中央领导平日工作、休息的镜头，唯独缺陈云的，希望能来拍一些，留做资料。我考虑这件事在他工作时间做肯定不行，便让他们等年初去南方休养时试试看。到了杭州，我向陈云报告了这件事。他起初勉强答应了，但拍了一两次便烦了，不让再拍，并对我说，他历来不主张搞这种宣传个人的东西，没有电影镜头没有关系，他现在还死不了，等将来死了，有一张照片就行了。话说到这份上，事情只好作罢。后来，遵义会议纪念馆来信，说为了恢复当年中央领导同志住过的旧址，希望他回忆一下是否住过遵义会议的那栋楼，还说打算把当年他担任政委、刘伯承担任司令员的遵义卫戍司令部旧址内的单位迁出，辟为纪念地。陈云要我回信，说他没有在遵义会议会址里住过，也不要恢复遵义卫戍司令部的旧址，只要在会址说明词中写上他参加过会议、当时住在哪里就行了。他还要我告诉他们，他历来不赞成搞这种东西，以前有人提出要把他老家的房子搞成纪念室，他就没有同意，说以后也不能搞。

　　陈云之所以淡泊名利，缘于他对自己既不是功臣更不是"大官"的定位。1949年陈云从东北到北京工作后，他的长女陈伟力进入一所住宿制小学，一次周日回家，陈云把她叫去，提醒她和同学们相处不可有任何优越感，到什么地方都要守规矩，不可以认为自己的父亲是什么大官，自己就怎么样了。他说："我自己实际上是个工人出身的人，共产党的干部就是为人民服务的，你长大了也要这样为人民服务。"他的三女儿陈伟兰调到北京市委组织部工作后，把她叫去谈话，问："如果你工作中有了一点别人认为做得不错的地方怎么办？"陈伟兰说："我就谦虚谨慎啊。"他又问："怎么才能谦虚谨慎？"陈伟兰说："在思想上保持警惕。"他听后对陈伟兰说："最重要的一条是摆正自己的位置。工作是大家一起做的，不能把成绩算到自己的账上，要算到组织和群众的账上。"正是在他的反复提醒、谆谆教诲下，于若木及子女们在外面都很注意，从不张扬，不主动显露自己的家庭出身，这种家风也传给了第三代。有一年陈云过生日，于若木和孩子们都到他的办公室来祝贺，由我用照相机给他们照全家福。相照过后，陈云听说陈伟力的女儿一直在练习大字，便让她写几个毛笔字给他看。我抓住这个机会，照了一张陈云观看孙女练习写大字的照片。后来，陈云要我向有关部门转达他关于中小学应当重视书法课的意见，《中国少儿报》知道后希望陈云为此题个词，他于是写了"从小练习毛笔字"七个大字。为推动这件事，我把陈云观看孙女写大字的那张照片一并送给报社发表。直到这时，陈云那位孙女所在班级的老师和同学们才知道她的外公原来是陈云。

1984 年 6 月 13 日拍摄的全家福

陈云对个人名利看得很淡，对学习却看得很重。他虽然只上过小学，但一生酷爱学习，勤奋学习，善于学习，特别是重视对马克思主义哲学的学习。早在延安担任中央组织部部长期间，他在部内就组织了一个学习小组，重点学习马恩列斯和毛泽东的哲学著作，前后坚持了五年。"文化大革命"期间，他因战备紧急疏散，被下放到南昌郊区，走时只带了五个箱子，其中三箱子是马恩列斯、毛泽东、鲁迅的著作。到了住地，他每天上午去附近工厂"蹲点"，其余时间便用来看书。当他把《马克思恩格斯选集》《资本论》《列宁选集》《斯大林文集》《毛泽东选集》通读了一遍后，又开始一篇一篇地精读《列宁全集》中 1917 年二月革命以后的各卷。每当有孩子们来看他，他便同他们谈自己的读书体会。

陈云自己热爱学习，也要求和帮助家人学习，而且在他的带动下，全家老少都对学习感兴趣。他和于若木在延安结婚时，接连用三个晚上给她讲党史，被传为"洞房上党课"的佳话。"文化大革命"中，于若木被隔离审查，每月只发20元生活费。即使这样，她仍拿出五元来订阅《人民日报》。陈云的大儿子陈元上初中时，便阅读了《马克思传》，读高中和大学时又自学哲学，通读了《资本论》。陈伟华在"文化大革命"期间给远在江西的父亲写信，表示自己也想学习马克思主义著作，希望给予指导。陈云及时给她回信，教给她学习的方法，要她先看《人民日报》或《北京日报》，并且自己订一份《参考消息》，以便了解国内外大势；再看《中国近代史》和《世界革命史》，以便了解历史背景知识；然后从马克思主义基本著作中选几篇重点书目读，如《共产党宣言》《社会主义从空想到科学的发展》等，还告诉她从家中哪个地方能找到这几本书。后来，她果真按照陈云的指点，订阅了《参考消息》，阅读了那几篇马列的著作。陈云的小儿子陈方到江西去看望父亲，陈云和他谈的最多的是学习，还教给他看报纸的方法，要他通过看报纸提高分析问题、判断问题的能力。

1984年6月13日，陈云观看孙女写大字

1973年，陈云由江西回到北京，由于中央只是安排他协助周总理调研外贸问题，工作不是太忙，所以，他决定再拿出两年时间，有计划地精读

一遍毛泽东著作和《马克思恩格斯选集》《列宁选集》，并吸收于若木和几位在京工作的女儿、女婿，以及于若木的妹妹组成一个家庭学习小组，一起学习。学习方法仍然是每人按规定书目分头阅读，然后利用每个周日上午集中讨论，先从《实践论》学起。老一辈革命家有良好家风的并不少，但像陈云这样组织家属集体学习哲学的实在不多见。由于陈云重视子女的学习，加上于若木在孩子们放寒暑假时总让他们看书、练大字、做针线活，结果弄得他们都没有学会打扑克。没有打扑克之风而有读书学习之风，这或许是陈云家风中最大的特色了。

陈云不仅带动家属学哲学，也要求和指导身边工作人员学。我就亲身接受过他在这方面的教诲，并从中获益良多。那是1983年的一天，他把我叫去，郑重地对我说："今天和你不谈别的事，就谈学哲学的事。我主张你今后也要抽时间学一下哲学，每天晚上看几十页书，并找几个同志一起学，每星期讨论一次，为期两年；先学什么，后学什么，要订一个计划。哲学是最核心的东西。马克思之所以由青年黑格尔派转变为马克思主义者，主要是因为他把黑格尔的辩证法和费尔巴哈的唯物主义，经过改造，结合到了一起。有了这个东西，才有了唯物史观和剩余价值学说。"他又说，在延安那些年学习哲学，使他受益匪浅。过去讲话、文章缺少辩证法，学过哲学后，讲话和写文章就不一样了，就有辩证法了。针对我感到任务比较重，怕学习影响工作、耽误大事的顾虑，他说："耽误一点事情不要紧，文件漏掉一点也不要紧，以后还可以补嘛。有所失才能有所得，要把眼光放远一点。要提高自己的思想水平、工作水平，必须学好哲学。"

那次谈话后，我按照陈云的要求，拟了一个包括《共产党宣言》《社会主义从空想到科学的发展》《费尔巴哈和德国古典哲学的终结》等书目在内的学习计划，并邀请几位同志组成了一个读书小组，规定大家先按计划分头读书，每两周拿出一个晚上讨论一次。当我把这个情况向他汇报后，他很高兴，说："学哲学很重要，你早晚要独立工作，那时就会用上了。"后来，他还主动问过我几次学习的情况。在他的指导下，这个读书小组终于用两年时间完成了学习计划。计划中的那几本著作，我在大学期间和工作后虽然也读过，但那时由于社会实践少，不是看不大懂，就是理解不深。这次回过头读，因为有了十多年工作经历，加上可以耳闻目睹陈云运用辩证唯物主义和历史唯物主义原理观察、分析、处理问题的鲜活事例，所以，收获自然比过去大得多。1984年，《陈云文选（1949—1956）》出版，我一面学习，一面以"用比较法作决策"为题，写了一篇两万多字的心得，被《红旗》杂志分成两期发表。这是我那两年业余学哲学取得的一点收获，也是我向陈云交出的一份学哲学的汇报。

陈云曾经深刻指出：对整顿党风这件事，"各级领导干部，特别是高级领导干部要重视。要真正身体力行，做出榜样。"他提出："希望所有党的高级领导人员，在教育好子女的问题上，给全党带个好头。决不允许他们依仗亲属关系，谋权谋利，成为特殊人物。"可见，在陈云看来，党和国家各级领导干部尤其高级干部的作风和家风，也是党风的组成部分，而且是重要的组成部分；抓党风好转，首先要从领导干部的作风、家风抓起。事实告诉我们，群众看我们的党和党风，往往就从领导干部的作风和家风中看。因此，领导干部的作风和家风好与不好，不仅关系党的形象，也关系党的作风和社会风气的好坏。古人讲："身修而后家齐，家齐而后国治，国治而后天下平。"这个话很有道理。只要我们各级领导干部的作风、家风是好的，我们的党风和社会风气何愁好不了，社会主义核心价值观何愁树立不起来，国家治理体系和治理能力现代化的目标何愁不能实现。

（作者曾任陈云秘书，是中国社会科学院原副院长、当代中国研究所原所长）

我"读"胡耀邦

苗枫林 遗作　　潘鹏 整理

　　1977 年 12 月 15 日，是中央组织部一个不寻常的日子。这天，胡耀邦出席新部长见面会。他说："党中央派我来中央组织部工作，这是一个很重的担子。就我个人能力来说，是胜任不了的。""中央组织部干部绝大部分同志我不认识"，但是，"我们大家都按党中央团结战斗的方针去工作，中央组织部的工作是能够像其他部一样推向前进的"。

　　人们很快想到了我这个"绝大部分"之外的人。的确，我不是胡耀邦"不认识"的人，早在 20 世纪 50 年代中后期，我在中央团校任教，团校校长就是胡耀邦。而 1977 年胡耀邦担任中央组织部部长，我恰好在组织部研究室工作，随后在他领导下参加了若干重要文件、文稿的起草工作。胡耀邦成为中央领导人后，我又曾奉命为他写传，从而有幸成为为数不多的看过他档案的人之一。或许正是这些经历，为我面对胡耀邦"读人"提供了独特的便利。

给胡耀邦写传略

　　1982 年春的一天，中央组织部接到一项特殊任务——为中央领导人写传略。分配给我的是三个条目，其中有胡耀邦传略。

　　写传略，要求文字十分准确，用字方便翻译，又要写出传主特点，千字为限。事实上，这样的篇幅只够写一个粗略年表。

　　组织上为写传略提供了很大方便，准许我看胡耀邦档案，每天上班提档，下班归档。能看领袖人物的档案，这可是不小的信任。为防止文档保护出现差错，写传略期间封闭式工作，谢绝一切来访者，也不接办其他公务。

这次写领导人传略的缘由大致是：1980年9月，邓小平在接见美国不列颠百科全书公司总裁斯旺森和双方联合编审委员会美方主席吉布尼时指出："几乎全世界都知道你们的百科全书（指《不列颠百科全书》）在学术领域享有权威性的地位，它对我们实现四个现代化是有用的，我们中国的科学工作者将把你们的百科全书翻译过来，这是很好的一件事。"随后双方商定：《全书》中文版由中国大百科全书出版社和美国不列颠百科全书公司合作出版，自1984年起分卷出书，在中国发行；英文版中有关中国的条目由中方根据不同情况照译、修改或增删；《全书》中文版中有中共党史人物38个条目，其中含毛泽东等领袖人物13个条目，由中方组织重写。

我这次参与的，正是重写这13个条目的工作。

打开胡耀邦档案，虽然最早的卷页已有半个世纪，隽秀的字体仍可透视出少年胡耀邦的严肃和工整。我仔细核对着各个阶段的年表，并分期对传主作出尽可能确切的评价。我发现，激情式的文字，是他早年具有的。有时，我觉得不是在看文字案卷，而是在读一个人，一个我很熟悉又不很熟悉的人。

虽然只是一篇千字文，但我期望融入的信息量是大些再大些。一稿、二稿、三稿……总算达到了可以出手的水平。

载入《简明不列颠百科全书》的胡耀邦传略全文是：

胡耀邦（1915.11.20—）中国共产党中央委员会总书记，中共中央政治局常务委员。中国杰出的革命家、政治家。生于湖南省浏阳县一个贫农家庭。1930年在家乡加入中国共产主义青年团，同年11月去位于江西、湖南交界处的革命根据地工作。1933年1月调到江西省南部和福建省西部的中央革命根据地工作，同年转为中国共产党党员。在中央革命根据地，先后担任反帝拥苏总同盟青年部长、宣传部长、中国共产青年团苏区中央局秘书长。1934年参加长征。到达陕北后，任共青团中央宣传部长、组织部长。抗日战争时期，先后担任延安抗日军政大学政治部副主任、大队政委、军委总政治部组织部部长。抗日战争胜利后，历任冀察辽军区代理政治部主任、中国人民解放军晋察冀军区第四纵队、第三纵队政治委员，参加保卫张家口、解放石家庄等战役；后调任第十八兵团政治部主任，参加领导了解放太原、宝鸡等战役。1949年作为中国新民主主义青年团代表出席中国人民政治协商会议。

中华人民共和国成立后，任中共川北区党委书记、川北行政公署主任。1952年任中国新民主主义青年团中央委员会书记处书记。1957年中国新民主主义青年团改名为中国共产主义青年团后任共青团中央第一书记。他注重在实践中用共产主义思想教育青年，按照青年特点开展丰富多彩的活动，提倡"朝气蓬勃，实事求是"的作风，使团的工作得到巨大的发展。1956年在中共第八次全国代表大会上当选为中央委员。1965年兼任中共中央西北局第二书记和陕西省委第一书记。"文化大革命"中受林彪、江青反革命集团迫害。1975年恢复工作，担任中国科学院党组织的领导人，针对江青反革命集团对科学工作的破坏进行整顿，在1975年冬和1976年再一次遭到错误的批判。

粉碎江青反革命集团后，从1977年3月起先后任中共中央党校副校长、中央组织部部长。1977年8月在中共第十一次全国代表大会上重新被选为中央委员。1978年12月在中共十一届三中全会上被选为中央政治局委员、中央纪律检查委员会第三书记，随后并任中央宣传部部长、中央秘书长等职。他组织和推动了关于真理标准问题的讨论，为重新确立中共的马克思主义思想路线做了理论准备；组织和领导了平反冤假错案、落实干部政策的大量工作，使大批遭受冤屈和迫害的领导干部、知识分子和人民群众得到平反昭雪、恢复名誉；重视调动八亿农民的积极性，主持制定和执行了发展农村经济的一系列方针政策，推动了农村经济的迅速发展。对于党的工作从十一届三中全会以来所实现的伟大转变，对于各条战线清除林彪、江青反革命集团的流毒和影响，恢复正确的政策和适应新情况制定新的政策，他发挥了重要的作用，作出了重大的贡献。他经常会见来访的各国领导人和政党领袖。先后访问了罗马尼亚、南斯拉夫、朝鲜和日本等国。他为恢复和发展中国共产党同其他一些国家共产党的关系，为增进中国人民同世界各国人民的相互了解和友谊作出了努力。1980年2月在中共十一届五中全会上当选为中央政治局常委、中央委员会总书记。1981年6月在中共十一届六中全会上当选为中央主席。1982年9月在中共第十二次全国代表大会上代表中央作了《全面开创社会主义现代化建设的新局面》的报告。在十二届一中全会上当选为中央政治局常务委员、中央委员会总书记（按照十二大通过的党章不再设中央主席这一职务）。

1933年，胡耀邦在中央苏区

当然，这个传略，我提供的仅仅是草稿，还要经胡耀邦本人核对，然后由中央书记处审定。我交出草稿后，就算完成任务。

墨突不黔的职务变动

粉碎"四人帮"后，胡耀邦职务变动很快。正如传略所述，在短短几年，他职务变动多次，使人大有墨突不黔之感。也正如传略所述，在短短几年，他竟做了那么多深得民心、值得入史的事。也许是这么快的职务变动提供他才能挥洒的舞台，也许是不倦的工作、卓越的业绩拉动着他不断填补中兴事业亟待弥补的空缺。在中央党校，他发动学员首开总结"文化大革命"经验教训的先河，随后在这里孕育和组织了震撼全国的真理标准问题大讨论。人们可能会认为，这是他凭借中央党校这个舞台多少年创造出的业绩。其实，他在中央党校副校长岗位上还不足十个月。他担任中央组织部部长后，做了推动平反冤假错案和落实干部政策的工作，调整领导班子，改革干部制度，确立新时期组织路线的基本框架。然而，他的中央组织部部长任期也只有一年零 15 天。而每次职务变动，他都是恋恋不舍，把已经打算好的后续工作，一件、两件、三件地向接替人交代。

1953 年 9 月，胡耀邦与毛泽东（左）、罗瑞卿（右）在北京西郊玉渊潭

我有幸观察过他多次职务变动的心境。每当有这种机会，我都希望努力借此读懂胡耀邦。

1981 年 6 月，胡耀邦在党的十一届六中全会上当选中共中央主席。我不禁想起有一次胡耀邦曾很深沉地对我们说的一段话：

中央对我做这样的安排，是推上去的。你们在我身边工作已经几年了，知道我这个人是有自知之明的。

他说这段话时的深沉，是我从未见过的。我们能说什么呢？我们相信中央的选择，又最理解他的心境。

七年多以后，胡耀邦谢世。我看到于光远一段回忆文字，讲耀邦对于光远说过，他一生有两个想不到：一是想不到他会担任那么重要的领导职务，二是想不到人们那么理解他。

两个"想不到"，这是一个只知奉献的真实的胡耀邦！

要光明磊落一辈子

胡耀邦就任中央组织部部长后，抓落实干部政策和平反冤假错案工作的消息不胫而走。团中央几位同志知道我经常在耀邦那里写文件，就找到我，希望我传个话，请耀邦关心项南一案的平反问题。我答应帮忙。

20世纪50年代中后期，团中央书记处书记项南写了一篇关于青年工作的文字，康生发现后，冠之以"反对党的领导、闹独立性"的帽子，项南被批判后下放基层。尽管找我的同志了解耀邦的为人，项南一案是上面压下来的，但毕竟耀邦当时是团中央"一把手"，处理是经他执行的，平反冤假错案中耀邦能大度地推翻自己经办的错案吗，人们心里还有疑虑。

一天，在耀邦办公室，事情办完了，我们的话题转到团中央一些老人老事上。我说："耀邦同志，你看项南同志的案子，是不是应该解决了？后来对他的处理太重！"

耀邦收起满脸的笑容，招呼我坐下。他说：对项南同志的错误处理，是我一生中办的错事之一，我感到对不起他，虽然在当时的情况下我硬顶也是顶不过去的。咱们说办就办，你明天就去找项南，千方百计找到他，请他写一个简要的申诉就可以了，我尽快把这个拖了20年的问题解决了。

第二天，我放下手头所有工作，顺着项南后来曾在农业机械局工作的线索，跑一家，问一家，终于找到项南的宿舍。项南同志我并不熟悉，我们很快进入话题。我把受耀邦委托来看望他，并请他尽快写一个简要申诉的话说了一遍。项南说：请转告耀邦，我很感谢他这么多年还想着我。申诉材料我过几天就送到中组部去。

胡耀邦在党的十一届六中全会上

随后不久，就有了耀邦写给分管落实干部政策的中组部常务副部长陈野苹的信：

野苹同志并干审局、经济局：

我认为1958—1959年团中央对项南同志的处分是过大的，不恰当的，是应该撤销的。对他的处分决定，因为发给了全国，撤销时，也应相应地发下去。至于责任问题，我当时是团中央第一书记，理应负不可推卸的主要责任。应如何甄别撤销，因为时间已久，我对许多情况记不清楚了，你们办起来也一定感到棘手。

我的意见是：先找当时的决定起草人、经手人，同项南同志一起，先写出一个甄别撤销草稿，由当时团中央书记处成员和常委（我、刘西元、胡克实、王伟等人）共同写个意见，然后做出决定。此事，请你们一定抽出二三个同志办一下（也可以说是帮帮我的忙，因为这一案件办不好，我心中是很不安的）。

胡耀邦

12月25日

值得提出的是，当时平反冤假错案，鉴于案件发生的特殊背景，是很少提及责任问题的。而在项南一案中，胡耀邦明白无误地表示他"理应负不可推卸的主要责任"。值得特别提出的是，写信的这天，是他的中央组织部部长任职的最后一天。这期间，他要接任中央秘书长、中央宣传部部长等职，中央组织部的工作交接也有许多紧急事情需要处理，但他还是在任内做了代表自己人格的这件事。

次年3月，中央批准了关于为项南同志平反的报告。

其实，早在1978年全国信访工作会议上，胡耀邦在讲话中对项南一案已经表示了自我批评的诚恳态度。不过，他说的不是一件事，而是一一列举了他在四个时期处理错了人。我记得，当时在整理稿子时我特别提出，是不是要写这么具体？他坚持这一段他的口述稿一字不改：

我们这些人，在一生中办的错事是很多的。要革命，要工作，就不能不犯错误。我自己在对人的处理上，就犯过不少错误。延安时期，我搞组织工作，错误处理过几个干部；解放初期，在川北工作期间，也批过几个案件，后来证明是假案；在团中央工作期间，对几个干部的处理，很不恰当；"文化大革命"，我靠边站了，但是在写证明材料时，对两三个同志也说过不符合实际的错话。对这些事，我至今感到不安。对革命者来说，问题不在于不犯错误，而在于错了就改。知错就改，光明磊落一辈子；知错不改，内疚一辈子。在我们党内，有的人整人整得不少，整错了又不肯改正，不主动解放被错整的同志，结果自己也不得解放，别人不想打倒他，最后自己毁了自己。这个历史教训，很值得我们记取。

胡耀邦是一位称得上光明磊落一辈子的政治家。但是，我对胡耀邦的自谴也有过不同看法，以为他在这方面有时做得过分，会为人所乘。现在，我好像读懂了胡耀邦的自谴。自谴，是与一个人的使命感相联系的，又是与一个人的宽容成正比的。历史常常会从一个政治家的自谴中去观察他对社会的负责精神和对人群的大度之风。

要勇于解剖自己

胡耀邦勇于解剖自己的精神，常令人肃然起敬。他并没有因为把自己的缺点公布于众失去威信，而是与人们的心更贴近了。这也许就是他一生每到哪里，人们都会很快忘掉他是官，而把他看成可亲、可交、可与共事的朋友的重要原因之一吧！

胡耀邦在粉碎"四人帮"后快速的职务变动中，我有幸参加的交接"仪式"，都以他感人的自我解剖精神给人们留下了深刻印象。

胡耀邦在中央组织部部长任内做了那么出色的工作，而他在新老部长交接会上肯定这一年中组部办了不少事情，内容却出奇地简明：主要是落实干部政策，阐述干部问题的历史经验，突破"两个凡是"，搞我们的"两个不管"（即不管是哪一级组织定的，不管是哪一个领导人批的，都要实事求是地纠正过来，一切不实之词必须推倒），坚定地平反冤假错案。为此，我们开了不下20次会议，开一次会搞一个文件。这些都是在全党深得人心的。在组织工作的宣传舆论方面，我们也做了几件事情。

每件成绩，只点一个题目。转下去，他却那么认真地讲了一大段工作不足的话：

这一年的工作，缺点不足的方面请同志们考虑一下，待成立党委时发扬民主，暴露缺点。

这一年的缺点和不足，我想到的是：

一、对有些干部的了解还不准确，因此向中央提议的个别任命不尽恰当。

二、办事还有些迟缓，工作效率不高，还应当想尽办法提高工作效率。

三、有些事处理不周密，有的下决心太快。我在工作中同几位副部长商量不够，酝酿不充分。

任何时候都要把我们的工作一分为二。我们的名声很好。越是这样越是要看到我们的不足。我们的揭批查还没有完成。

我们要创造一种作风，一个领导班子中不搞清一色，不要搞成一边倒。有点儿对立面有好处。

我们还有一些大的冤假错案没解决，今后我们的工作中无论如何不要造成冤假错案。不要定那么多"帮派骨干分子"。……这要认真总结经验教训。人家犯的错误我们可能犯，我们过去犯的错误以后可能犯。

仅隔四天，1978年12月31日，胡耀邦在中宣部见面会上，说了一段关于他自己的话：

关于宣传部长的人选，适合这个职务的，可以选出很多，如胡乔木、习仲勋、李维汉、任仲夷等同志。胡乔木同志更合适。中央工作会议上想请他出来当中宣部长的呼声最高。乔木同志搞了几十年的宣传工作、理论工作，马列主义是懂得最多的一个，文字能力最强的一个。中央舍不得他，需要时重要文件请他把关。……其他同志还是留在省里工作为好。这样，中央领导同志就决定要我这位姓胡的兼着。我已表明过，我不是这个材料。也可以说，这是拿着毛驴当马骑。我想，当宣传部长有个窍门，就是依靠大家的积极性，请各位同志一起干。

十年"文化大革命"，"四人帮"的那些私货，在中国这个组织严密的社会中，不是一级传一级怎么会扩散得那么快？基层有"流毒"，领导没有"流毒"，这是不可思议的事情。但是，"文化大革命"中始终受迫害的胡耀邦，人们没有要求他站出来说这样的话，而胡耀邦却不是这样认识自己。在一次谈话中，他诚恳地说：

不要吹"我没有流毒"。要分析"流毒"表现在哪儿？个人自觉清理，加上互相帮助。我就对小平同志和叶帅说过，我也有"流毒"，我对林彪搞的那一套，早期就没有看清楚。不要说自己是百分之百的马列主义嘛！不要只讲自己过五关，最后走麦城却惨得很！摆官架子，搞一言堂，有什么味道？有些青年干部提上来，神气得很。这是很可悲的。有些人，眼睛长在尾巴上，只看天，看不到地，比例失调。眼睛要看着老百姓。有些人，老是摸上面的精神，连一点儿共产党人的味道也没有。要摸事实嘛！有三次，毛主席找我谈话我没有完全讲真心话，现在感到很遗憾。我以为，向领导讲话就说：同志，我有几条意见。有什么不可以讲呢？

胡耀邦还曾解剖自己道：

真正了不起的人，是有正反两方面经验的人。王明路线我也是执行者，但那时我是个小萝卜头。执行者只要经启蒙者的提醒，就觉悟过来了。爱因斯坦大学毕业时成绩很不好，他总结了经验，成了大科学家。我们有些人的经验，形而上学的多，辩证法少。所以，别人说你的怪话，你要努力，不要生气。

这些遍布于胡耀邦言行中的自我解剖，像一把把犀利的解剖刀，时时对向自己，透视出他的做人原则：

我要做个明朗的人。同情我的人明朗，反对我的人也明朗。一个人，总会有人反对你。不过你要看看，反对你的人是多数还是少数？谣言我根本不听。

"一拨一反，全身生胆"

无欲则刚，磊落自正。十年内乱和一场拨乱反正，更加洗练了胡耀邦的情操和风格。

"文化大革命"的大规模批斗行动中，团中央被列入第一批冲击对象，因此，胡耀邦是第一批被打入"黑帮"的人，而且有时他一天会数次被拉出去"示众"批斗。尽管这样，不该说的话他一句不说，这是需要信念和勇气的。

根据毛泽东的提议，周恩来曾先后八次想促成"解放"胡耀邦，可江青、康生那里想有个"台阶"下，需胡耀邦有个好"态度"。对待朋友和同志一向谦和的胡耀邦，见了江青、康生却仰首而过，就是不买账。即使这样做使他从中央委员"落选"，他也无悔意。

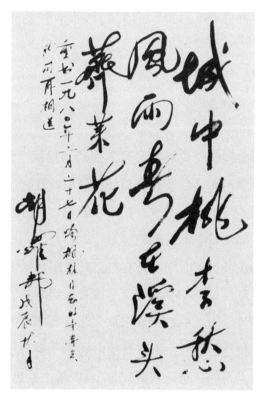

1980 年 2 月 27 日，胡耀邦为苗枫林手书的辛弃疾的词

1972 年，驻团中央军代表把胡耀邦定性为"反党、反社会主义、反毛泽东思想"的"三反分子"，他逐条当面驳斥，并始终拒绝在审查报告上签字。

1975 年胡耀邦在中科院短暂工作期间，不畏"四人帮"淫威，脚踏实地去解决那些迫在眉睫的科技发展问题、知识分子问题，并且在会上当面批驳王洪文的谣言。他珍惜"靠边"八年得来的这一难得的为人民工作的机会，但他决不拿原则换取一个被人捆绑住手脚的职位。

粉碎"四人帮"后，随着党和人民给他肩上压的担子越来越重，他所承担的破除"积重难返"坚冰的任务亦越来越艰巨，每一件都是需要巨大的胆识和毅力才能前进一步的。

公开总结第九次、十次、十一次路线斗争经验这个一向被人们讳莫如深的题目，是他弹出了京师"开篇"。

实践是检验真理唯一标准的大讨论，是他从三次路线斗争经验总结中引来火种，燃遍中华。

平反冤假错案，是他在老一辈革命家支持下第一个准备"下油锅"，而且坚持把这件事善始善终。

……

当年，胡耀邦整顿中科院面对的是掌握着实权的"四人帮"。而拨乱反正面对的是坚持"两个凡是"错误路线的同志，有时还要面对受极左思潮长期毒害和影响的一个更大群体。几顶"砍旗""丢刀子"的帽子，足以使人望而却步，却没有吓倒胡耀邦。

在惊心动魄的拨乱反正时期，我有机会对胡耀邦做了五年的观察。我不记得他的上述拨乱反正创举有哪一件事没有遇到激烈的反对意见。一番谈话出口，一份文件发出，一篇文章见报，总有批评的电话打来、指责的书信寄来。而这些批评的东西，来自高层中坚持"两个凡是"的人们自不待说，有的却来自党内的"理论权威"，来自曾与他共患难的战友。当然，这仅仅是事物的一面，而另一面是广大党员、广大群众、广大"文化大革命"受害者对这些拨乱反正创举所表现的异乎寻常的拥护。

20多年后，当我看到那些当年曾经对拨乱反正多有指摘的同志，能诚心肯定党和国家在这个时期政策的正确，我感到的是胡耀邦的胆略得到了历史的认同。

正像他自己激奋地指出的那样：

一拨一反，全身生胆。开创局面最主要的是要有胆略。没有胆略是不可以的。要改革，就要得罪人。得罪人的另一个方面就是为人民立了功。

做一件事，总得有个先下油锅的人。国家在粉碎"四人帮"之后的中兴，这是一个伟大的转折，需要有胆略的干部。

这番话，是他去鼓足人们拨乱反正勇气的，也是他对人民的心许。

"要做事，不要做官"

胡耀邦身躯瘦削，却有一副宽阔的肩膀。只要一息尚存，他就不会失去责任感。"三反分子"的帽子照戴，可忧国忧民之心不泯。他确实是《抗大校歌》中"人类解放救国的责任全靠我们自己来承担"的终生执行者。

"不管东西南北风，一心一意往前冲"，是胡耀邦曾经的人生格言，这在相当程度上勾画出他在壮年时期奋力工作的身影。

"要做事，不要做官"，是后来胡耀邦为自己设计的最朴素的人生追求，虽然他已经做了很大的官，但他心目中永无停息地追求的，是为人民做事。

如果要问拨乱反正期间胡耀邦最痛恨的现象是什么，那就是一些人只做官，不做事。

胡耀邦对由他亲自主持的《理论动态》《组工通讯》两个刊物的主要撰稿人交代：要做事，不要做官，你们批评做官的东西，要鼓足干劲地批。

他在邀请几位理论工作者小范围谈心时动情地说：我始终主张我们要紧张地工作，在中国这块土地上把乾坤扭转过来。我总觉得我们有些同志对灾难、困难估计不足。

在草拟一个文件时，胡耀邦说：我同中央一位领导同志讲过，要拼命干他七八年，总想干几件好事再去见毛主席。我这个人，错误是有的，但贪污腐化没有，几十年查不出我一元钱的贪污。有的人就很不像话，怕得罪人，怕少几张选票。难道革命就是为当官吗？

他在一次宣传例会上说：中央的同志都想为后代办些事情。这个决心是下定了的。现在是百废待兴，因为是有"废"该兴。……有些干部的消极心理是很危险的。要使那些混日子的人混不下去。"没办法"，不是我们的世界观。我们国家是要有一大批人立志改革的。

胡耀邦一天的工作，是三班制，即上午、下午和夜间。八小时工作，即使对70岁的胡耀邦来说也是一种奢侈，他会惋惜时光流逝。而且，他工作的效率很高。他写得一手很好的批文。"批示"，是流传了上千年的中国公文的著名文种，其文字的严密性、可操作性，文体和文风上的要求都很高。他的许多著名批文，都是一气呵成的。当然，有些非急办文件，他会在案头放几天，直到考虑出恰当的处置方法才下笔。

耀邦的秘书天天都是小跑式地工作，诸如上班削好满满一笔筒铅笔，把待阅文件放置案头，把已批阅文件发出，接听几部铃声不断的电话，对约见的客人送往迎来，等等。这是胡耀邦高效工作的一个侧面。

胡耀邦对"官气"的反对，达到了憎恶的程度。在别人对待他的问题上，胡耀邦最反感的是有人把他当"官"捧。我听过他两次传达党的十一届三中全会精神，都高兴并颇有感慨地讲到《公报》第五部分所述，根据党的历史经验要少宣传个人，党内不要叫官衔，个人意见不要叫"指示"的精神。因为这是他的一贯作风。偶尔碰到那种官场积习太重的人，呼着他的官衔，请求他做"指示"，盛赞他做了一场"重要报告"，他会感到这是一种煎熬。如果这种事发生在不了解他的人身上，他会很客气地当场纠正。如果是熟人所为，他会毫不留情地当面批评。如果是身边工作人员，他会瞪你一眼，并告诉你："这是低级趣味！"

读书——求实——站在历史潮头

我读过一本国外作家所著胡耀邦传记，作者为无法查证胡耀邦的学历说了好长一段埋怨的话。还有一位国外传记作家，颇为赏识胡耀邦的现代知识，至于胡耀邦是怎样获得这些现代知识的，他作出的解释是胡耀邦一生都刻苦学习。

其实，这些传记作家都犯了同一个错误，那就是他们低估了中国老一辈革命家寻求夺取政权、管理国家以及现代化建设知识的超人毅力。中国人民解放军的许多战功赫赫的高级将领，他们没有条件去读高级军事院校，或者他们曾是这些军校的落榜生，却打得美国西点军校、中国黄埔军校的高材生们束手无策。可以说，在整个中国奋起的年代里，外部世界低估中国共产党人学习知识、追求科学、发展尖端科技的进取能力是他们的通病。他们知道中国共产党人完成过战略转移的长征，而不知道这个特殊人群在追求科学知识上也进行着长征。胡耀邦在这一寻求知识的悄然无声的长征中是一个名副其实的尖兵。

胡耀邦少年时代刚读到初中，就被战争的炮火驱出校门。在学校，他只打下了索取知识的基础，而他的真才实学是在此后 60 年革命生涯中积累起来的。

了解胡耀邦的人们，也许有一个共同印象：读书是他唯一的嗜好。马列经典著作、浩瀚的人文史籍、国外科技读物、数理化基础知识、中外文学名著，都在他的阅读范围之中。他读屈原的《楚辞》，专门找来无注解本，用两个月"啃"下这部中国古典名著。应该说，这是大学文科生所具备的功力。

陆定一说过：下苦功夫，刻苦学习，很有长进，这样的人中，第一个就数胡耀邦。他读的书真不少，很有见解。诗词歌赋都能来几首，字写得也不错。他从红小鬼成了个大知识分子。

胡耀邦一生系统读书的时期，一是延安抗大时期，二是在团中央工作后期，三是"文化大革命"时期。前两个时期的系统读书，是他给我讲的，只有后一个时期的系统读书，是我目睹的。"文化大革命"十年，前期他一面挨批斗，一面读书想问题；后期则一面在"五七干校"劳动、接受批判，或者回京养病，一面读书。他知识的广博和厚实，从他口授文件或文章提纲时点到的材料总是最优化的，就可见一斑。有时，为核对这些材料的原文，我常常要跑到图书馆去翻很久。

　　胡耀邦谢世后，他的长子胡德平整理遗物，发现胡耀邦把写下的40多本笔记逐一编号，码放整齐。这些笔记，都字迹工整，有的还用红笔做了圈点。一部正在阅读的《周恩来传》，陪伴他告别了他热爱的世界。胡耀邦称得起是一个活到老、学到老的人。

　　他读书最大的特点是求实。他总是从研究和解决实际问题出发，把广泛调查与大量阅读紧密结合在一起。这样作出的综合分析，就使他的认识总是站在一个历史的高度上。

　　"文化大革命"前，胡耀邦作为中国青年领袖以创造性工作闻名于党内外，没有听到谁称他为理论家。而粉碎"四人帮"后，领导实践是检验真理标准讨论这场震天动地大事的重担，历史地落到他的肩上，这是与他刻苦学习的精神、追求真理的学风，以及站在历史潮头的观念相联系的。

　　生长在伟人时代，学习伟人，而不"凡是"于伟人，这是一种处于历史关头的严酷的淘洗。

一颗善良的心

　　胡耀邦留给人们的关于他的人格印象，是他有一颗善良的心。

　　我们在胡耀邦身边做事，空下来他会给我们讲起很多故事、很多人，苏区时期的、延安时期的、晋察冀时期的、川北时期的。有时，老同志中生僻的名字，他也可以讲出一段生动往事。不过，胡耀邦在介绍人的时候，有一个很大的片面性，那就是好像他的记忆只录入人们的长处，而且录入得那么形象逼真，检索可得。至于人们的缺陷和不足，他似乎从未留意。

　　胡耀邦对毛泽东、刘少奇、周恩来、朱德等老一辈革命家有着深厚的感情，虽然毛泽东发动的"文化大革命"对他完全是一场劫难，虽然他在拨乱反正时期勇敢地纠正着毛泽东晚年的错误。

　　胡耀邦在工作中，对叶帅、小平、先念、陈云同志的意见十分尊重，每次谈到他们对某项工作的意见，都要一字不差地跟我们交代，而不允许有任何疏忽。以我们的观察，这不仅是出于工作谨慎，而是一种发自内心的尊重。

通过平反冤假错案，人们会理解胡耀邦对老同志的深厚感情，对蒙冤干部和群众的深刻同情，这当然是对的。但这远没有触摸到胡耀邦的胸襟。

当清查林彪、"四人帮"打击迫害老干部、制造冤假错案，各项落实干部政策的工作刚刚展开时，他又耐心地去说服怀着各种心态的人们，给因缺乏政治经验而在"文化大革命"中犯了错误的年轻人以改正错误的机会。过去很理解胡耀邦的人，突然感到"不理解"了。因为他们不知道胡耀邦的胸襟是愿所有人都有发挥才能、报效祖国的机会。他坚信，犯错误的人绝大多数是能够改正的。甚至可以说，他是以相信老同志不是"叛徒""特务""反革命"一样的心境去相信犯错误的青年人绝大多数是可以改正的。他们中有的人，正因为具有正反两个方面的经验可能成为对社会有贡献的了不起的人。他严厉地批评一些人对犯错误青年的看法上"形而上学多，辩证法少"。

在中央组织部工作时期的苗枫林

有国外作家写的胡耀邦传记，列出他的用人"班底"，甚至编出一个"嫡系表"。那是他们杜撰出来的，而实际上并非这样。胡耀邦是一个激烈反对小算盘、小圈子、小报告、小动作的人，而且把凡此种种统统打入"低级趣味"之列。他常痛切地表示："我对这种人瞧不起！"

一位与胡耀邦交往很深的老同志，曾向他提及"害人之心不可有，防人之心不可无"的民谚，他不假思索地说：前一句是对的，后一句我不赞成，防谁呀？

是的，胡耀邦对朋友和同志，是全天候敞开心扉，从不设防。这几乎成为他的待人哲学。在那个政治运动迭起的年代，人们难免在"整人"与"挨整"两种角色中转换。胡耀邦在这一点上看得很豁达，而把注意力集中于总结历史经验教训上，不搞冤冤相报，总是以德报怨。可以说，他是一个绝不把旧社会官场韬略带入人民政权的人。

我能面对胡耀邦"读人"，机会给予的时间太短。《胡耀邦传略》写完后的两年，我就很难同他见面了。因此，我对胡耀邦的"读人"，就不能不是浅显之谈。应该说到的是，胡耀邦是一个普通的人，也有普通人的缺点和不足。不同的是，他的缺点和不足有如日月经天，人们会看得见，他会坦诚告诉你，他更会不断地改正自己的缺点与不足。

（作者是山东省人大常委会原副主任，整理者是中共党史出版社副编审）

胡耀邦率领我们拨乱反正

王聚武

胡耀邦是拨乱反正的思想先导，是伟大的无产阶级革命家、政治家。他组织和推动了真理标准问题的讨论，在邓小平等老一辈无产阶级革命家支持下开展的这场思想解放运动，冲破"两个凡是"的严重束缚，为党的十一届三中全会重新确立党的马克思主义思想路线作了重要的理论准备，成为拨乱反正的思想先导，对党和国家的历史进程产生了深远的影响。

主持创办《理论动态》

1977 年 3 月，胡耀邦受党中央委派，任职中共中央党校。1977 年 6 月的一天，孟凡找到我，要我马上和他一起走，说胡耀邦要见我。我们一路紧行，走了相当远的路，才到了胡耀邦的办公室兼宿舍，我气喘吁吁地进去，看到他正在房间里神情自若地悠然踱步。

胡耀邦在办公室

胡耀邦见我有些紧张，便微笑着同我说话，"你就是王聚武呀，好大的个子呀！再长高点儿就顶天立地喽！"幽默的话语顿时使我紧张的心情松弛下来。胡耀邦说："叫你来，是想和你谈谈，我们要成立一个组，办一个刊物，这可不是一般的刊物，是要扭转乾坤的，先叫《理论动态》吧！你应当明白，'文革'有很多遗留问题，要解决起来，阻力大呀！战争时期，我们上过战场；今天，我们又要上新的战场喽！"当时我因为反康（生）、曹（轶欧），"靠边站"了多年，头上还顶着"反对无产阶级革命家"的帽子，已经12年了还没有"解放"。我带着畏难情绪说："我已经11年没工作了，笔都拿不起来了，都生疏了！脑子和手多年不用，都生锈了！"胡耀邦说："慢慢适应吧，重要的不是笔，是思想！"我仍然信心不足地说："思想也跟不上啦！"胡耀邦鼓励我说："会跟上的，一定能跟上！一边干一边学嘛！兵要练，脑和手也要靠练嘛！"这次谈话大约有一个多小时，临走时，胡耀邦说："你好像还没'解放'呀？好啦，这回'解放'啦！"自此，我便成了理论动态组的一名成员。

理论动态组，实际上是胡耀邦主持下的一个写作组。每五天出一期《理论动态》，每期刊登一篇理论文章，公历逢五逢十出版，风雨无阻。当时，"四人帮"虽然被粉碎，极左思潮对思想领域的影响还很深，"文革"中被颠倒的思想理论、政策是非，仍然极为混乱。跟着胡耀邦做了若干年工作后，我才逐渐明白，胡耀邦办这个刊物原因很复杂，如果用一句话来概括，就是为了拨乱反正，推倒"两个凡是"，把"文革"中被颠倒的思想是非、理论是非、政治是非颠倒过来！

1977年2月7日，《人民日报》、《红旗》杂志、《解放军报》发表了《学好文件抓住纲》的社论，文章提出了"两个凡是"的思想。即"凡是毛主席作出的决策，我们都坚决维护，凡是毛主席的指示，我们都始终不渝地遵循"。文章继续宣扬"文革"所鼓吹的"无产阶级专政下继续革命"理论的核心内容"以阶级斗争为纲"。紧接着，1977年4月，《毛泽东选集》第五卷出版。5月1日，《人民日报》发表了《把无产阶级专政下的继续革命进行到底——学习〈毛泽东选集〉第五卷》一文，全文贯穿了"两个凡是"的思想，并提出，"文革"结束后，无产阶级专政下继续革命的主要任务仍然是"抓党内走资派"，"继续革命"就是"继续反右"，实际上是为即将召开的党的十一大定调子。这些都说明，极左的影响仍然很大，政治形势仍然极为严峻。

学好文件抓住纲

《人民日报》、《红旗》杂志、《解放军报》社论

伟大领袖和导师毛主席的光辉著作《论十大关系》和华主席在第二次全国农业学大寨会议上的讲话两个重要文件发表以来，全党全军全国各族人民为热烈响应，衷心拥护，奔走相告地发动群众，紧密地联系本地区、本部门、本单位的实际，进一步把这两个重要文件认真学习好，宣传好，贯彻执行好，在两个重要文件的指导下，把本地区、本部门、本单位揭批"四人帮"的群众运动更加深入地开展起来，学好文件抓住纲，深入揭批"四人帮"，这是我们胜利完成一九七七年各项战斗任务的关键。

毛主席说过："有句古语，'纲举目张'。拿起纲，目才能张，纲就是主题。社会主义和资本主义的矛盾、马克思主义和修正主义的矛盾，这就是当前的主题。当前，社会主义和资本主义的矛盾，无产阶级和资产阶级的矛盾，在深入揭批"四人帮"中集中地表现出来，这就是当前的主题，就是当前的纲。紧紧抓住这个纲，就有了斗争的大方向就能带领了。"纲举了这个主要矛盾，一切问题就迎刃而解了。"这一点，是最重要一定要在思想上牢牢把握住，充分认识明确，还要使广大干部和群众都明确。

华主席讲话说的精，在两个务必上非常突出，实现安定团结，巩固无产阶级专政，到天下大治，这是党中央作出的战略决策。按照这个决策，把我们的社会主义国家建设得更加强大。为了保卫和抵御帝国主义、社会帝国主义的侵略，我们也必须实现大安定、大团结。而要实现这个战略决策，就必须紧紧抓住揭批"四人帮"这个纲。各地区、各部门、各单位，进行各项工作，处理各项事情，都必须服从这个战略决策，紧紧抓住这个纲。

毛主席多次教导，要用三大纪律八项注意教育党员和人民。"三大纪律的第一条，就是一切行动听指挥，步调一致，才能得胜利。步调不一，就不能胜利。当前，就是在以华主席为首的党中央和各级党委的统一指挥下，紧紧抓住揭批"四人帮"这个纲，去夺取天下大治的新的伟大胜利。

"四人帮"这个纲，一切服从抓纲治国的战略决策，我们的步调就能一致。离开这个纲，这背这个战略决策，我们的步调就不能一致。

步调一致，才能要学好文件这个重要文件。各级党委，特别是主要领导同志，都应当自己带头学习，真正贯通文件的精神，着重领会毛主席在《论十大关系》中提出的调动一切积极因素，建设强大社会主义国家的基本方针和华主席讲话中提出的抓纲治国的战略决策。同时，应组织宣传的各项文件和中央其他有关文件，把广大干部和群众的学习组织很好，用两个重要文件的精神来武装大家的头脑，统一大家的认识。

学好文件是为了指导实际行动。各级党委要提高政治觉悟，提高领导艺术，用极大的力量，抓本地区、本部门、本单位深入揭批"四人帮"的运动搞好。一定要深入开展学习揭批斗争的性质和意义，懂得揭斗争对工作全局的影响，使自己对这场运动的理解和领导，能够适应斗争的需要和群众的要求，真正立起榜样、放眼群众中去，紧密地和群众结合起来，依靠群众，放手发动群众，不狂不松，决不收兵，一定要把一般号召和具体指导结合起来，抓典型和抓一般，正面教育和揭批斗争的措施和办法，有经常的督促和检查，首长负责、亲自动手，深入基层，抓点带面，以阶级斗争观点和两类矛盾的学说为指导，及时了解党内和社会上的政治思想情况，经常研究政治思想动向，深入做好思想政治工作，抓住活思想，有针对性地向人民群众进行深入细致的政治思想教育，解决人们思想中存在的各种问题。一定要掌握揭批"四人帮"运动的主动权，排除各种干扰，一个战役接着一个战役，一个浪潮推动一个浪潮地把揭批"四人帮"的运动扎扎实实引向深入。

通过四个月的揭发批判，通过纪念伟大领袖毛主席诞生八十三周年和纪念敬爱的周总理逝世一周年，广大干部和群众对"四人帮"无比愤恨，政治积极性空前高涨。各级党委一定要很好地保护和珍惜广大群众的积极性，高度热情，充分反映和分爱护群众的积极性，善于把群众的积极性化为搞好当前工作的实际行动。只要我们把各单位揭批"四人帮"的运动进一步有力地推向深入，把党内和群众中的政治思想工作抓紧抓好，把工农业生产和其他各项工作抓紧抓好，有什么困难，把情况告诉群众，同群众一起想办法去战胜困难，不断地揭批"四人帮"的新战果，用新生产和工作的新成绩，用克服困难的新进展，去鼓舞我们的斗志，我们就一定能够巩固和发展四个月来的大好形势，用努力去完成华主席讲话中提出的一九七七年的各项战斗任务。

伟大领袖和导师毛主席，领导我们奋战了半个多世纪。经历了十次重大的党内路线斗争。这半个多世纪的历史反复证明，什么时候，我们党执行毛主席的革命路线，我们的事业就有力地顺利发展；什么时候偏离了毛主席的革命路线，违背了毛主席的指示，我们的事业就受挫折，甚至失败，毛主席的路线是战无不胜的路线，是夺取胜利的路线。毛主席在世时为纲，我们团结战斗在毛主席的伟大旗帜下。现在，毛主席逝世了，我们更要高高举起和坚决捍卫毛主席的伟大旗帜，用它统一八亿人民、三千多万党员的神圣职责，是我们巩固团结的政治基础，继承毛主席的遗志，进行了并在继续进行着揭批"四人帮"的斗争，夺取这个斗争的彻底胜利。经过这个斗争，捍卫了毛主席的伟大旗帜，保证了我们国家沿着毛主席的革命路线继续前进，这是华主席的伟大历史功勋。

在英明领袖华主席领导下，我们肩负了更加重大，我们面前还有不少困难。我们有责任、有信心、挑起重担，做好这件伟大的工作。我们面前的任务虽然繁重，方法很好，我们有坚强的领导核心。毛主席谆谆号召我们："要团结起来，以大局为重，换发精神，努力工作。"让我们高举毛主席的伟大旗帜，更加自觉地贯彻执行华主席和党中央的方针政策，紧跟以华主席为首的党中央的战略部署，一切行动听以华主席为首的党中央指挥，同心同德，步调一致，牢牢抓住揭批"四人帮"这个纲，去夺取天下大治的新的伟大胜利。

1977年2月7日，经华国锋批准，《人民日报》、《红旗》杂志、《解放军报》发表社论《学好文件抓住纲》，公开提出"两个凡是"的错误方针

1977年7月12日，胡耀邦召开小型理论座谈会，讨论党校复校后如何辅导"毛选"第五卷学习的问题。中央党校校务委员、副教育长兼哲学教研室主任吴江就"文革"发生的历史根源在会上作了系统发言，对"无产阶级专政下继续革命"从理论上提出尖锐的质疑和批判。胡耀邦听了吴江的发言，认为讲得很好。经过深思熟虑后，胡耀邦毅然决定《理论动态》于1977年7月15日正式创刊，发表吴江根据座谈会发言稿改写的《"继续革命"问题的探讨》一文。该文指出，"继续革命"的主要对象应

是技术革命；现实情况有"左"也有右，应当是有什么反什么。这篇文章虽未从根本上否定"继续革命理论"，但他提出质疑的几个问题都击中了"继续革命理论"的要害。胡耀邦回顾这篇文章时说："那时候提出这个论点是不容易的，可以说是理论上拨乱反正的第一个行动。"吴江就这样成了《理论动态》的首位作者，并受胡耀邦邀请，协助他领导理论动态组。

为了宣传、贯彻党的思想路线，胡耀邦又开始深入研究毛泽东思想实事求是的精髓。1977年8月初的一天，胡耀邦把我叫到他的办公室，开门见山地对我说："'文革'中，我们党遭受了严重破坏，归根结底就是实事求是的传统作风被丢掉了。直到现在，强加于人们身上的绳索和镣铐还没有被解除。我们要解放思想，砸碎牢笼，任务十分艰巨。现在我们就要写一篇文章，名字叫《理论工作必须恢复和发扬实事求是的作风》。文章要从认识和实践关系的角度，对这个问题加以深入剖析。"胡耀邦提出，这篇文章要批评某些人"对待是非不以客观实际为准"，而是以"权威意见为准，以报纸刊物上的提法为准"的倾向。指出当务之急就是"要以革命的勇气"，"砸碎'四人帮'强加在人们思想上的绳索和牢笼"。

这篇文章之所以在题目中被冠以"理论工作"四个字，是出于对当时形势的考虑。文章实则针对的是全党各条战线。这是在拨乱反正初期，对解放思想、实事求是，有针对性的、重要的深刻阐述。文章中提到，"科学的态度是'实事求是'……唯有科学的态度和负责的精神，能够引导我们民族到解放之路。""我们除了科学以外，什么都不要相信，就是说，不要迷信。中国人也好，外国人也好，死人也好，活人也好，对的就是对的，不对的就是不对的，不然就叫作迷信。要破除迷信。不论古代的也好，现代的也好，正确的就信，不正确的就不信。不仅不信而且还要批评。这才是科学的态度。"文章列举了违背实事求是的种种倾向，其中一种是："风派"，靠摸"精神"吃饭。他们对待是非，不是以客观实际为准，而是以"小道消息"为准，以某些"权威"的意见为准。一句话，以"风"为准。今天刮北风，他们是北风派；明天刮西风，他们是西风派；后来又刮北风，他们又是北风派。在他们头脑里，有一种极其危险的机会主义思想。文章还以"解放思想，砸碎牢笼"为题，进一步深入谈到解放思想、实事求是的问题："四人帮"给理论工作造成的破坏，是极其严重的。要恢复和发扬实事求是的作风，我们的当务之急，就是要以革命的勇气，砸碎"四人帮"构筑的思想牢笼……

《理论工作必须恢复和发扬实事求是的作风》一文于《理论动态》第9期（1977年8月25日）刊登。在拨乱反正初期，这篇文章起码包含着三条"突破"：一是首次旗帜鲜明地提出"破除迷信"；二是首次旗帜鲜明地提出，要反对"风派"；三是首次旗帜鲜明地提出，判断是非要以客观实际为标准，"真理标准问题"已经开始萌发。这三条，为以后拨乱反正的进一步发展，拓开了政治、思想、理论上的道路，也为后来更大范围、更大规模的理论讨论奠定了舆论基础，促使读者对实践标准问题做更深层次的理性思考。

三篇文章逐步深入思想政治上拨乱反正

由于"两个凡是"的错误思想，拨乱反正的工作一直受到极大阻碍，政治、经济等局面迟迟不能打开。究竟怎么样辨别谁是谁非，用什么标准辨别是非，用什么检验真理和谬误，就成为推倒"两个凡是"，树立正确思想路线、政治路线、组织路线的一个根本问题。

1977年10月5日，中共中央在《关于办好各级党校的决定》中指出，"要提倡理论密切联系实际的学风"。10月9日，中共中央党校举行复校后第一次开学典礼，叶剑英在开学典礼上作了《坚持和发扬理论联系实际的学风》的重要讲话，要求在党校学习的高中级干部要用心研究党的历史，特别是"第九、第十次和第十一次路线斗争"的历史。

当年12月，胡耀邦召集中央党校有关部门负责人，再次研究这件事。他提出了两条原则，其中第二条，胡耀邦说，应当以实践作为检验真理、辨别路线是非的标准。他引用毛泽东的话说，"有千百万人民群众的革命实践，才是检验真理的尺度"。路线正确与否，不是一个理论问题，而是一个实践问题，要用实践结果来证明，用路线斗争的实践结果来检验。

《实践是检验真理的唯一标准》这篇文章，在胡耀邦艰苦精心的组织下，经过反复修改，于 1978 年 5 月 10 日在中央党校内部刊物《理论动态》上发表。这篇文章重申了马克思主义认识论的一个基本原理：社会实践不仅是检验真理的标准，而且是唯一的标准。它还指出："凡是科学的理论，都不会害怕实践的检验。马克思主义的理论宝库并不是一堆僵死不变的教条，它要在实践中不断增加新的观点、新的结论，抛弃那些不再适合新情况的个别旧观点、旧结论。"

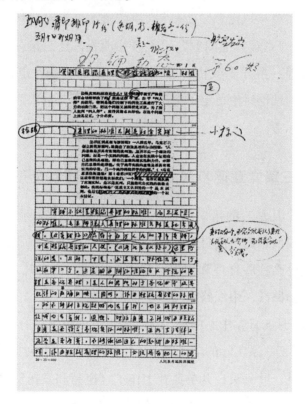

《实践是检验真理的唯一标准》一文的最后修订稿（部分）

5 月 11 日，《光明日报》以"本报特约评论员"名义在头版发表，新华社当天发了通稿；12 日，《人民日报》《解放军报》以及《解放日报》等全文转载；13 日，又有多家省报转载。自此，关于真理标准问题的大讨论在全国展开。

1978 年 5 月 11 日，《光明日报》以"本报特约评论员"的名义公开发表了《实践是检验真理的唯一标准》一文，引发了一场全国性的关于真理标准问题的大讨论

　　《实践是检验真理的唯一标准》刚一发表，就掀起了轩然大波，特别是受到坚持"两个凡是"者坚决、激烈的反对，但是党内很多同志是赞成的，包括许多老一辈革命家，如叶剑英、李先念、陈云、聂荣臻、徐向前、罗瑞卿、谭震林等纷纷表态，坚决支持。

　　这个激烈的争论，引起了邓小平的高度注意。1978 年夏季的一个夜晚，小平同志把胡耀邦叫去，连夜作了一次长谈。他说，原来没有注意这篇文章，后来听说有不同意见，就看了一下。他肯定地指出，这篇文章是马克思主义的！争论不可避免，争得好，根源就是"两个凡是"。他还着重指出，真理标准问题的讨论，是基本建设。思想路线问题不解决，政治路线不能贯彻。解决了这个问题，实现四个现代化，才有真正的思想基础……理论动态组是个好班子，不能散！

　　罗瑞卿也指出："这是一篇坚持马列主义、毛泽东思想的好文章，它提出的是一个牵一发而动全身的大问题。这是一件大事，不解决这一问题，我们的事业就不能前进！"

邓小平和胡耀邦

就在真理标准问题还处于尖锐、激烈争论的过程中，胡耀邦又继续抓紧组织有关真理标准的另外两篇文章。这就是吴江写的《马克思主义的一个最基本的原则》和我写的《一切主观世界的东西都要受实践的检验》。《马克思主义的一个最基本的原则》一文针对对《实践是检验真理的唯一标准》的指责，从理论和实践的结合上，回答了那些批评意见。但是，由于一些压力，《人民日报》等报刊已不允许刊登这篇文章。

恰在此时，罗瑞卿审时度势，以实事求是的态度，指示《解放军报》要积极支持和参加这场讨论。他还强调"要注意在军队中消除'两个凡是'的影响"，指示《解放军报》根据邓小平在全军政治工作会议上的讲话精神，尽快写出一篇有分量的评论文章，给讨论以支持。解放军报社的姚远方带着罗瑞卿的指示到中央党校商量，认为吴江新作正符合《解放军报》需求，于是将清样带回给罗瑞卿审查。罗瑞卿看后全力支持，他兴奋地说："这篇文章很好！一定要使文章更充实、理论水平更高。什么时候改好，什么时候发表，不要抢时间。"在罗瑞卿的具体指导下，吴江和《解放军报》的同志对这篇文稿进行了反复修改加工。罗瑞卿还六次同胡耀邦通电话商量修改意见，又将文稿送胡耀邦阅后，才最后定稿。就这样，《马克思主义的一个最基本的原则》最后以"特约评论员"的名义于1978年6月24日在《解放军报》上发表。

1978 年 7 月 18 日，罗瑞卿赴联邦德国海德堡骨科大学医院治疗腿疾。临出发前，他给耀邦打电话，特别说道："如果因为这篇文章要打屁股的话，我愿意接受四十大板！"罗瑞卿坚决捍卫真理，捍卫马列主义、毛泽东思想的行为使我们深受感动。

1978 年 8 月初，胡耀邦把理论动态组的部分同志找到他家。他提出，已经写了两篇真理标准的文章。现在要把范围扩大：一切主观世界的东西，都要经受实践检验。比如，一切政策、规章正确与否，对人的处理正确与否，评价干部的好或坏，判断什么是先进、什么是落后，检验一件文艺作品的优劣等等，都要经受实践检验。胡耀邦还说，有一次，他和叶剑英说了这个问题。他说，要把真理问题扩大，不光讲真理标准，还要讲辨别其他事情的标准。这个问题不搞清楚，会影响各条战线的工作。这个会后不久，胡耀邦又把我叫到他的办公室，亲自出思路、出题目、定调子，就这篇文章的写法作了一次长谈。他对我说："这篇东西是《实践是检验真理的唯一标准》一文的扩充，第一篇文章只是就检验真理而言的，后面这篇文章是就检验一切其他事物而言的。一定要遵循这个思路，写好这篇文章。"

在重大思想理论问题的探索上，胡耀邦从来没有止步。他总是不停顿地思考问题、探索问题、研究问题。包括外部世界的一切，包括客观世界、主观世界的一切。可以说，这是一种创造性的探索、研究。1978 年 9 月 10 日，《一切主观世界的东西都要受实践的检验》这篇文章刊登于《理论动态》第 84 期。9 月 25 日，《人民日报》作为"本报特约评论员"文章公开发表。9 月 26 日，《光明日报》《解放军报》全文转载，新华社向全国发通稿，全国地方报纸也转载了这篇文章。

在胡耀邦领导下，大家写的文章在公开报刊发表时，一律署名"特约评论员"，而不署执笔者个人的名字。这个做法是有道理的，那个时期《理论动态》上发表的文章，大都体现了胡耀邦创造性的思想、观点，很具有权威性。我们虽然也付出了艰苦的劳动，但是基本思想、基本思路还是耀邦同志的。在胡耀邦主持下，"特约评论员"这个名字出现次数多了，就引起外界的纷纷猜测。有读者分析，这是胡耀邦智囊团的化名；有的猜测，这个智囊团，设在什么地方呢？

1977年底，根据中央决定，胡耀邦在继续任中共中央党校副校长的同时，又担任了中共中央组织部部长一职。1977年12月17日上午，胡耀邦召集理论动态组的同志开会，他的第一句话就是："后天我要到中央组织部上班了。"然后他又对大家说："虽然我不在中央党校上班了，但我还是要跟大家共命运的，以后我们每个星期联系两次；《理论动态》的质量，只能提高，不能降低，只能前进，不能后退！"胡耀邦还说，"你们要记住，在我死了以后，悼词中要写一笔，我办过《理论动态》！"他对《理论动态》那种深厚的情感激荡在我们每个人的心田。

大约刚刚进入1978年，胡耀邦把当时任中央党校教育长的冯文彬和时任哲学教研室主任的吴江请到中央组织部，我们理论动态组的几个人也随同前往。在这个会上，胡耀邦宣布，中央党校成立一个理论研究室，由吴江担任主任，由孟凡担任副主任，并宣布理论动态组正式成立。胡耀邦说，理论动态组的主要任务是拨乱反正，把"四人帮"颠倒了的理论是非、思想是非、政治是非统统颠倒过来，推倒"两个凡是"。叫我意想不到并倍感压力的是，胡耀邦还宣布我为理论动态组组长。会后，胡耀邦留大家在中组部的大食堂吃饭。在我和胡耀邦单独就餐时，我诚恳地对他说："这个组长我不能干，我的水平拿不起来。"胡耀邦给我鼓劲说："不要怕，能干好！经验都是一点儿一点儿积累的，凡是工作都是从不会到会，从不熟悉到熟悉的；局面是靠人闯出来的！世上无难事，只要肯登攀嘛！"说着就亲切地笑了起来。快吃完饭时，胡耀邦又对我说："不要胡思乱想啦，定下来就干吧！"然后放下碗筷起身就走。

在之后的工作中，在领导和同志们的帮助下，我以勤补拙，倍加努力。之后，我又先后被任命为理论研究室副主任、中央党校校委委员。我参与拨乱反正工作的过程，也是同自己头脑中"左"的思想残余做斗争的过程。一步步，我吃力地跟着马列主义、毛泽东思想的思想路线、政治路线、组织路线前进，思想觉悟逐步提高。这些觉悟是胡耀邦等同志勤恳教育的结果。正像胡耀邦所说，是刻苦练脑、刻苦练手的结果！

耀邦教我领会、宣传党的十一届三中全会精神

1978 年 11 月 10 日，中央工作会议在北京举行。中央工作会议历时 36 天，在 12 月 15 日闭幕。在中央工作会议结束前，邓小平于 12 月 13 日，发表了《解放思想，实事求是，团结一致向前看》的重要讲话。这次讲话，实际上是党的十一届三中全会的主题报告。

就在中央工作会议开幕的第三天，胡耀邦把理论动态组几位同志找到一起，进行了一次极为重要的谈话，并布置了写作任务。他说，这次中央工作会议，要巩固拨乱反正的成果，彻底抛弃"以阶级斗争为纲"的思想。胡耀邦说，中央认为，到 1978 年底，揭批"四人帮"的斗争，作为大规模的群众运动，就可以基本上结束了。从 1979 年起，全党工作的着重点就要转移到社会主义现代化建设上来。他特别指出，随着重点的转移，干部中很多不懂装懂的"南郭先生"就要暴露了。

11 月 28 日的一次学员毕业典礼上，胡耀邦也讲到了这个问题。他说，这个着重点转移，或者转变问题，是一个新问题。过去二十几年，搞的是阶级斗争。现在我们要来搞建设，搞四个现代化。对这件事，老实说，我们不懂。所以，必须要重新学习。如何重新学习，我讲不清楚。我建议，理论动态组写一篇《论新的重新学习》，总结一下历史经验。

12 月 12 日，初稿很快送到胡耀邦手中。这时，中央工作会议仍在进行。会上，胡耀邦很快审阅了该稿，把题目改得非常准确、鲜明：《伟大转变和重新学习》。他还在送审稿上批了两点重要意见：第一点是要好好走走群众路线；第二点是要我了解一下小平同志即将在中央工作会议讲话的主要内容。

一天，胡耀邦的秘书陈维仁带我去京西宾馆胡耀邦开会的地方。胡耀

邦又和我们认真交谈了对这篇文章的修改意见：包括篇章结构，重要问题的提出和解决。而且要求我们就在他的办公室里，当场对《伟大转变和重新学习》这篇文章进行再次修改。胡耀邦指出，《伟大转变和重新学习》一定要体现小平同志的讲话精神。他这里所说的小平同志的讲话，就是后来在中央工作会议闭幕会上所讲的《解放思想，实事求是，团结一致向前看》。陈维仁和我又根据胡耀邦意见认真修改了这篇文章，并且立即将这次修改的稿件交给胡耀邦。胡耀邦立即接过手来，很快修改，定稿。

仍然是在中央工作会议上，胡耀邦对稿件审阅修改后，写了如下一段批语："这篇东西可发（如果还有稿子就迟一期），但要同各报刊打个招呼，暂不要转载。要等十一届三中全会公报发表了后，才能转。""另外，我改了一个地方，请特别注意。凡属根本理论的地方，千万不要出娄子，或者忘记。"胡耀邦要求"特别注意"他修改的"一个地方"，再加上送审二稿上原有的经济理论、科学技术和管理三个方面的学习，正是小平同志讲话的第四部分"研究新情况，解决新问题"中的一段完整的内容。

《伟大转变和重新学习》一文指出了真理标准问题的讨论和党的十一届三中全会的重大决策之间内在的必然联系。这样，就把党的思想路线和党的政治路线联系了起来。为了教育广大干部在伟大的转变中重新学习，告诫领导干部克服不懂装懂的毛病，胡耀邦还专门让我在文章中加上了"南郭先生吹竽"的典故，这样就把文章中心思想阐述得更加深刻。1978年12月15日，《理论动态》第103期发表《伟大转变和重新学习》这篇文章。这天，正是中央工作会议闭幕的日子。根据胡耀邦的意见，此文并没有随即在全国各报上刊登。一直等到12月24日，才在党的十一届三中全会公报公布之日，同时发表。当年12月24日，《人民日报》头版头条刊登着《中国共产党第十一届中央委员会第三次全体会议公报》，紧接在公报之后，就是《伟大转变和重新学习》一文。

真理标准问题讨论和党的十一届三中全会的举行，是新中国思想解放运动和改革开放历史进程中的两次重大历史事件。改革开放以来所取得的伟大成就，已经为这两次重大历史事件作出了最好的诠释。在胡耀邦的亲自指挥下，我能成为两次重大事件的参与者和见证者，深感荣幸！

（作者是中共中央党校理论动态组第一任组长，离休前为中共中央党校校委委员、教育长）

王震在"文化大革命"中

孙兴盛

1982 年 2 月，遵照胡耀邦批示，《中国青年》杂志社派我采访王震将军。此前，我们刊物已将少奇同志、彭老总和贺老总在"文化大革命"中惨遭迫害的真相告诉了人民，如今能亲自采访王震将军，自然最关切王老在"文化大革命"中的遭遇。1983 年 4 月，我还专门去王老家乡湖南浏阳和他在"文化大革命"中下放蹲点的江西红星垦殖场采访，有闻必录，至今记忆犹新。

铁骨雄风斗恶浪

1964 年 3 月，王震任农垦部部长时，农垦部召开全国国营农场会议，总结新中国成立以来的主要成就和经验，制定十年发展规划，提出要把北大荒建成"社会主义大农业的大样板"！王震在会上强调：这次会议是在毛主席、周总理指示下召开的，要建成"几个真正有把握的商品粮基地"，成为"社会主义大农业的大样板"，需要我们继续发扬南泥湾艰苦奋斗精神、创造精神，尤其要把高度、持久的革命干劲和严格的科学精神结合起来，夺取新的胜利！整个会议呈现出喜气洋洋的气氛，与会代表都为农垦事业的新转机和兴旺发达而欢欣鼓舞。

1964 年 9 月，中共中央批转农垦部党组《关于党组扩大会议对几个主要问题讨论意见的报告》，并对国营农场的经营管理作了五条重要批示，强调：必须实行一业为主，农牧结合，多种经营。中央的这一重要批示，无疑是对王震和广大农垦战士的肯定！

正当他准备起程去北大荒好好落实中央批示的时候，1964 年 9 月 21

日，王震突然接到上级领导的通知，说考虑到他的身体状况，批准他"离职休养"两年。

王震突然一下懵了：我从来没有请求过离职病休呀？自己每次动大手术需要休养的时候，也从来没有享受过这样的关照呀？他纳闷，他生气！但也无奈。

王震尚在外地"离职休养"时，"文化大革命"爆发了。他想回家多待两天，看看北京的形势，但不准许，被迫再次离开北京"继续休养"，以便于农垦部里"背靠背"揭发批判。从 1966 年 6 月 20 日到 8 月 1 日，40 天内，农垦部开了 18 次党组扩大会，集中揭发王震的"反党罪行"；同时发动群众揭批，整理成王震"四反"材料上报中央。这些做法，在"文化大革命"初期的国务院各部委当中是绝无仅有的。

7 月底，王震回京参加八届十一中全会。8 月 18 日毛主席首次接见红卫兵，王震应邀上了天安门城楼。当他从天安门回家时，已有 200 多名造反派包围在他家门口，趁王震刚进门毫无准备，突然把写着"黑帮头子王震"的大牌子一下挂在王震脖子上，狂呼"打倒王震，砸烂王震独立王国"等口号。王震心中聚积已久的怒火再也按捺不住，怒吼道："我是革命的！我不是黑帮！"

在高呼"毛主席万岁"时，"噌"地一下把大牌子取下来摔在地上，愤怒地骂："老子是毛主席老兵，只挂奖牌，从来不挂这东西！"造反派强摁王震低头，王震挣扎着昂起头，破口大骂："老子的头，从来没低过！"造反派们也被激怒了，猛挥拳头高喊"打倒三反分子王震"，而且强迫王震跟着喊，王震怒道："老子跟着毛主席闹革命，早就'三反'了：反对帝国主义！反对封建主义！反对官僚资本主义！"王震高呼着奋力抗争。

造反派们批斗半天，没想到快 60 岁的干瘦老头竟这么顽固强硬，只得呼喊着"造反有理""革命无罪"的口号撤了。

家里人被这突如其来的揪斗吓坏了，特别担心王震的身体和安全，要打电话向周总理报告，王震不让打扰总理。他被折磨得筋疲力尽，忍着疼痛，喘着粗气，怒火还在燃烧。他不明白这究竟是怎么回事。"文化大革命"怎么能这样搞？口口声声要造反，我王震有什么反可造的？农垦部要是我王震的"独立王国"，我还会在两年前就被停职离开吗？他们的真实目的到底是什么？许许多多的问题想不通，于是去了徐海东大将的家，一见面就气呼呼地说："徐大哥，我想不通，我们怎么是反革命?! 老子把那个牌子砸了!"徐海东拍手称快："砸得好! 你王老弟要是反革命，我徐海东也就是反革命!"

周总理很快知道了王震的境况，当天下午就委派李先念副总理到农垦部打招呼说，中央是了解王震同志的，大家要相信中央，不要批斗王震。但是，有些人根本不听招呼，农垦部"文革小组"第二天又组织人来王震家"声讨"，勒令他交代"罪行"，王震仍然大义凛然地宣布："我是革命的! 是忠于毛主席、忠于党的! 我决不能作为黑帮头子、三反分子来检查!"

8月24日凌晨，周总理在人民大会堂接见农垦部造反派代表，明确指出："王震功大于过。王震从江西红军开始，到长征过草地，都是拥护毛主席的；从铁道兵到农垦部，也一直是跟着毛主席走的。""王震同志够不上黑帮，请你们回去向群众多做解释工作。"有人硬说王震问题严重，总理几次把他们顶回去，最后郑重宣布："我讲的这些话是经中央政治局常委讨论，是毛主席决定的。"

农垦部绝大多数同志是拥护总理讲话的，但也有些别有用心的人频频策划批斗会。李先念同志多次召集有关人员做说服工作，不要开王震批斗会。他们根本不听，总理只好让王震去三〇一医院住院看病，一些造反派又跟踪不放。

大批判的声浪越来越高，诬蔑陷害的污水恣意乱泼，王震既气愤又伤心。农垦部从创办到现在，大家一起工作了整整十年，自以为是生死之交的同志，平常说话不大注意，态度不大好，多有得罪的地方，但怎么也想不到，他们竟然会这么落井下石、颠倒黑白、诬蔑攻击呀! 王震实在忍无可忍，也用"大字报"进行回击。10月7日，王震在农垦部大院贴出了《我的第一张大字报》，反响强烈；接着又连续写了五张大字报，斥责某些人歪曲事实、诬陷好人。他自己写、自己贴，很快传抄于社会上。

1967年上海"一月风暴"迅速发展成全国"夺权"狂潮，各派为了多捞夺权资本，就疯狂批斗老干部。戚本禹到农垦部鼓动说："王震过去有功，晚节不忠，一笔勾销!"1967年1月9日戚本禹在政协礼堂接见北农大师生时，又极力煽动："王震是很有名的将军，有战功。但是，17年来，他在农垦战线上不是执行毛主席路线的，他是搞'包产到户'最积极的，不信你们去农垦部好好查一下。"并且杀气腾腾地威胁说，"如果他能回头保持晚节，我们可以几开嘛。如果执迷不悟，一直要坚持反动路线，那你过去就是有天大的功劳也要一笔抹杀！"第二天，江青在人民大会堂接见革命造反派代表，也点名攻击说"王震不好"。之后，造反派对王震的批斗就更凶猛了。

王震最痛恨的是造反派给他挂黑牌子、戴纸糊的高帽子、押在卡车上游斗。凭着少年时跟姑父练过岳飞大正拳，每次他都拼力取下黑牌用脚踩、扯下高帽撕得粉碎，在游斗卡车上扯着嗓子叫骂、对着干，从不示弱。有一次，造反派把他夫人王季青押出来陪斗，将军更是急红了眼，厉声怒吼："放开她，我的事跟她无关，不能斗她，放开！"他见造反派不放，还要她低头下跪，便怒发冲冠，死命一挣，取下三合板黑牌子拿在手里猛挥，拼命护着夫人："谁敢上来，老子跟他拼命了！"造反派吓得赶忙躲闪，将军怒目骂着，护着夫人回到家里！

中央文革小组拿这些做"文章"，在毛主席面前状告王震对"革命小将"的"态度非常恶劣"，"十分猖狂地对抗群众运动"。毛主席听了哈哈大笑起来，说："谁叫你们惹他！王胡子当年打仗就是这个样子，赤膊上阵！王胡子惹不得！有毛病批评一下是可以的，但不要斗他嘛。惹急了，他真会跟你们拼命的。"毛主席要他们跟红卫兵和造反派打招呼："王胡子打仗是英雄，生产是模范，不可能反对我，这个人要保。王胡子是打不倒的！"可那帮家伙对毛主席阳奉阴违，既不传达也不打招呼。

1967年五一劳动节，王震和许多老同志上天安门城楼观礼，毛主席见到大家高兴地握手问候，见到王震便打招呼："王胡子！我好久没有见到你了！"王震立即上前和主席紧紧握手，主席看着王震说：胡子，有人要打倒你，我说王胡子是打不倒的，打不倒的嘛！我们绝大多数老干部是好的，不能都打倒嘛！毛主席还劝他，对那些要打倒你的人，不能硬"顶牛"，要采取宽大态度，实行宽大政策嘛！王震明白主席的意思，立即表示，"我听主席的教导！"毛主席的"最高指示"第二天就登在红卫兵小报上，很快传开，造反派再也不敢对王震放肆了。

"文化大革命"期间，毛泽东在天安门城楼上握着王震的手说，有人想打倒你，你是打不倒的

矛盾由来与激化

王震将军的英名，很早就随着《南泥湾》的歌声和《保卫延安》的小说家喻户晓，他南征北战被誉为"威震华夏"，叶帅称他是"开国元勋，革命奇人"。这样一位在革命战争年代叱咤风云的开国将军为什么在"文化大革命"一开始就被斗得这么惨？追根究底，这跟他要干大农业有密切关系。

所谓"大农业"就是"社会主义现代大农业"。这是王震一生的梦想，而提出这个梦想的人就是毛泽东主席。

毛主席早在中共七届二中全会上就描绘了社会主义的宏伟蓝图——要

彻底改革旧中国贫穷落后的传统小农业。王震受命率部进军新疆，就是要他们利用新疆的独特优势，创建社会主义国有现代大农业和大工业，取得现代化建设经验。王震肩负着这个伟大使命，苦战三年，成绩卓著，虽然是带着伤痛的心、破碎的梦，只身离开新疆，但对"大农业"心没死，当铁道兵司令抢建鹰厦铁路时，还在北大荒创办了铁道兵农场。毛主席也没有改变建设国有现代大型农业企业的初衷，1956年5月，中共中央、国务院决定组建农垦部，任命王震为部长。毛主席和周总理亲自找他谈话，强调农业是国民经济的基础，发展新中国农垦事业，创建国营农业大企业，是强国富民、屹立世界的重要战略国策。中共八大上，王震作了《国营农场的目前情况和发展远景》的报告，描绘了他的"大农业"格局：一是以粮食为主，农、林、牧、渔、副多种经营；二是以农业为主，工业、商贸和交通运输等多业发展；三是科教兴农，科学种田，坚持生产、科技、教育一体化，走科技创新之路；四是将农场居民点城镇化，建立新型的农村城市化卫星城。这犹如在小农经济的汪洋大海里追梦，注定是一条艰难而曲折的道路。

1958年，王震率十万复员转业官兵进军北大荒，发动了农垦史上的"淮海战役"，而内地广大农村开展的人民公社化运动，成为毛主席、党中央改造中国落后农业、向小农经济全面开战的"渡江战役"。

王震与转业官兵拿出当年在南泥湾和新疆的劲头"向地球开战！"却没有想到1958年与1949年大不相同了。建设现代化大农业，首先要拥有大批科技人才。想当年进军新疆时，大批知识分子踊跃报名，"文化大进军"浩浩荡荡；而现在没可能了，他将中央机关下放"监督劳动改造"的1000多名错划"右派"要来，当成宝贝，安置在条件较好的农场，尽可能给予照顾，帮他们早日"摘帽"。好些人担心、劝告，王震却坚持说："他们都是有真才实学的，发挥他们专长为农垦事业服务有什么错？脑力劳动也是劳动，同样锻炼人改造人，怕什么？"社会上掀起"批白专、拔白旗"的狂风，有人要他跟风，王震坚决不让："我没见过'白专'知识分子是什么样子，我只知道他们都是响应党和祖国召唤，到祖国最需要最艰苦的地方来的，在垦区辛辛苦苦工作，这就是又红又专、走红专道路，谁也不准动!"有人说他尽听知识分子的话，王震很坦然："他们有知识、有学问，说得对，合乎科学，就应该听他们的，支持他们工作!"有人向毛主席反映："王震被资产阶级知识分子包围了"，毛主席笑道："知识分子不怕王胡子，那很好啊!"王震尊重知识和知识分子的行为，在"文化大革命"中却成了大罪名，他被批判为"牛鬼蛇神的最大保护伞""黑帮头子"!

1960年3月，王震在塔里木垦区视察，与职工亲切交谈

农垦部是国务院最小的一个部，上有中央农林口、下有省地县，左右还有农林工商等兄弟大部，条条块块的分割和"政出多门"的管辖，使各农场不堪重负。按照当时的体制规则，农场只能垦荒搞农业，农业中"以粮为纲"只能种粮食，而且只能是为别的工业商业部门提供廉价原料，而农场需要的生产生活物资，又必须从国家物资部门高价购买，这就严重地制约着农场生存和农业生产发展。王震认为这种体制不合理、不公平、不科学，应打破这种单一的经济束缚。他勇于开拓创新，不仅发展农业生产，而且工商运输建筑综合经营、多业发展，形成别具一格的我国农垦企业发展新特点。这自然触及多方权益，矛盾不断，被视为"有野心"，搞"独立王国"，王震也就被最早押上"文化大革命"的批斗场。

浩然正气斥妄言

王震一直很不理解："文化大革命"怎么能这么搞？林彪、江青等一伙掌控了红卫兵、造反派，掌控了整个舆论，"两报一刊"左右了整个运动，各派各种大小报纸传单满天飞、大小喇叭成天叫喊，用"舆论战"愚弄全国老百姓，趁机把毛主席身边的老战友全部打倒。

王震从来是直言快语，敢讲实话。早年在湘赣苏区，王震为保护同志伸张正义，曾遭到肃反极左路线迫害，他凭着一腔忠心赤胆敢捅天，一身浩然正气不怕死，跟时任中共省委书记陈洪时（先"左"后叛变）拍桌子骂娘。延安时期，康生搞"抢救运动"，连他三五九旅剧团的小娃娃都被打成"国特""日特"和"托派"，王震告到毛主席那里，指名斥责康生"如此轻率"。在"大跃进"和人民公社化运动之初，王震就向毛主席反映了基层许多问题，毛主席不是全然不知，他并不完全相信报上那些浮夸，但总觉得群众革命热情最可贵，有些过头是难免的，要爱护群众积极性，劲只能鼓不能泄。后来极左严重泛滥，产生了极大破坏，毛主席才引起重视，多次明确反对浮夸风、"共产风"和瞎指挥，召开了一系列会议，压缩高指标，调整公社核算单位，纠正极左错误。在取得阶段性成果后，毛主席决定召开庐山会议总结教训，纠正极左错误。不承想庐山会议的逆转，使全国陷入更严重的极左灾难。

坏就坏在有些人心术不正，不是息事宁人，而是趁机火上浇油，推波助澜，把工作矛盾和认识分歧上纲上线，诬蔑彭老总是"伪君子""阴谋家""野心家"，要追究毛主席责任，要"改换主席"，要反党反毛主席。王老说，他忍不住在小组会上顶了一句："彭老总是民族英雄，不会反党反毛主席。"有人就告到毛主席那里，说王震是彭德怀的人，他们是一伙的。主席听了不以为然地说："王胡子跟彭老总不一样，说他们是一伙的，我不信。他们两个是拴在一个槽里的两头湖南骡子。"后来结果严重，毛主席颇有悔意，想给彭老总恢复工作，又遭到一些人的反对，便去找王震。王震很高兴，建议："让彭老总到农垦部来当部长，我当副部长。"主席感慨道："只有你们两个搞得来，不会计较这些。"

现在，这些人又故技重演，王震更豁出去了……

1967年武汉七二〇事件后，林彪、江青一伙趁机"揪军内一小撮"，打倒老帅们。有一次，红卫兵来调查贺龙的"罪行"，说贺龙是"土匪"，要多谈问题。王震一听就火了，一拳砸在桌子上，怒斥道："蒋介石骂他是土匪，你们也骂他是土匪，怎么你们和蒋介石站一个立场？"来人急忙解释说，这是林副主席讲的。王震更火了，大骂起来："混账话！我们都是跟贺老总一起革命的，贺龙是土匪，你姓林的不成小土匪啦！你做官，要升官，不要踩着别人的肩膀爬，不要牺牲革命同志的鲜血嘛！"

在场的人都惊得目瞪口呆，王震的大儿子王兵借故说周总理来电话找他，让他亲自去接电话。当时家里只剩门口一部电话，走到门口，王兵提醒他不要冲动，王震才冷静下来。回到客厅，王震好言好语地劝说："你们都是革命小将，你们不妨实事求是地想一想，我们老一辈革命家过去都是跟着毛主席打游击、打土豪的，难道不正是靠我们这些老帅和老将们赤胆忠心、流血牺牲吗？如果都是土匪，毛主席怎么领导革命取得胜利？怎么推翻'三座大山'？我是希望你们多读毛主席的书，多了解中国革命的历史，不要上当受骗。"

事后，全家人都劝他不要那么冲动，不要公开骂林彪。要是惹出事端，牵连家人事小，还会牵连大批老战友呀。王震一听，觉得有道理，叹道："我这个脾气，容不得冤枉好人。我最大的顾虑，是有一个老婆、三个儿子、十几万老部下。要没有这些我就没顾虑了，什么都不怕了，豁出去跟他们拼了。我不想牵扯别人，为了这个我可以少讲。"

中央某专案组来人调查朱老总，王震又滔滔不绝地讲起井冈山朱毛会师，来人不耐烦地说，"江青同志说过去讲'朱毛'是假的，林副统帅讲朱德没有当过一天总司令……"王震一听又骂开了："放屁！我们叫了一辈子总司令，难道是假的？毛选里白纸黑字那么多地方写着朱总司令和'朱毛'两个字，难道是假的？"那人竟然信口胡说："朱德是个大军阀，你要老老实实揭发交代……"

王震一听怒火冲天，腾地一下站起来，操起身边的拐杖，指着那人怒骂："你这败类，竟敢胡说八道，侮辱我们总司令！"举起拐棍真恨不得狠狠抽他，"给我滚！"吓得那人赶快溜了。

家里人又赶忙劝阻他，才没有惹下乱子。那天晚上，王震失眠了。他真怕自己的情绪一时控制不住，真惹下大祸连累无辜，不能不考虑后果。半夜四点钟王震把大儿子王兵叫来，问他一句话："我要是被打倒了，你是什么态度？你和我划清界限吗？"过去，父亲对儿子特别严厉，从不和他聊天，如今深更半夜地问出这样的话。看着父亲严肃庄重的样子，王兵明确坚定地回答："父子界限谁能划得清？干脆不划，您打倒了我和您黑到一起去！"王震高兴地说："儿子，这个态度就对了，要黑就黑到一起去，咱们都不要划清界限，哪个打倒了都黑到一起去。"父子俩聊到天亮。

斗争越来越尖锐复杂。周总理很担心王震的安全，1967年9月18日，周总理安排王震住进中南海，和廖承志、余秋里、谷牧、陈正人等同志住在一起。他们常常谈起被批斗的经历和挨"喷气式"的次数，激愤时忍不住大骂两句，又相互安慰鼓励。周总理知道他们的脾气，嘱咐他们要好好休息、注意身体，不要过分激动；同时也要当心海里（指中南海）的造反派，不要授人以柄。为了不给周总理添麻烦，大家住在海里不得不格外克制和小心。

1968年10月中旬，王震参加中共八届十二中全会，和徐向前元帅一个小组。林彪、江青一伙操纵会议批判所谓"二月逆流"，向老帅们开火。王震指着那帮人斥责："你们在中央全会上搞武斗，我抗议！"有位共事多年的老同志跟着批老帅，调子还很高。王震生气地制止说："你别说了！你再说我就把你的事全给抖搂出来！"他曾在多个场合劝说老同志，"我们同志之间的争论都是工作问题，无须在会上相互'揭发'，更不要相互攻击，免得让他们捕风捉影，指鹿为马，无限上纲，进行迫害。"

那时全国大乱，连中南海里都不安全，王震深切感到，再也听不到毛主席的真实声音，再也无法向毛主席反映真实情况，而且，毛主席说要保谁，林彪和江青他们就会暗地里整死谁。王震无比焦虑愤慨，又无能为力，心里总像闷火煎熬，实在憋得难受就在屋里独自发脾气、大骂几声出口气。与其这样，还不如远离北京这个旋涡中心！于是，他给李先念副总理写信，"恳求下放到工农群众中去，到农村安家、去农场落户，尽量干点实事……"

1969 年 10 月，经毛泽东和周恩来批准，王震下放到江西红星垦殖场。

天安门主席授命

1969 年党的九大上，王震继续当选为中央委员。不久，便随农垦部到了江西永修"五七干校"。正当盛夏，王震接到周总理电话。原来是，中侨委"五七干校"驻在血吸虫病比较猖獗的地方，总理知道后很不安，专门打电话叮嘱王震："胡子，这件事派你去解决，想办法换个安全地方。"

王震立即赶往进贤县，和县委有关负责人一起赶到中侨委干校，立即向干校军代表和有关领导传达总理指示，研究搬迁事宜。没想到军代表不同意："下放锻炼嘛，就应该在这个艰苦的地方锻炼。"王震一听就火了："侨委的同志都是党的宝贵财富，许多同志还是归国华侨，在国外有亲友，有影响。换个地方照样锻炼嘛，为什么非要找这个鬼地方？成心害人呐？搬迁是总理的指示，必须坚决执行！"军代表这才答应搬迁。

王震忙了一天，晚上住在半岛上的三里公社，与当地干部和劳模聊到大半夜。第二天上午，县里同志看见王震很疲劳，便动员他去邻近的东乡县红星垦殖场看看，散散心。王震很高兴："好啊，这个农场我以前去过，有点规模。"

没想到，眼前的红星垦殖场竟是一片破败景象。原来是江西省革委会一伙"造反派"，诬蔑垦殖场是"啃吃场"，是"牛鬼蛇神的防空洞""修正主义、资本主义的黑窝子"，要统统"砸烂"，分给当地县社，周围不明真相的社队和群众要求"兑现"，纷纷到农场要分土地、抢农具、拉耕牛、拆机器、扒房子……大家眼看多年心血被毁却不知怎么办，如今突然见到老部长来了，都忍不住诉说、痛哭。

王震自然非常痛心和气愤，脸色铁青，浑身发抖，抓起桌上的茶杯朝窗外猛地砸去，许久不说话，大口大口抽烟，心里稍为平静一点儿才说："垦殖场办得不好，亏了本，这不应该。责任不在垦殖场本身，也不在职工头上，关键在领导，我这个部长应该首先负责，找我算账就是嘛，为什么拿农场出气？国家农业企业和党的其他事业一样，都是社会主义企业。对它的缺点、错误和不完善的地方，既不能放任不管，也不能惊慌失措；既不能看得通体光明，也不能说得漆黑一团嘛。对存在的问题，要实事求是地加以解决，不能百般责怪，任意否定和抹杀一切。"他激动地挥着拳头，"谁要那样做，谁就难逃历史的惩罚！"在屋里踱了几步，突然对农场负责人说："走，跟我一起到县里去解决！"

烈日当空，热浪袭人，王震顾不上休息和吃饭，驱车赶到东乡县革委会，军代表看他不过是个"下放干部"，爱理不理，只管往上推。无奈，王震他们连夜又赶往抚州地委。地委领导客气地推说这是省"红色政权"的决定，得找省革委程主任……王震实在忍不住发火了："我不管是谁的决定，你给我出面制止这个错误行为！把我的意见告诉省委，不准砍掉垦殖场！就说是我王震说的，有什么事直接找我！"最后还特意加重语气说："告诉他们，伟大领袖毛主席有最高指示，我王胡子是打不倒的！"

1969年国庆20周年盛大游行，在天安门城楼观礼台上，王震远远看着毛主席，总想上前去说几句心里话，可是一看到林彪站在身边，便不愿挤上去。毛主席过来看望大家，见到王震高兴地打招呼："王胡子，好久不见了，你到哪里去了？"将军以素有的军人姿态敬礼："报告主席，我到江西干校插队落户，接受再教育去了。"

毛主席一笑："你下去走一走，看一看，搞点调查研究、科学试验也好嘛。"

周总理在一旁体贴地说："胡子，你要注意身体，量力而行，作点调查，听候调遣。"

王震激动地紧握主席和总理的手，特别是听见总理加重语气说"听候调遣"四个字，心领神会，便连连点头称是。

当时因战备紧张，中央把一大批老干部疏散下放外地，王震也在其中。10 月 17 日听完传达，王震马上向周总理提出两个请求：第一，下去走走，想去江西红星垦殖场蹲点；第二，想带王若飞烈士的遗孤王兴一起去。当时，王兴母亲李培芝正遭迫害已无自由，把王兴交给王震带在身边最为安全。总理当即同意，而且赋予他下放期间可以在湖南、湖北、江西、安徽四省考察农业的权力。这在全国成千上万的所有下放干部中，是最为特殊的。他是下放，又是蹲点，还可以四省走走；无职无权却有话语权，本来就敢想敢说的他充分发挥这一优势，在红星垦殖场的三年做了许多令人惊叹和感动的事情。

我奉最高指示来

1969 年 10 月金秋，一辆华沙牌小轿车卷着红色尘土，停在红星垦殖场场部。

王震头剃得亮亮的，胡子刮得光光的，身穿发了白的灰色卡其中山装，脚履半旧布鞋，容光焕发，精神抖擞。迎候的职工们一下子簇拥上来，激动地问候："王部长，辛苦了！""首长，您好！"

王震亲切地和大家握手，挥手致意："同志们好！我不是部长了，更不是什么中央首长。我是响应毛主席的号召，到你们这里来蹲点劳动，接受贫下中农再教育的，向你们学习，向你们致敬！"王震举手行礼，"从今往后，我们在一起生活劳动，不要叫我部长，就叫我老王，叫我王胡子好了。"说着，摸摸光光的下巴，几句话说得大家都乐了。

王震和农场领导干部们亲切见面，开宗明义地讲："我这次是奉最高指示来的，毛主席要我到下面来走一走，看一看，搞点调查研究，搞点科学试验。总理亲自批准我来红星蹲点。我别的权没有，发言权还是有的！"

农场领导们高兴地说："我们都听您的！大家早就盼您来。您上次来了一下，他们就不敢'砍'农场了。现在有您在这里蹲点，我们更有主心骨了，更有希望了。"

"工作还是靠大家做。"王震巡视满屋的人，突然问："你们的老场长、老红军唐继章怎么没来？上哪里去了？"

大伙都感到非常吃惊，这么多年了，老部长还记得一个小场长，便说："他是走资派，还没有解放。"

王震紧锁双眉，愤愤不平地说："他是什么走资派？13岁就参加了红军，红星垦殖场最早的创办人之一，1958年他和三个老红军联名向全国农垦战线的老红军提出《保持革命晚节、为社会主义建设多作贡献倡议书》，还是我亲自修改，登在《农垦通讯》上的。我了解他，是个好同志，把他解放了。去，把他叫来。还有哪些没有解放？我这个部长都不是走资派，你们一个农场基层干部走什么资本主义道路？要抓紧做工作，都解放了！"

在王震的建议和督促下，农场很快解放了唐继章、徐文甫等干部。

王震第二天一大早就开始到各个农业连队（分场）了解情况，接着又到各个畜牧连队（分场）了解情况，然后亲自主持召开全场科技人员座谈会。大家来时兴致勃勃，一进会议室就低头沉默。王震正纳闷，才发现自己头上面还挂着"打倒反动学术权威"的大横幅，四周墙上还贴着"'打倒×××''砸烂×××'""抗拒从严、坦白从宽"等标语。王震心头的火腾地蹿了上来，命令道："给我取下来！把墙上的标语统统撕掉！"大家愣住了，心被震动了……

王震对大家讲："这么大个农场，就这么点儿技术人员，缺的就是文化、知识和技术；中国这么落后，知识分子不是多了，而是少了；权威不是多了，而是少了，哪里来的'反动权威'呀！"王震愤愤不平地大声说，"不知是哪一个，说知识越多越反动。我说，这是屁话！"他把烟蒂一摁，"没有知识，没有科学技术，建设什么社会主义？"大家凝神恭听，王震滔滔不绝，"我们共产党人以实现共产主义为理想，消灭三大差别为目标，工农商学兵，所有的人都要知识化，不是要向愚昧无知倒退，而是要进化为知识分子。这是文明历史发展的必然趋势，整个人类的光明归宿。一个不懂得尊重自己知识分子的民族是愚昧的，一个愚昧的民族是没有前途的！"

1970 年，王震下放
到江西省红星垦殖场。
这是他（左一）和职工
一起讨论生产

王震句句铿锵有力的话语振聋发聩，激发起大家的历史使命感和民族
责任感，提出了许多很好的意见和建议。那些被隔离、审查和监督劳动的
知识分子很快得到解放，总场农科所也得以恢复重建，大家决心用自己的
知识来重振红星垦殖场。

在三连猪场，王震看见一个又瘦又高、两腮胡子的老头在打扫猪圈、
挑猪尿粪，随意问："母猪一天得吃多少饲料？一头母猪一年生多少窝？
一头小猪能多重？"那老头一边埋头干活一边回答："每天青料十来斤，精
料两三斤。一头母猪搞得最好是生 1.6 到 1.8 窝，断奶体重最好的 20 斤，
现在达不到。"

王震一听"断奶体重"这个专业术语，说话还带小数点，不由得打量
起这个老头，又问了一些饲料营养问题。王震内行，满意地笑了。那老头
不知笑是何意，看了连长一眼，赶忙挑起猪粪走了。

王震问连长："这个老头是什么人？说得很专业嘛。"

连长笑道："他不老，才 40 岁，叫李汝庆，江西农学院毕业的畜牧技
术员。"

王震一愣，问："上次开会，我怎么没见过他？"

连长说："他是反革命分子，又是反动学术权威，不准他养猪，在这里打杂、挑粪。"

王震眉头紧锁，满不高兴地说："什么反动学术权威？有点才，可以用他的技术嘛。"

回到场部，王震找来有关负责人，详细了解李汝庆的问题。李汝庆原籍广东，生长在武汉，1946年考入著名的教会学校武昌文华中学读高中；1949年初随家人到香港，8月又独自跑到上海参加革命，在华东军政大学毕业，分配在部队文工团、俱乐部工作。因为有次唱《东方红》跑了调，被遣散回武汉；1956年考入江西农学院畜牧兽医系，毕业后分配来农场当畜牧兽医，刻苦钻研，有点名气，只是"海外关系"太复杂，运动一来就被打倒……

王震气愤地说："能回来，就是爱国嘛！唱错一句歌，算什么反革命？还有谁没有解放？"

负责人说："还有一个1964年毕业的小吴，爱人在武汉华中农学院工作。她在寺前分场当兽医，技术不错。因为捕风捉影的一点儿事，被打成'现行反革命分子'，怀着孕还被毒打……"

1970年，王震在红星垦殖场参加劳动

王震再也按捺不住，霍地站起来骂："法西斯！惨无人道！我们对国民党战犯也没有这样嘛，为什么有点真才实学、能干的人，都被打成'反革命''反动学术权威'，连养猪的权利都被剥夺了？我们国家的知识分子本来就不多，党和国家培养一个大学生很不容易，人才难得，怎么能任意摧残呢？你们要抓紧研究，尽快地解放他们，发挥他们的一技之长。"王震语重心长地说："对知识分子要信任。要用人，首先要尊重人，要以理服人，不要以权压人。不靠真理，只靠给人念'紧箍咒'，是不可能服人的，我们的事业是搞不好的。"

当天晚上，连部通知李汝庆："王部长叫你马上去一趟。""哪个王部长？""就是鼎鼎大名的老部长王震将军！"

李汝庆和爱人玉珍吓得心怦怦直跳，双腿发软，住在这早被废弃的又潮又漏的兔子房里，与世隔绝了。部长点名叫自己，少不了挨斗，心里有准备，听天由命吧！走进办公楼房间，看见四壁墙上挂着各种图表，就像军队作战指挥室；门窗和房梁上挂着一串串各种优良品种，又似农业展览馆；桌上、床上堆满了书，又像是个图书资料室。他以为走错了，正要退出来，突然看见坐在椅子上看书的老人扭头冲他笑，招呼他进来。他怯生生走近一看，原来是白天在猪场看见的老头，便惊呆了……

王震笑道："我们上午见过面，是老朋友了，请坐！"可李汝庆始终笔直地低头站着不动，问他家庭、爱人、孩子等情况，也是机械地答一两句。王震主动拉住他的手说："李汝庆同志，受苦了。农场准备解放你。"王震的话像一股巨大暖流，冲开了他麻木僵死的心，张着嘴说不出话，热泪流淌。王震送他到大门口，亲切地嘱咐道："你解放了，总场会正式通知你的，回去好好工作。"

李汝庆毕恭毕敬地向王震深深鞠躬，跑出场部，蹲在路边，突然嚎啕大哭起来，过了一阵又突然奔跑起来，一边跑一边不停地喊："玉珍，王部长解放我了！王部长解放我了！……"

李汝庆被解放了，小吴被解放了。王震还亲自写信联系，把小吴调到她爱人身边，一家人团圆。

针锋相对开新局

当时的红星垦殖场和全国各地一样混乱，必须先好好整顿。根据王震建议，总场通知召开生产汇报大会，研究抓革命促生产问题。造反派们放出风说："王震一来只抓生产，不抓革命，有路线问题。"县革委领导电话指示，要会议多听取造反派意见，着重研究"阶级斗争新动向"。场领导请示老部长怎么办？王震平静地说："会议还是汇报和研究生产问题。造反派们不是有意见吗，那就把各造反派头头们全都叫来参加。"

这次会是王震来红星以后到会人数最多的一次，先是各连队（分场）汇报生产工作情况，有人就起哄："不能光讲生产，拿生产压革命！现在走资派、反革命都解放了，没有革命可抓了，还怎么促生产？"会场一阵哗然又很快静下来，都看着老部长。

王震不动声色地说："有人说我只抓生产，不抓革命，我就让场领导把各派组织头头都请来，有意见当面提。头一回见面，请站起来自报家门，我好认识认识。"

王震那双锐利的眼睛扫视全场，令造反派头头们不寒而栗，哪还站得起来。有的刚想站起来，腿一软又坐下了。

大家屏息凝神地看着老部长，王震开始讲："毛主席教导我们'要抓革命促生产'，我来了以后，到各处转了转，看到一些事情很难受呀！好好一个农场，现在闹成什么样子，成天批这个斗那个，打派仗，就是不好好生产、不好好做工，生产下降这么厉害，难道革命是你们这样抓的吗？简直是胡闹嘛！这是害人害己害国家！农场是国家的农业企业，也是你们自己安身立命的地方，把农场搞毁了，把生产搞垮了，对自己有什么好处？不干活生产不出粮食吃什么？吃红土？一家老小靠什么养活？年年缺衣少穿，月月不够吃、天天饿肚子，这是体现社会主义优越性吗？这是毛主席的革命路线吗？现在有些人打着毛主席的革命旗号到处胡作非为，专门整人，挑动派性，制造混乱，闹得到处停工停产停课，连跟着毛主席革命一辈子的老帅、老将军、老干部都要统统打倒，存心要搞乱国家搞垮党。县里领导要我们研究阶级斗争新动向，我看这就是新动向！很严重呀同志们！我劝你们大家要好好读毛主席的书，好好学习党的历史，明辨是非，千万不要上当受骗，跟着别人瞎胡闹！"

大家如梦初醒，聆听老部长继续讲："过去农场没办好，工作没做好，领导有责任，我这个部长没当好，要负首要责任。但不能说是走资本主义道路嘛！干部有缺点错误，可以揭发、批评，但不能诬赖好人、乱批乱斗乱打一气嘛。如果你们自己、你们的亲人被冤枉，被批斗；好不容易读点书，也被打成'反动权威''反革命'，你们难道不心痛，也跟着往死里整吗？大家要设身处地好好想想嘛！"王震讲得很动情，大家很感动，有的低头愧疚，有的眼泪汪汪。

王震严肃地讲，"我是奉毛主席最高指示来红星蹲点，搞调查研究的。从今以后不准再乱！大家都要安下心来干好本职工作，农民种地，工人做工，教师教书，学生上课，一律不准胡来。不管什么派不派，我们这里只有抓革命促生产派！过去的派性、旧账统统一笔勾销，大家团结一心把生产搞上去，这才是真正的革命派！从今天开始要规定严格的纪律，所有党团员干部、各派头头都必须带头干活。既然要当头头，就必须带头干，比别人干得多干得好才行嘛，谁敢胡来，哪个游手好闲，我就对他不客气！"全场热烈鼓掌，经久不息。

王震的讲话立竿见影，造反派从此销声匿迹，红星出现了一个全新的局面，但来自上面的斗争和压力仍然很大。1970年春，江西省革委会搞了个"万安垦殖工作会议"，以"假全民，真复辟；假垦殖，真破坏；假前进，真倒退"的罪名，要把江西所有国营农场"五马分尸"，改为农村社队。他们请王震同志去参加，王震严词拒绝："你们这样做是错误的。我不同意。不去！"

为了堵死这股砍杀歪风，挽救和稳住大批农垦场，保护广大职工生存的切身利益，王震选择农场较多、办得较好的上饶地区，开了一个"农垦工作座谈会"。王震亲自主持，针锋相对地批驳"三假三真"，充分肯定17年来军垦和农垦战线的成绩。他理直气壮地说："我们国家的农垦军垦国营农场，是在毛主席和周总理的亲切关怀下，在极其艰苦的条件下创办起来的，方针路线是正确的，成绩也是主要的。在国家困难时期，在国家经济建设中，是作出了很大贡献的。你们江西的农垦场，是1957年五万多下放干部响应中央号召办起来的。总理曾称赞说，这是创造性地贯彻了中央政策。这有什么错？凭什么要砍？"王震引用了党中央、毛主席系列指示，列举了大量事实，说，"国营农场是农业的重工业，是国家商品粮和农副产品的重要生产基地，社会主义现代大农业始终是我国农业经济发展的大方向。虽然也有这样那样的一些缺点，这是前进中的问题，是可以克服和改进的。应该允许在前进中探索，热情地支持它、扶植它、办好它。任何时候，否定一切、打倒一切都是错误的，不符合马列主义、毛泽东思想。"王震的话像一团火，使大家心明眼亮、腰硬胆壮了，踊跃批判"三假三真"和大砍农场的错误，实事求是地总结了过去的经验和教训，充分讨论了如何办好农业企业发展生产，写出了会议纪要，以上饶地委名义下发执行。这无疑是给极左错误路线倒行逆施的有力回击，极大地鼓舞了农垦战线广大职工，大家都非常敬佩王震无私无畏的英雄气概。为此，江西省革委会的头头们极为恼火，非常不满。他们知道王胡子不好惹，就百般刁难，该参加的会议不通知，该发的文件不给看，急需的科研经费不给批，甚至连王震出外乘坐的小汽车也收走了。他们还到处放风说，"王胡子无职无权，不要听他的。"王震很生气，对大家说："没什么了不起！他们是做给我看的，不要理他们那一套。"周总理知道这些情况后，亲自批准把王震在北京用的小汽车运到红星；中科院郭沫若院长送来了一大批科研仪器和设备；老朋友、著名数学家华罗庚教授也托人买来急需仪器，还派他的学生来农场推广"优选法"。这些对王震和农场都是极大的支持和鼓舞。省里搞"拖拉机大会战"，县"红色政权"给红星农机修理厂下达年产500台拖拉机的硬任务，并派工作组督促生产。厂里只好到外地购买零部件，又拆旧机器，强拼硬凑，好不容易才装配一台，想开到场部请老部长剪彩，然后开到县里去"报喜"。不料，刚开到场部就熄火趴下了。王震这才知道，一看就火了："这是什么拖拉机？是'鬼拉机''三漏机'

(漏气、漏油、漏水)！这是谁叫搞的？你们要能造拖拉机，国家还建拖拉机厂干什么？这分明是劳民伤财的瞎指挥，欺骗国家，浪费国家财产！"他当即下令停止生产，指出，"你们应该量力而行，因地制宜，解决生产急需的实际问题。现在我们改造红壤地，要大力发展畜牧养殖业，发展养猪，搞糖化饲料，都缺少饲料切割机和粉碎机，为什么不试制生产呢？"厂长和职工们都非常赞同，表示不搞这"鬼拉机"了。工作组长急了，训斥厂长："你们胆敢违抗省革委程主任的命令！你们这里是针插不进、水泼不进的'土围子'，我要向程主任告你们！"王震用拐棍扒扒那人，严肃地说，"你冲着我来，这是我的命令，与他们无关。上面追究责任的话，我替他们挨整！你回去告诉你们程主任，就说是我王胡子说的，我们这个'土围子'不具备生产拖拉机的条件，不搞这种'鬼拉机'！叫他不要瞎指挥！"吓得工作组第二天就灰溜溜撤走了。

1970年4月下旬，低温多雨，不能插秧，省革委却强令全省必须在"五一"节以前全部插完水稻好"报喜庆功"。王震说："这是害人！违背自然规律，不管他那一套。"省里头头听说红星垦殖场没有动，打电话给县革委会说："搞科学种田，也不能拖政治后腿嘛！"要县里从各公社抽调上千社员，强行"帮助"农场插秧。

当时，王震正在冰冷的水田里整田，突然看见密密麻麻的社员一下子涌进秧田水田，奇怪地问："这是怎么回事？"农场领导赶来报告，王震剑眉倒竖，大发雷霆："拖政治后腿？放他妈的屁！这明明是破坏生产！我反对他们那套做法，想整我！"他要场领导马上告诉县里，立即撤走社员，又让大家快去劝社员都回去，特别嘱咐说，"对社员群众态度要好，先请他们上来休息，杀两头猪，打点豆腐，请他们吃了饭再走。"

王震赤脚到社员中请他们上来休息，社员们还当是"外乡老表"来帮忙的，一听农场职工说这是赫赫有名的王震部长，又惊又喜，都围上来拉个手问个好。

王震询问他们社队情况，都说，"现在气温太低，插不得秧，这是骗人啊，坑害我们老百姓。可是，上面下了死命令，没法子。"

王震气愤地说："瞎指挥！既害国家又害集体，也害了你们大家。骗人害人的事不能听，要坚决顶住！"几句话说到大伙心坎上，都围着王震一起亲切交谈，不时发出会心的笑声。

科技创新再追梦

早在1957年秋，毛主席要派王震率中国农业代表团访问日本。当时中日没建交，日本军国主义势力很猖獗，他是抗日名将，有同志关切地问："第一次去日本怕不怕？"毛主席当场替他回答："他这个人没有怕的东西。"果然，王震"有惊无险"访问成功，而且独具慧眼，买回手扶拖拉机、塑料雨衣、塑料薄膜、耐寒香糯的优质大米品种等，首次在中国推广。最早在南泥湾，他曾首次打破黄土高原无水稻的历史，创造了陕北稻花香的奇迹；在新疆屯垦，他又打破北纬42度以北植棉禁区，从苏联引进优质棉种、联合收割机、采棉机械化技术，改良沙漠土壤，打造中国最大的优质棉"白银王国"。他不是科学家胜似科学家，为中国农业科技发展作出了卓越贡献。如今，他遵照毛主席"搞点科学试验"指示，立志改造当地的红壤土地。

东乡县历史上就是一个贫瘠之地，江西素有"临川的才子，金溪的书；宜黄的夏布，乐安的猪；东乡样样无，只有芋头薯"之说，其中一个重要原因，就是这里一无青山，二无绿水，全是红壤丘陵地，"晴天一块铜，下雨一包脓"。不仅东乡如此，在江西，在江南，乃至在世界陆地上，红壤都占有相当大的面积，如能改造成功，将具有世界意义。于是，王震给农场制定的科研规划是："改造江南红黄壤丘陵地带，垦殖农林牧副渔综合开发利用，向广度和深度进军"，即以改造红壤地为中心，以创造高产为目标，通过良种引进与培育、作物优选与栽培、轮作与套种、精耕与细作、绿肥与厩肥并重，同时大力发展猪、牛饲养业，大力发展食品和饲料加工工业，建立农牧工副综合发展的生态农业体系，用科学技术带动工农业生产发展。这就是王震"老骥夙愿"、年过六旬的新农业梦。

王震犁田、插秧、耥地、喂猪、养鸡、采茶，样样在行，下齐腰深水塘干活不在乎。他成立了一个"科学种田实验小组"，带着司机、炊事员都参加，亲自制订和修改《科学育秧技术要点》，亲自试种改良水稻、小麦、油菜和各种饲料间作、套种，经常下地劳动和示范。头一年，试验田水稻亩产就由原来的200公斤跃升到813公斤。他还不辞辛劳地走遍抚州地区每个市县，帮助"科学种田"，抚州市蔬菜和肉食品市场供应、南丰蜜橘栽培技术的提高、南城洪门水库资源的利用、进贤田间轮作和套种经验的推广、金溪水稻品种的更新等许多成果，都凝结着王震的大量心血。他离开江西之后直到晚年，仍然继续关心和支持改造红壤，红壤改造取得重大进展，得到联合国的重视。

王震常常以自己"一个'业'也没有'毕'过"深感遗憾，利用在红星蹲点、"卸甲赋闲"的机会，每天读书到深夜，不仅阅读近期的《世界科技情报资料》，还系统地研读了许多农牧业专业书籍，如土壤学、栽培学、细胞学、遗传学等。一本日本佐佐木林治郎主编的《饲料生产手册》，还是1961年5月在上海养病时买的，一直带在身边。好几百页的书，圈圈杠杠和批语密密麻麻，他在第488页上批道："几年来，我总想实现水稻田改善耕土层和利用休闲季节种饲料、食料及经济作物换茬，既轮作增加耕土肥，又有廉价饲料。"

他很想有中国自己的农牧业"手册"，于是从中国科学院、中国农科院、湖南和江西的农学院，请来了好多位农业和畜牧业专家教授，又从上海、山东、湖北等地请来50多位农业劳动模范和生产能手，既保护他们免遭原单位造反派批斗，又"传经送宝"，指导和培训技术人员，编写适合中国南方的农牧养殖技术"手册"。有一次在抚州招待所开会，王震亲自主持，因劳累过度突然昏倒，大家吓得不得了，一边搀扶一边叫请医生。王震摇摇手，艰难地说："不用请医生来，让老李给我看看就行了。"

李汝庆慌了，颤抖地说："王部长，这可不行！你信任我，我很感激，可我是兽医……"

王震信任地说："没关系。兽医、人医道理一样，你能看得好。"李汝庆流着泪，第一次在王震身上做起人医来。休息了一会儿，将军觉得好多了，笑道："我说你行吧！"

大家劝将军好好休息，会以后再开。王震让大家坐好，坚持说："不能因为我一个人耽误大家的时间。这跟过去打仗一样，负点儿伤不能影响战斗。继续开会！"

专家教授们都深深感动了，一位身经百战、年老多病的将军，身处逆境还如此献身祖国科学事业，不正是自己人生的楷模嘛！

爱憎分明赤子心

一进红星垦殖场场部，丁字路口就竖立着毛主席接见红卫兵的巨大画像，王震每走过这里，总要对场领导说："现在到处都竖主席像，站岗放哨，日晒雨淋，这是忠？这是爱吗？这样很不尊重、很不严肃，有损主席的形象嘛！还不赶快拆了。"这可是"现行反革命"啊，谁敢去拆呢。但王震讲得多了，大家胆子也壮了，才把这画像拆了。

那时，到处都兴"红海洋"。大小路旁，田间地头，隔不了多远就竖着一块水泥板做的语录牌和口号牌，将军多次对场领导讲："不要搞形式主义的东西！用这么多钢筋水泥做这么多牌子，有什么实用价值？浪费！你们拆了，正好用来铺井台、修涵洞、盖房子。"

王震在红星三年，从来不参加什么"大批判"之类的会。他私下常给一些领导干部、老同志打招呼："他们（指少奇和小平同志）有什么错？你们不要跟着瞎起哄。"有些庆祝大会、动员大会不得不坐在主席台上，照例要高呼两个"敬祝"。王震从来只呼"敬祝毛主席万寿无疆"一句，每当要呼"林副统帅"那一句时，他要么装着咳嗽，要么用脚碰倒身边手杖再弯腰去拾，打个岔就过了，大家其实心知肚明。有次，农场准备组织专家、师傅去井冈山参观学习，请王震一起去，王震气鼓鼓地说："有什么好看的？连总司令的扁担都改成了'林彪的扁担'，尽搞些假东西骗人，看了没什么好处。"

新疆建设兵团专案人员来调查一些老同志的问题，王震严肃地说："我王震的部下要是有问题，我早就枪毙了，轮不到你们翻老账。他们都是清白之人，有功之臣，毛主席还表扬过他们。"他多次收到一些不认识人的来信，自称是他的老兵，求写证明材料。他觉得，这种时候还敢认他找他，一定是挨整严重，只要说的时间和事情大致相符，他都一一亲笔回信证明。

在农场，王震经常念叨毛主席、周总理和朱德总司令他们。有一次，中央警卫局来人说，北京的猪肉有一种红斑点，搞不清什么原因，总理叫我们到这里来找将军搞点儿好肉。王震一听就很着急，马上叫人杀猪检查，挑最好的带回北京，并叮嘱说："你们回去，请总理放心，主席、总理和总司令要吃肉，我胡子亲自搞，保证绝对安全。"将军自己设计盖了一个新式猪圈，亲自挑选良种猪，自己配饲料，科学饲养，不让别人随便插手。这一片诚心和汗水，倾注了将军无限的爱。

王震把好些受迫害的老朋友孩子保护在农场，慈父般地关心他们的生活、学习和工作，常嘱咐："你们都很年轻，要坚强起来，勇敢地生活下去，好好工作总有出路！学业不要荒废了，要抓紧时间多学，将来国家会有大用的。你们要为老一辈争口气！"

可是，王震独自一个人住在红星垦殖场，自己的三个儿子全都不在身边。大儿子王兵原是海军某舰艇艇长，因不满林彪一伙被打成反革命审查，后遣送回家，想留在父母妻儿身边，可王震却让他到湖南君山农场劳动，意在让他多喝些家乡洞庭水，多报答家乡父老。农场领导劝他把孩子弄到红星垦殖场来，反正都是农场劳动，在身边也有个照应。王震摆摆手说："不！孩子们大了，应该锻炼他们独立生活的能力，不能老在父母的羽翼下，养成优越感。要把中国建设好，需要勤劳勇敢的一代，既知道柴米油盐来之不易，又能挺住各种困难艰险，具有艰苦奋斗的坚强意志。中国不需要那种游手好闲、只会评头论足、不干实事的人，只晓得跟着别人冲呀杀呀，屁事不懂、啥事不会的人！"

忧国忧民鱼水情

自从来到红星垦殖场，来到人民中间，王震就如鱼得水。六旬老人了，除了过年过节或到地委开会，才抽空回抚州看看86岁老母、体弱多病的老伴和小孙子、孙女们，平常总在农场忙着。他喜欢到处跑，腿上旧伤痛起来用手按揉一下，拄着拐杖走得还很快；肠胃疼痛难忍，吞下几粒药片，用手捂着顶着，照样在外面跑。不管走到哪里，认识他的叫他"老部长""将军"，不认识的叫他"老表"，也有叫"老头"，他都高兴；不管认识不认识，先咧嘴一笑，接着就聊起来。他最喜欢上职工家串门，聊到兴头上鞋一脱，蹬在板凳上继续聊。

那天，来到寺前老陈家，老陈家正在吃南瓜，他也不客气："老陈，给我来一碗，省得回去吃。"老陈不好意思："您老肠胃不好，哪能吃这个。"王震说："大家吃得我也吃得。从井冈山一直吃到南泥湾，现在都解放20多年了，大家还得吃南瓜，我心里有愧呀！"

他拉连长老卢坐下，说道："党委好好研究一下，怎样改善职工生活。农场坡地荒地不少，给大家多分一些自留地，多养点儿猪，喂些鸡鸭；也可以集体挖塘养鱼，收归食堂，再由食堂分给职工。老卢呀，你的胃病也很严重，需要加强营养，多养几只鸡，多吃点儿鸡蛋，身体就会好些。"

老卢心里涌起感激的热流，又不得不说："老部长，这可不行呀，上面说这是搞资本主义，要割尾巴、挨批挨斗的。"

王震愤愤地骂："屁话！什么割尾巴？人总要吃饭要生活，这是人的物质需要嘛。公家没有，私人不准，还不把人逼死呀！当年在延安，生活很困难，毛主席就号召大家自己动手，丰衣足食，开展大生产运动。我们不仅开荒种地，还搞各种副业，办工厂、跑运输、做生意，多种经营，搞得好的还有分红和奖励哩。主席夸奖我们兵强马壮好打仗，能说这是搞资本主义吗？我们现在也要开展大生产运动，建设社会主义'南泥湾'。谁敢反对，我们就说他才是反对毛主席，反对延安精神和党的优良传统，怕什么？"

农场党委带领全场职工很快行动起来，王震自己在屋前也种了一个菜园子，把菜送给食堂大家吃，还经常帮厨做菜，手艺蛮不错。

1970年春，王震带着老卢去资溪县买钾肥。这里是大山区，路经一个林场，许多树木和竹子倒地腐烂，他非常心痛地说："国家木材那么缺，这里却是这个样子，简直是犯罪呀！找个地方停一停，我要搞点儿调查研究，好向主席和总理汇报。"

高铺公社是个深山小镇，从来没有见过坐小汽车的大人物，王震车子一停，就围上好多大人小孩，窃窃私语："这哪是什么大人物嘛，明明是我们乡下老表嘛。"

王震叫书记他们都坐下，要问话。书记突然紧张起来，照老经验，从正面汇报成绩，专挑好的说。王震见大家穿得破烂，面黄肌瘦，便说："不要尽讲形势大好，都在你们脸上和身上摆着哩，有什么问题和意见、困难和要求，尽管说。不要有顾虑，我跟你们一样，但讲无妨。"他一笑，书记就胆子大了些："王首长，我们山区百姓实诚，别的也没有什么，就是木材价格太低了点儿，上面下达的砍伐任务很重，上山伐木劳动量很大，大家吃不饱，又见不到一点点儿肉星星，哪有力气干活嘛，群众有些意见。"

王震给大家抽烟，详细了解了有关情况，说道："山区砍伐是很辛苦的，需要吃饱，需要吃肉。靠国家供应，运输也困难。你们自力更生嘛，自己种些自留地，养些猪，自己动手、丰衣足食嘛。"

大家都忍不住诉苦，说上面要"割资本主义尾巴"，自留地、饲料地全都没收了，猪也杀光了，什么都不准搞，简直没法活了……王震越听越生气，问书记是不是这个样子，书记连连点头。王震桌子一拍，站起来说："这不是要逼死人吗？你是书记，让大家搞嘛。"书记哭丧着脸说："王首长，不是我们不让搞，是上面不让搞。县委书记昨天还开会传达说，是中央和省里有规定，要彻底割掉资本主义尾巴。"

王震气呼呼地说："毛主席从来没讲过要割什么'资本主义尾巴'，而且反对'割尾巴'。群众这么苦，山里这么穷，还有什么尾巴割？'穷'是社会主义呀？全都是屁话！你是书记，这里的权在你的手里。你这个山沟沟，中央谁个来检查嘛，有什么可怕的？"书记直摇头，"上面要是知道了，'三反分子'的帽子可戴定了。"

王震对大家讲："毛主席是非常关心群众生活的，教导我们要一手抓生产，一手抓生活，自力更生，丰衣足食。有些人不听毛主席的话，不执行毛主席指示，还编造歪曲毛主席的话，就是不让老百姓吃饱穿暖过好日子，他们才是真正的反党、反人民、反毛主席！书记同志，你不管他是县委也好、省委也好，谁压你你也不要管，你搞你的，大家只干不说，谁知道呀？"

大家激动得流泪、鼓掌叫好，可书记又害怕了："王首长啊，我们的腰杆顶不住哇，上面万一追查下来，大家都吃不消。不敢哩！"王震完全理解，给他壮胆子："不要怕，上面追查下来，你们就说是我王震叫你们搞的。我当你们的后台，要找就来找我。"书记一听，更加感动，流着泪说："不，您是好人！我们不能连累您老人家呀！"王震大声说："我不怕。毛主席早就说过，我王胡子是打不倒的！我这次来，就是奉了毛主席和周总理的指示来搞调查研究的，你们不要怕，放心大胆地干，我都担着。"

书记和大家都感到腰杆硬了，激动之中又突然犯愁地说："王首长，我们的种子都吃光了，猪都杀光了，又没得钱，到哪里去弄嘛？"王震笑道："这好办，你们跟老卢他们搞个亲戚，山里山外结个亲家。红星垦殖场有种子、种猪，算是对山区人民的支援；你们呢，山上每年都要砍些树杈子、竹梢子，就给老卢他们搭猪棚，发展养猪。好不好？"

"好！太好了！"书记和社员们热泪滚滚，紧紧握着王震的手，簇拥着王震上车。车子已走远，可群山隔不断将军和老百姓的心……

资溪县委按照王震的话，抵制住"割尾巴"歪风；高铺公社和红星垦殖场至今（1983 年作者采访时）保持着"亲家"关系；中央根据王震的报告适当调高了木材价格。资溪人民永远忘不了在最艰难的时候，王震的资溪之行。

心急火燎离红星

1971 年 8 月一天，老卢陪着王震去寺前分场，汽车路过浙赣铁路时，看见铁道两旁用土和草皮堆成一个个土堆，插着粗楠竹像炮筒。王震狐疑地问："这是干什么的？"老卢如实汇报："这是上面搞民兵训练做的土坦克和大炮，说是训练基干民兵袭击打火车。"

王震忙叫停车，走上铁路一看，沿路基两旁隔不了几步就是一个，"炮口"全都对着中间行驶的火车。王震心里倏地腾起一种不祥的预兆，脸唰地变得铁青，脖上的青筋紧绷，突然冲上一个土坦克，用脚猛踢，抱着竹炮筒猛摇，对着天指着地破口大骂："妈的，田里那么多草不去耘，地里那么多草不去除，在这里搞这个鬼名堂！"

老卢他们从来没有见过王震这么愤怒过，生怕他从土堆上摔下来，忙上去拉劝。王震推开他们，怒道："你们知道这是搞的什么鬼名堂，这炮口是对着谁的吗？这是对着人民的火车！他们在搞鬼！"老卢他们硬拽，王震挣扎着不肯走，声嘶力竭地不断高呼："毛主席万岁！毛主席万万岁！"

老卢他们全吓懵了，不知道王震为什么突然发这么大的脾气，又不敢多问，好不容易把王震扶进车里。王震瘫软地喘息着，嘟囔着骂个不停，瞪着一双大眼喷射着愤怒的火焰，一再追问："红星参加了没有？寺前分场搞了没有？"老卢一再保证："全场都没有参加，知道您不会同意，也就没跟您说。"

王震一字一句地叮嘱说："红星是我蹲的点，谁也不准参加！他们就是拿枪逼着你们，也不准搞！我们的民兵训练，一定要跟生产劳动结合起来，要教育我们的民兵誓死保卫毛主席、保卫人民，要对人民的敌人狠！"这个"狠"字是咬牙切齿迸发出来的。

一连两天，王震吃不香、睡不着，一个劲儿地抽烟，不时到处转转，察看有何动静，凭着一个老军人的敏感直觉，总感到在这个时候，全省搞这种打火车的演习训练，不是一般民兵训练，不是好兆头，很自然联想到林彪、陈伯达一伙在去年庐山会议上受到毛主席严厉批评，和当前正在开展的"批陈整风运动"，筹备中的四届人大……王震怀疑林彪他们会铤而走险，整个心突然猛地揪起来，特别担心主席和总理的安危，担心党和国家的安危。他想起主席和总理要他下来走走看看、搞点儿调查研究，现在看来更有深意。江西这个重大动向，自己必须亲自出去看看，搞点儿调查研究，掌握更多的情况，及时向主席和总理报告。一个老共产党人的使命感、责任感油然而生……

晚上，王震把几个主要领导叫到自己房间，对大家说："我想明天出去一趟，到处走走看看，会会老朋友，然后回北京参加国庆观礼。"大家从王震充满血丝的双眼，猜想一定是有什么大事发生，不敢多说多问。老场长问要不要派人陪送，王震说："不要！谁也不要送，你们好好看守农场这个家就行了，我过了国庆还要回来的嘛。"王震请大家抽烟，说："我这次出门时间长些，农场就全靠你们自己了。我只强调一点，红星是我蹲的点，不能出任何事情。'三大纪律八项注意'第一条，就是'一切行动听指挥'，我们都要听毛主席指挥，决不能听别人瞎指挥。要是出了什么事，我就找你们算账！"

王震匆匆离开红星垦殖场，在南昌、井冈山、长沙、武汉和郑州沿途走走，看望老战友、老部下，谈谈话、打打招呼，了解到林彪在各地一些死党的频繁活动，敏锐地感到气氛有些不对。在郑州，一个老部下带着一本画报送给将军看，画报封面是江青拍的林彪读毛选的照片。将军推说："我不懂照相。我不看。"其实他心里觉得江青给林彪照相而且登作封面，必有蹊跷，应该立即赶回北京。

正在这时，从北京赶回武汉的武汉军区政委、湖北省委书记张体学听说王震在郑州，匆匆赶到王震下榻的住所，进门就欣喜若狂地喊道："报告司令好消息，林秃子摔死了！"

"啊——"王震咚地站起来，惊喜道："好哇，恶有恶报，罪有应得！"

张体学简要讲了林彪劫机叛逃，摔死在蒙古温都尔汗的情况，王震桌子一拍，切齿大骂："他妈的，卖国贼！死有余辜！这是历史的惩罚！"

张体学原是李先念五师十四旅旅长，1945年曾为王震南下支队当开路先锋，转战鄂南，英勇善战。他的夫人林少南曾在 1946 年被国民党逮捕，是被一个国民党将军接出监狱回到解放区的，她因不知道那位将军是谁，交代不清，"文化大革命"一开始就被打成"叛徒""特务"，一直被关押批斗。有次，湖北来人看望王震说起此事，王震大笑："那是我嘛！1946 年北返中原，我在武汉军调小组当谈判代表，当时武汉地下党告诉我小林被捕的事，我就穿着国民党发给我的一套将军服，大摇大摆地把她从监狱里接出来了。"一句话，解决了多年悬案。

两位老战友多年不见，今日重逢却来不及畅谈，张体学紧紧握着老首长的手，激动地说："司令员，总理命令我马上赶回武汉坐镇，不能陪您老人家了。"将军急切有力地说，"好，你赶快回去坐镇指挥，我也要马上赶回北京，'听候调遣'。现在正需要我们全力以赴地追歼，全部、干净、彻底地收拾这帮坏蛋！"

王震将军就这样离开了蹲点的红星垦殖场。我在红星采访时，还登上残存"土坦克"看了看，回京向王老求证："您当时已经预感到林彪他们策划'571 工程'，要攻打毛主席专列吗？"

王老讲："没有！当时不知道，也不知道主席在南方巡视。我只是对农忙时突然在铁路线上搞坦克大炮打火车的训练，感到特别奇怪，很自然地就想林彪他们又在搞什么鬼。1959 年庐山会议上，他趁机狠整彭老总，我就觉得这个人居心不良；'文化大革命'中又整了那么多人，要不是他们搞鬼，也不会闹成这个样子。1970 年庐山会议上，林彪、陈伯达又搞那一套，受到毛主席的严厉批评，他们是不会善罢甘休的！看到搞这种民兵训练，立马感到他们是在搞与这种军事行动有关的阴谋，所以特别担心主席和总理的安危，多年来对林彪、江青一伙不满的怒火一下子爆发出来了。还是毛主席非常英明伟大，早就明察秋毫、料事如神，粉碎了林彪他们的阴谋。"

1971 年，王震从江西回到北京。这是他和夫人王季青在北京寓所合照

"听候调遣"再奋起

王震回到北京，先向周恩来总理报到。之后随同陈毅、聂荣臻、徐向前等老帅们一起，参加了中央召开的揭批林彪反党集团罪行座谈会。一连几天，王震多次发言，愤怒揭批林彪历来投机耍两面派，对毛主席、党中央阳奉阴违，仇视老帅们、打倒老干部的种种罪行；还用大量事实揭露林彪大搞个人崇拜。从 1959 年庐山会议以来，尤其是在"文化大革命"中，林彪在全军全国大肆制造对毛主席的个人崇拜，捞取政治资本，鼓吹"天才论"就是为他好当国家主席。毛主席已识破他们的真实目的，多次批评狂热的个人崇拜，直言"四个伟大""讨嫌"！王震说，"林彪一伙为了篡党篡国，必然会欺骗全党，愚弄人民群众，滥搞语录牌、万岁馆、忠字舞，大搞什么'三忠于''四无限''大树特树绝对权威'，都是反毛泽东思想的，损害毛主席的伟大形象，实际上都是为了树他自己的绝对权威，借以整人，排除异己，谁要说半个不字，就被打成'现行反革命'，往死里整。林彪根本不是什么'忠于'，而是谋害！"当时，江青也在座，知道王胡子也是冲着她来的，板着脸不吭气。

粉碎了林彪集团，已"赋闲"多年的王震认为中国从此走上正轨，亟须恢复和发展经济，他想第一时间重返生产前线，座谈会后他便向毛主席和周总理请缨："把我分配到北面反修前线的生产部队去工作，尽到作为毛主席的一名光荣老兵的责任。"

不久，中央任命王震为国务院业务组（相当于国务院常务办公会议）成员，协助周总理整顿经济，着重抓恢复和发展农牧业生产。王震听从"调遣"，又重新焕发出极大的热情和强烈的使命感、责任感。但眼下不同从前，也不是在红星垦殖场蹲点。江青一伙在林彪事件后蛰伏不久，又很快结成"四人帮"，网罗党羽，仍然掌控政治思想工作和舆论阵地，到处插手，兴风作浪，借"批林批孔"批周公，把罪恶矛头指向周总理；他们极力阻挠深入批判极左，干扰落实各项整顿政策，到处抓"孔老二"，提出"政治可以冲击一切""不为修正主义、走资派生产""不为错误路线生产""停工停产也是革命""宁长社会主义的草，不栽资本主义的苗"等谬论，再次掀起"割资本主义尾巴"歪风，使广大基层干部不敢抓生产，特别不敢抓农副业生产，给国民经济的恢复带来严重困难。

王震步履维艰，却义无反顾，依旧坚持以粮为纲、全面发展、种植业和畜牧养殖业并重的"大农业"主张，拄着拐杖四处奔波，跑了上百个县抓粮食生产，又跑遍棉产区抓棉花生产，到牧区山区抓林木山果、畜牧养殖等。每到一地，视察、访问、谈心、开会座谈，逐条批驳极左谬论，解除大家顾虑；切实纠正社队管理、自留地、自留畜、按劳分配、多种经营、农贸集市中的极左错误，切实解决家禽养蜂、品种改良、沼气冷库、病虫害天敌防治，提高禽蛋和奶制品质量等实际问题，鼓励大家发扬延安精神，开展社会主义大生产运动，"谁要反对我们大生产，他才是真正反党反毛主席反社会主义！大家不要怕，就说是我王震讲的，我负责！"这种敢于负责、勇于担当的精神深受大家欢迎。

王震看到偌大的中国一年出口才四亿多美元，便向周总理请战，大力发展农副土特产品出口换取外汇。1974年11月，王震带着六只意大利和日本的良种兔，一大捆图书资料，来到广东湛江湖光农场。他任农垦部长时，曾来过这里十多次，特别看重这里的地理优势，每次来都要亲自带来许多优良品种，如香茅草、新疆玉米、北京鸭、太湖白鹅、澳洲火鸡、日本白猪等，使农场发展很快，年年增产增收。1966年3月那次来湖光农场，大家不知道他被离职休养，只感到他心情不好。王震在湖光农场住了四天，在田间地头、猪圈牛栏里忙了四天，还亲自推广环保"节能灶"，最后和大家依依惜别。这一去整整八年，今天终于又看到老人家了，职工们奔走相告。老部长紧紧握着老战士们的手，激动地对大家说："我是来看望同志们的。这些年大家受苦了，是我连累了你们，对不起！"说着，向大家深深鞠躬。这句滚烫的话暖在大家心窝，大家悲喜交集，忍不住纷纷流泪。

自从上次走后，"文化大革命"的风暴迅猛袭来，湖光农场很快成为场内和社会上各个造反派争抢的"肥肉"，多年养育的良种牛、猪、鸡、鸭、鹅、鱼等出口创汇优良品种，都被打成"资产阶级的""修正主义的""里通外国的"，统统被斩尽杀绝，成了造反派口中的美味佳肴。一位女饲养员护着澳洲火鸡、太湖白鹅痛哭："杀不得呀，这是王老交给我们饲养的！"那些造反派却恶狠狠地嘲笑："什么王老？别看王胡子还是中央委员，他是坐在右边的'老机'（即右倾机会主义）。"整个农场被批斗关押的多达415人，被迫害致死的达18人；许多南征北战的老革命、十万大山剿匪的老英雄，为新中国流过血、舍过命的老干部，都被打成"反革命""叛徒""特务""里通外国分子"……

王震副总理在廉江县龙湾公社视察施用腐植酸类肥料的稻田情景

王震听着大家哭诉，气愤地用拐杖敲着地说："现在还有人唱'文化大革命就是好'，好个屁！是对国家很大的破坏，对老干部很大的打击。上整老帅，下整干部，都是林彪一伙干的！"他又命令式地说，"你们要给所有受迫害的同志平反，恢复他们的工作！谁要反对，就说是我王胡子说的，我负责！要尽快把生产恢复起来，坚持多业养殖、多种经营的方针，大力发展优质特色品种。"

王震顾不上休息，走遍各分场，边看边讲，打消大家的各种顾虑和怨气。他讲国家要恢复生产建设，要大量发展土特优质产品并出口创汇，湖光农场要充分利用靠近香港、澳门和广州大城市的优势，依傍湛江良港的便捷，重建对外出口基地，为国家多赚外汇，支援国家建设。看到被毁坏的茶园变成了乱石岗，他生气又心痛，把拐杖一放，大衣一脱，拣起石头来，还给大家讲种茶的历史和好处，讲南泥湾的往事和革命传统。他眺望整个农场，深情地说："不管前面还有多少曲折、多大困难，我们的事业不能中断，我们的生产不能停止。林彪一伙大破坏，我们一定要大建设，迅速恢复和发展生产，把耽误的时间抢回来，把损失夺回来，把湖光的山山水水建设得更美好！"

王震向周总理汇报工作

胸怀大义扬正气

林彪事件的发生并非偶然，人们在震惊中对"文化大革命"自然产生种种怀疑和不满；毛主席遭受的打击最为沉重，不能不深刻内省和反思，痛定思痛，亲自为所谓"二月逆流"平反，为陈毅、贺龙、"杨、余、傅"和罗瑞卿等平反，承认自己听了林彪的一面之词，对一些领导同志的冤案承担责任，做自我批评，并委托周总理主持中共中央的日常工作，落实干部政策。周总理紧紧抓住这个大好机会，以超人智慧，使一大批被打倒、遭迫害、靠边站的领导干部重新站了出来，大大加强了抵制"四人帮"的正义力量。

但绝大多数的干部被整，都是林彪、康生和"四人帮"及其党羽秘密进行的，毛主席和周总理都不知情，极左阻力又很大，平反工作复杂而艰难。王震积极协助周总理，尽自己最大努力，不仅为邓小平复出奔走呼吁，在中央有关会议上为吕正操据理力争，还为许多老同志传递平反信息。只要得到准确消息，只要有人找来申诉，他都尽力帮忙，向毛主席、周总理和叶剑英转送书信。他再三叮嘱身边的工作人员："一定要注意查收所有申诉信件，我一定争取尽快把这些信转上去；对于所有老同志及其家属，我们家的大门永远是敞开的！都要以礼相待，真诚地为他们办好事。"

王稼祥同志下放期间患病，毛主席批准他回京医治，王震第一个去医院看望，两人紧紧握手感叹："我们都是死里逃生啊！"王震鼓励他尽快给党中央和毛主席写信，要帮着转交。毛主席读信后，对王稼祥评价很高，让周总理在中央工作会议上口头转达，说："这样的老干部，只讲自己的过错，不讲自己的功劳，很难得。他是有大功的人，应该很快让他站出来工作。"王震非常高兴，立即转告王稼祥一家。

1973 年 3 月，王震去武汉视察，想起老部下、武汉军区副司令员杨秀山，便问："杨秀山现在在哪里？怎么样呀？"得知他被关押多年，王震当场发火："杨秀山有什么问题？为什么现在还不放出来！"王震要见杨秀山，见他被折磨得不成人形，便冲着押送的保卫科长发脾气："你也坐下来听听，我们没有什么阴谋。革命几十年，杨秀山是个什么样的人，我还不清楚吗？怎么整成这个样子？"

王震了解了情况，让杨秀山放心，一定帮他申诉。可王震前脚刚离开武汉，告状的电报就到了北京。叶帅见到王震就笑："胡子，你在武汉又放炮了！"王震这才知道有人背地告状，坦荡地说："我是骂娘了，滥关无辜，长期不放，岂有此理！"叶帅问明情况，批示："立即解除对杨秀山的监护。"杨秀山这才被放了出来。

1973年12月，冶金部副部长高扬文被"四人帮"及其代理人秘密逮捕，从四川攀枝花押回北京，定为"现行反革命"，只待批准枪决。王震利用在国务院工作的机会，多次为高扬文说话，批评冶金部"不务正业，不抓生产建设，专门整高扬文，是非常错误的"。国务院开会讨论高扬文的问题，"四人帮"在会上抛出《高扬文反革命言论》。王震挺身而出，指着这个"材料"仗义执言："高扬文的这些话我也说过！"周总理接过话说："是呀，你说的比这还多。"意思是高扬文的这些言论根本不能定为反革命罪。经周总理和邓小平过问，毛主席批示：高扬文的问题是人民内部矛盾。从而将他从死神和魔窟中解救出来。

"文化大革命"中许多干部挨整，大多是把以往工作中的矛盾、分歧、个人恩怨"上纲上线"，趁"文化大革命"揭发批判，以极左挟私报复！王震受中国仁义豪侠的传统影响很深，一生光明磊落，忠义耿直，爱打抱不平，又是有名的"湖南犟骡子"，火气一上来就控制不住骂人，他以为自己是好心好意，气一消没事，可这也得罪人啊，所以他一生功勋卓著，但也挨过不少整。毛主席早在延安时就批评过他："胡子，你现在不是小将是名将了，粗暴脾气应该改一改。"可他改不了耿直脾气，倒也从不计较整过他的人，从不把工作矛盾上纲上线报复整人，对同志宽容大度，若有危难还出以援手。

粮食部副部长黄静波，抗战时曾任陕北清涧县县长，因对部队伤员态度不好，曾被时任绥德警备区司令员王震当众严厉批评。在党的七大选举时，黄静波作为七大代表在会上夸大其词地讲了王震许多坏话，坚决反对王震入选中央委员，还引起争议。当时，王震正率部南征在鄂湘，最后只当选为候补中央委员。黄静波对王震一直很愧疚，几十年不敢与他交往。后来王震任副总理时去沈阳视察，听说黄静波被关押在抚顺好多年没解放，提出要见见，黄静波非常紧张。没想到王震根本不提过去的事，只是询问他受迫害的情况，好言劝慰，随后让当地主管部门解放了他。黄静波喜出望外，极为感动，从此两人成为好朋友经常往来。

1952 年王震在新疆工作期间曾受到中共中央西北局的批评，当时主持西北局工作的是彭德怀和习仲勋。后来，彭老总和习仲勋被林彪、康生他们整倒，"文化大革命"中还要王震揭发批判，他都严词拒绝。他对儿子说："他们两个都是赤胆忠心的革命家、大功臣，我王胡子最恨那些奸贼小人！"

王震恢复工作后，一直打听彭老总和习仲勋的下落，总想帮他们一把。邓小平复出，王震认为时机已到，想向党中央、毛主席提出为他们平反，找陈云商量。因考虑到彭老总问题牵涉面广难度太大，小平刚出来主持中央工作会很为难，还是先帮习仲勋为好。习仲勋女儿桥桥找到王震，王震见信后，马上保他回京，不仅答应转信，还亲自找邓小平，第一个出面为习仲勋恢复名誉说话。这两位老战友诚挚的友谊，成就党史上一段动人佳话。

主抓黄金有突破

周总理率领一大批老干部，在毛主席的大力支持下，全力支撑着国家机器的运转，在外交、国防、经济和对外经贸等诸多方面取得重大成就。

毛主席阻止了"四人帮""组阁"，四届人大胜利召开，王震出任国务院副总理，主管铁路、交通、邮电和供销总社。他认为这几个部门的部长都很有水平，上面还有小平，自己可以不管，便向总理提出，他原来在国务院业务组抓的几件事，如农村沼气、牧副渔业和开采黄金等工作，还想继续抓下去。总理表示赞同，分工仍不变。

分工抓供销总社方面，王震不仅抓农村生活和生产物资供销，连废旧物资收购都亲自过问，细小到百姓生活奇缺的铁锅、瓷碗和酒瓶子，生活急需什么，市场奇缺什么，他就解决什么。身边的人不理解：当了副总理怎么还热衷于抓这些"小事"？王震动情地讲："解放二十多年了，农民的生活还很苦，特别是老区、山区和边远地区还很穷，存在食不果腹、衣不蔽体的现象，还需要多养些鸡鸭、多采些山果、多收购些废旧物品，换些油盐和生活必需品。许多事情看起来很小，恰恰是这些所谓'小事'，关系到国计民生大事，现在没有人去抓，我责无旁贷，应该多做些拾遗补阙的事情。"在王震心目中，"以民为本"无"小事"，"拾遗补阙"有"大爱"。

还是在1974年夏天，周总理病情恶化住院，躺在病床上还在批阅报告，他让秘书叫王震来，想了解一些重大引进事项。王震如实汇报，表示极左干扰再大都能顶住，但是没有外汇储备，没有黄金硬通货，一些重大引进项目、国外先进技术设备，根本无法启动。总理沉默了一会儿，把地质部报送的黄金地质勘探报告给他，一字一句地叮嘱道："胡子，搞建设不能没有黄金，你把金子抓一抓！"

王震看着总理瘦骨嶙峋，双手干瘦如柴，心中涌起无比酸楚，接过报告，含着泪说："请总理放心，我保证完成任务，您可要好好保重身体啊！"

外国一直说中国是"贫金"国家，新中国又是在"无金"情况下起步，现在总理病中交办，就是拼掉自己一条老命，也决不辜负总理重托！可是，国家没有专管部门，该从何处着手？想起新疆解放初，军费和财政经费全靠每个月用飞机从北京运银元，他便在军区成立了直属"挖金大队"，翻山越岭，一个多月挖出黄金近百两；现在若要动用军队组建黄金大队，肯定会惊动"那帮人"，又要大做文章攻击总理。于是，他从地质部、冶金部找来几个志同道合的人，先组成"黄金生产领导小组"，亲自带队，一口气跑了六七个省调查研究，然后给国务院写报告，着重阐述我国发展黄金生产的重要性、紧迫性和有利条件，建议中央作出大力发展黄金生产的决定，改变"上无人管，下无人问"的自流状态。

中央很快批准王震的报告，成立"黄金局"（由冶金部兼管）统一领导，王震提出的目标是，一年赶超慈禧，五年翻番，1980年达到年产200万两！

大家吓了一大跳！从民国直到1974年，全国黄金年产量还从来没有超过40万两，连慈禧太后时年产43万两的水平都达不到，你王胡子提出这么高的指标，千万不能重蹈"大办钢铁"的覆辙啊！

王震任国务院副总理期间，在山东查看黄金矿石标本

王震认为，当年毛主席提出"1070万吨钢"的指标并不算高，当时英国年产2000多万吨，美国6000多万吨，我们用15年"赶英超美"不行吗？有什么错？问题在于"大办""全民运动"，单凭热情一哄而上，违背经济规律瞎指挥、违反科学瞎蛮干！他讲他的可行性研究，"只要依靠科技进步加上鼓足干劲，是可以达到的！我们共产党员难道连这点勇气都没有？搞了二十多年，难道我们还不如慈禧太后吗？我们这些专家学者，这么多开采队伍，怎么向祖国和人民交代？"大家深受刺激，既惭愧又振奋，既感压力又添动力。

王震担任副总理的头十个月，把主要精力放在采金上，拄着拐杖跑遍各个重要产区。1975年6月6日，王震视察号称"金城天府"的山东招远，主持召开烟台地区黄金生产座谈会。过去中央没来过大人物，现在赫赫有名的王震将军亲自来抓，各生产单位负责人非常高兴，争相发言，按当时规矩先批"唯生产力论"。王震一听，顿生肝火，直言不讳地说："什么'唯生产力论'，我不听那一套！"语出惊人，大家愕然，他便缓和地说，"我是毛主席和周总理派来要金子的。国家需要金子，有了金子我们的腰杆才能硬朗。你们只管拿出金子来，这比什么都重要！"

他沉重地对大家说："你们晓得吗，美元、英镑、法郎为什么能在国际货币市场上有威望？它是以黄金为后盾的！"他胸中自有黄金世界，列举出许多国家的黄金产量，南非世界第一，年产 700 吨；苏联第二，年产 400 多吨；美国、加拿大等好多国家都是两三百吨，而我们呢？我国黄金资源并不少，有上千年的开采冶炼史，也曾居世界前列，由于帝国主义的疯狂掠夺和破坏，1901 年时年产 4.51 吨，到 1949 年还是 4.50 吨。他说，"新中国成立到现在，又过了 20 多年，黄金生产始终在低水平徘徊，一直搞不过慈禧太后，这岂不是我们的奇耻大辱吗？招远自古就是淘金之地，号称'亚洲第一金都'，在全国也是数一数二的。可是，现在设备极其简陋，最先进的东西只是用机器代替人力拉磨；淘金方法基本上还是古代的落后办法，肩挑、水冲、手摇，几乎没有改进。人家发达国家都是采用现代技术装备，一个劳动力一年可生产黄金 30 两，而我们 10 两都不到！生产力水平这么低下，还要大批'唯生产力论'，这不是要亡党亡国吗？"王震的话震撼着大家的心，这是无情的事实啊，只有他王胡子敢说！

他充分肯定招远金矿的成绩和经验，鼓励大家说："你们这里遍地黄金，短时间内能不能成倍增长？我看是完全有条件的。关键是要靠科学开采、科学冶炼，改进技术装备，提高现代水平；不能空喊政治，瞎指挥蛮干，而是要凝聚大家的聪明才智，求真务实，真抓实干！我希望你们和全国各地矿区同心协力，把矿金、沙金生产都搞起来，大打矿山之仗，大力提高劳动生产率，打破中国黄金事业落后局面，向生产的深度和广度进军。"

接着，王震又去四川、内蒙古、黑龙江、湖南等地考察座谈，都是讲他这些观点。来到湖南株洲冶炼厂，一进会议室，他就把总工程师拉到自己身边坐下，风趣地说："'老九'不能走！"当听到工厂金、银电解是从"小痰盂"起步，1974 年电金产量已达到 580 公斤时，王震连连称赞说："好哇，从'小痰盂'到电解槽，我看到了'山药蛋'加'手榴弹'的革命传统和科技进步的威力。我们国家要创造，要发展，要实现'四个现代化'，就要有中国人民的志气，艰苦奋斗的精神，加上科学进步和技术革新精神，缺一不可！"

回到北京，王震又同财政部和人民银行商谈提高黄金收购价，找有色冶金研究院研究采金技术和设备改进，为招远解决大型装备，为株洲厂解决环保设备等。他从体制到政策作出重大调整，从资金到价格大力扶持，从技术到设备全力保障，重要环节他都亲自抓、亲自跑，鼓起大家干劲争上游。1976年，我国黄金年产猛然达到48万两，第一次超过慈禧时代5万两。

粉碎"四人帮"后，国家实行改革开放，急需大量黄金外汇，为使黄金生产有个更大的突破和飞跃，王震提出多年想法："让部队去找金子!"在邓小平的大力支持下，他组建起一支过得硬的"黄金部队"，按照现代化高水平要求，整合资源，集中优势兵力，迅速打开新的局面，1980年实现了年产200万两的目标，现在年产量稳居世界前列。

维护整顿挺身起

四届人大后，遵照毛主席有关"整顿""安定团结""把国民经济搞上去"的一系列指示，邓小平带着国务院一班人马大刀阔斧搞整顿，扭转了严重混乱的局面，国家的政治、经济形势开始好转。以江青为首的"四人帮"不甘心"组阁"失败，趁毛主席年迈多病、周总理病重，加快了篡党夺权的步伐。首先是在毛主席面前极尽挑拨造谣之能事，全面否定邓小平主持中央工作以来的功绩，康生进谗言说邓小平"想翻'文化大革命'的案"，王洪文攻击"邓小平是还乡团的总团长"，极力动摇毛主席对以邓小平为首的老同志们的信任和支持。同时，他们仗着掌握舆论工具，恶意歪曲主席本意，大批所谓"经验主义"，"批宋江投降派"，又挑起批判"风庆轮事件"、开展"教育革命大辩论"，在全国掀起"反击右倾翻案风"的恶浪，策划清华、北大率先贴出一大批大字报，点名批判包括王震在内的七位副总理，攻击他们是"还乡团分团长"；还点名批判一大批部长，科学院的胡耀邦、铁道部的万里、交通部的叶飞、七机部的张爱萍、教育部的周荣鑫，几乎同时被打成"右倾翻案风"的"急先锋"。眼见周总理的病情非常严重，邓小平的处境极为艰难，王震不顾个人安危，站到反对"四人帮"倒行逆施的前面，坚持要亲自去交通部参加批判大会。

1974年10月，我国自行设计制造的万吨级远洋货轮"风庆号"成功远航。"四人帮"为抢功"组阁"，编造出"他们奉行的都是'造船不如买船，买船不如租船'的'洋奴哲学'，推行了一条卖国主义路线"的政治帽子，扣在国务院和交通部头上，大批"崇洋卖国"，扬言要"彻底检查整顿"交通部，并借此大闹政治局会议，江青和张春桥气势汹汹地逼邓小平表态；接着派王洪文飞抵长沙，向主席诬陷和诋毁周总理和邓小平。毛主席严厉批评他们，一针见血地指出"江青有野心"，警告他们不要搞"四人帮"，挫败了"四人帮"的"组阁"阴谋。现在，他们趁总理病危进行反扑，又在交通部召开批判"风庆轮事件"的大会，批判叶飞。

王震分管交通部、铁道部，出于对叶飞和万里的信任，以往很少亲自过问。现在面临危局，他要出席讲话，把责任全揽在自己身上，他旗帜鲜明地说："叶飞同志贯彻中央9号文件没有错。把交通部说成是'造船不如买船，买船不如租船'的卖国主义，我是不同意的。"他明确指出："我是国务院副总理，分管交通部、铁道部，在大事上他们都向我汇报，都要征得我的同意。如果说有什么错误的话，那首先是我的责任。"他挺身挡住"四人帮"一伙的攻击。

王震最恨江青仗着"特殊身份"飞扬跋扈，骄横无理，到处害人，损害毛主席的形象，心里早窝着一把火。他为炼金设备事去冶金部有色冶金研究院，看见院子里贴着好些"评法批儒"之类的大标语，就把全院人叫来，对大家说："你们是有色金属研究院，你们的任务是研制有色金属提炼设备。你们又不是文科大学，不是搞历史的，贴这些东西干什么?"说着，火气大了，嗓门也高了："你们知道吗，要搞评法批儒的人，她自己就要当女皇！要当慈禧太后！要当武则天！"一语惊四座，振聋发聩。

自从开始"反击右倾翻案风"，王震让秘书注意各种简报中"批邓"动向，如点不点名、称不称"同志"。国务院办公室的简报把"邓小平同志"的"同志"去掉了，他不禁吼道："把他们给我叫来！"他气呼呼地对赶来的值班室主任说："别的部门不了解情况，你们也不了解？小平同志主持工作期间国务院是什么样子你们不清楚？为什么也昧着良心这么做？你把我的意见带回去！带到上面去！"

一天，王洪文转来一份简报，反映国务院一些部门揭批王震"右倾翻案风"的"问题"，故意批示："请王震同志读。"王震气得随手一扔。秘书问他怎么处理，他说，"不用理他。"

王震知道，这是"四人帮"的"警告"！回到家里，他把孙子、孙女搂在怀里，谆谆嘱咐说："你们记住，你们的爷爷不是走资本主义道路的当权派，是走社会主义道路的当权派。不但走，还跑哩！"

中国命运大较量

1976年初，周总理病危，王震一直焦急不安。直到1月7日，总理弥留之际，才得以前往探望。王震强忍热泪，回家哽咽道："总理已经不省人事了，人瘦得完全变了样……"双唇抽搐，长久默默无语。

第二天上午传来总理逝世噩耗，王震泪如泉涌，悲恸长泣："总理，你不该这个时候走啊！"9日一大早他赶到办公室，叫秘书通知他主管的几个部召开党组会缅怀总理，表示群众悼念要大力支持；他将自己身边的秘书、警卫等工作人员都叫到一起缅怀总理，"化悲痛为力量"！痛斥"四人帮"："有人批宰相，实际上自己想当皇帝！"

在给周总理治丧期间，王震由于连日来的过度悲痛，吃不下、睡不着，身体十分虚弱，腿伤痛得走不了路，但轮到他守灵值班照样坚持前去。

1977年1月8日，首都文艺界举行缅怀周总理逝世一周年大型文艺晚会，邓颖超、王震出席

"四人帮"的压制阻挡不了正义的力量，天安门广场的吊唁活动已经汇聚成一场伟大的人民运动。王震刚做了胆囊切除手术，躺在病床上，每天都要秘书给他详细讲天安门广场悼念周总理、声讨"四人帮"的情况和动向。念到广场诗篇时，他高兴地称赞："好诗！好诗！写得好哇！"兴奋得饭也能吃了，在窗前遥望天安门广场，和亿万民众同心激愤。

四五运动遭到"四人帮"镇压，被定为"反革命事件"，邓小平也被打成"总后台"，撤销党内外一切职务。王震义愤填膺，无法抑制自己的情绪，一连好些天，常常叫喊骂娘，找来一些老战友直冲冲地说："我要上山打游击去！你们敢不敢跟我去！你们能带多少队伍？带多少枪？"甚至叫喊要去天安门广场，"先发表演讲，然后自杀！"家里人和身边工作人员生怕他气极了真出事，便将他"软禁"在医院，不让出院，极力劝解。

王震从天怒人怨，敏感地意识到党和国家已面临着生死存亡的大决战，坚决出院回家，去找当年的总参谋长、元帅叶剑英。两人心心相印、肝胆相照，他急不可待地倾诉怒火，直截了当地说："不能再让他们这样猖狂了，把他们都弄起来不就解决问题了吗？"

王震在粉碎"四人帮"中作出了重要贡献，这是叶剑英和王震在一起

叶帅最了解王震的脾气，只有他胡子敢"明目张胆"地提出抓"四人帮"！叶帅不动声色，为安全起见，打手势示意。王震也是身经百战、指挥千军万马的名将，当然明白其意：要抓"四人帮"，不能不"投鼠忌

器"；只有等日后，伺机解决，既要合理合法，又要周密策划，万无一失，一举成功！叶帅点点头，王震咧嘴一笑："好，我听你的！"爽快地请缨："要我做什么？做您的'联络参谋'吧！"叶帅笑道："你这个参谋，我可是求之不得啊！"

王震知道这要冒天大危险，便把身边工作人员叫来说："你们不要跟着我了。我已经做好了各种准备，准备坐牢，准备杀头，准备跟他们干到底了！"大家都不肯离开，愿意跟着他一起干！

王震多次去西山，密商救国救党大计。叶帅目标大，出门不方便，让王震负责做好三件事：一是做好中央警卫团的工作，他们有一批老干部要转业，这些都是好同志、老同志，"你在国务院，要想办法把他们安置好"。二是王震和汪东兴家很近，"你要保持跟汪东兴同志能说得上话"。三是"你多到老同志那里走动走动，听听他们的意见。我现在的身份，不好做这些事"。

王震遵照叶帅吩咐，不辞辛劳地办好叶帅交代的任务，频繁而机警地穿梭于叶帅和陈云等好些多谋善断的老同志之间，积极联络，传达信息，正义的力量在中央高层凝聚结集。

9月9日，毛主席不幸逝世，王震无比悲痛，想起自己跟随毛主席革命一辈子，出生入死打江山，呕心沥血搞建设，有着极其深厚的感情，为他的伟大而骄傲，也为他的错误而惋惜。

他回想起第一次见到毛主席，是在1925年8月。王震还是一名17岁的铁路小工友，担任长沙新河站工人纠察队分队长，奉命带领三名纠察队员，用铁路上的手摇车，护送"毛润之先生"到韭菜园。初见毛润之，原来是个年轻英俊的白面书生，还主动和穷工友们握手交朋友，询问铁路工人生活和工作情况，讲劳工团结、工农革命，和蔼健谈，满肚子学问，初次见面留下非常深刻的印象。

第二次见面是1930年9月，王震已是湘鄂赣赤卫军六师政委兼浏北一支队队长，配合一方面军攻打长沙，奉命赶到镇头市去见总政委。毛总政委夸奖他打仗很勇敢，要他率领浏北游击队主力，撤到高坪参加组建主力红军湘东独立师，创建湘赣根据地。从此，王震离开家乡，跟随毛主席干革命。

最难忘的是1934年1月，毛主席被排斥在中央领导层之外，没有能来沙洲坝参加中华苏维埃第二次全国代表大会。王震在会上汇报湘赣军事工作和第五次反"围剿"方略，刚讲到毛主席的"十六字诀"，顾问李德就非常反感，粗暴地叫喊"停下！"无理指责："你们中国的红军指战员是一群无知的乡下佬，作战办法是典型农民式的办法。"王震很反感，压着火顶撞道："我们四次反'围剿'都是按这'十六字'方针打的，完全证明是打胜仗的正确方针。"李德气急败坏地说："你们这些山沟里的土包子知道什么？蒋介石的作战方针和原则是请德国、意大利和美国的军事教官制定的，你们那些游击主义的作战方针原则已经过时了。"又大讲他"短促突击""堡垒对堡垒"那一套，博古随声附和，强令大家执行。

大会后，王震去瑞金看望毛主席。毛主席先是通知他，中央决定派他去苏联出席共产国际第七次大会，然后留下学习，王震非常高兴。主席又说："任弼时同志刚才打来电话，要你赶快回湘赣去。你是回去呢还是去莫斯科？"

王震毫不犹豫地说："我听主席的！"

毛主席一愣："你听我的？"王震点点头："是呀！"

毛主席看着王震好一阵，沉重地说："现在有些人反对我，说我是'土包子''游击习气''三国战术'。我不赞成他们那一套！"

王震将会上的一些情况和不让发言的事，都告诉了毛主席，毛主席更加忧虑，"他们不听我的，反对我，你还敢听我的？"

王震坚定地说："我不怕！您的主张正确，我就听您的，叫我到哪里去，我就到哪里去；叫我怎么打，我就怎么打！"

毛主席紧握着王震的双手，两颗心贴得更近了，非常激动地说："好！王震者湘赣人也。你是湘赣老人，还是回湘赣去打游击吧。"毛主席特意给他讲"三国战术"，强调"在敌强我弱的形势下，千万不能跟敌人'堡垒对堡垒'，不能与强敌顶牛，更不能死拼硬攻；要按照'十六字诀'，敌进我退打游击，牵着敌人的鼻子打转转，找敌人的尾巴和腰部打埋伏，集中优势兵力，消灭它的有生力量，最后吃掉敌人。"

这次推心置腹的谈话，王震刻骨铭心。

从这以后，毛主席每次交给他一项重要任务，都要叫他来亲切长谈，他也总是那句由衷的话："我听主席的!"几十年无数次谈话，有批评、有教诲、有鼓励，坦诚而真挚。即使是在"文化大革命"中挨批挨斗，他也深信那不是毛主席的意思，而是林彪、康生、江青一伙借机挟私消灭异己。"文化大革命"中是毛主席保了他，还面授"机宜"："对那些要打倒你的人，不能硬'顶牛'"；要他远避"锋芒"，"下去走一走，看一看"，他都是"心领神会，言听计从"。他认为，毛主席晚年犯这么严重的错误，一个重要原因是他没有坚持他自己提倡的实事求是和群众路线，这里有他年迈多病不能身体力行的原因，也有被"四人帮"左右、偏听偏信的问题，不用说脱离群众，就是这些老帅、老将、老干部也都被"四人帮"从中隔离了，不能像以前那样亲近交谈了。他多么想和毛主席倾心吐胆地长谈啊，想当面质疑问难：为什么要发动"文化大革命"，让林彪、"四人帮"搞得天下大乱、怨声载道啊！尤其是江青，连您的批评劝告都不听，您要有苦衷，我们替您收拾！

王老讲他确实有些怨恨，但随人逝而消去，还是多些宽容和理解吧！毕竟，我们是跟随毛主席走向胜利的，在党和国家面临危难的关键时候，在生命的最后时刻，毛主席始终没有把党政军大权交给林彪和"四人帮"，最后交给了忠厚老实的华国锋，为后来解决"四人帮"提供了坚实基础。这是何等的英明，了不起的伟大功绩啊！1976年10月6日，以华国锋为首的党中央不费一枪一弹，一举粉碎了"四人帮"，保全了党，保全了中国这艘巨轮平稳闯过危难险滩，也是对毛主席在天之灵的最好告慰吧！

（作者是国务院华侨办公室宣传文教司原副司长）

我与彭真的君子之交

张文松 口述　　韩勤英 整理

我与彭真 1936 年秋在北平相识，当时我掩护他做地下党工作。1949 年北平解放后，彭真长期兼任中共北京市委第一书记、市长，直到 1966 年 5 月 "文化大革命" 爆发。在这年间，我先后在市委办公厅、政策研究室、教育部等部门工作，担任过这些部门的主要职务，一直在他身边工作，实际上是他的助手。在几十年的接触中，我受彭真的影响和教育很大。但我们之间一直是同志关系，君子之交淡如水，私人事务上从未相互求过什么。这里回忆一些片段，且谈谈我对他的一些了解和认识。

掩护出狱后的 "魏先生"

1935 年 8 月，彭真从设在北平的国民党河北第二监狱刑满出狱。出狱后，他从北平回天津寻找党的组织。1936 年秋天，我才 17 岁，还是中国大学的旁听生，是中华民族解放先锋队成员。有一天，姑姑张秀岩把我找到天津去，当面交代任务，要我掩护刚刚出狱的彭真。姑姑是 20 年代经李大钊批准入党的老党员，告诉我利用我叔叔张璧在 "大义社" 的房子做掩护。

彭真一开始住在前门外东打磨厂的一个小旅社里。我的任务是和彭真接头，通知他到新的居住地点，我陪他住在 "大义社" 的一座宅子，那里四周全是树木，大门朝东，里面有三间房。我第一次见到彭真，他戴着礼帽，穿着夹袍子，个子高高的，脸部十分消瘦，面色青黄十分难看，鼻子显得特别突出，用手绢擤鼻子时还有血。我觉得他像个病人。后来才知道他在敌人监狱里待了六年，刚出狱不久。我称他 "魏先生"。

当时距一二·九运动爆发不到一年，如何在国民党统治地区把学生抗日爱国运动进行下去，通过什么方式把群众团结在党的周围，有很多问题需要解答，很多工作需要像彭真那样有丰富经验的干部来领导。彭真当时担任北方局组织部长，他不顾恶劣的斗争环境和病弱的身体，很快开始了紧张的工作，主要是开会、与人接头。平津地区不少一二·九运动负责人常去找他，我就给他们准备些茶水、放放哨。有时针对青年学生存在的思想问题，彭真也常找他们谈话。比如1936年底西安事变发生后，北平有些人士和青年对释放蒋介石不理解，彭真就向许德珩等人详细讲解党的方针政策，指出放蒋有利于逼蒋抗日，建立统一战线等。

彭真常到清华大学去工作，有时半夜才回来，到了住处他就敲后墙，越墙进院后我再打开房门让他进来。在我们的住处，存放着许多他带回来的文件，如季米特洛夫的报告、英文的《密勒氏评论报》等。彭真告诉我，共产国际执委会关于建立抗日民族统一战线的报告他当时也看到了。

彭真在这里一直住到1937年春，然后就随刘少奇去延安参加中国共产党全国代表会议（当时称苏区党代表会议）和中国共产党白区工作会议去了。记得临行前，姑姑还特意从天津来为彭真同志饯行，她随后也去了延安。

彭真在延安

担任彭真助手

1948年我因肺结核到西柏坡养病，同时向组织汇报北平地下党的工作，在那里待了两三个月。年底党中央任命彭真担任北平市委书记，带领新组建的市委人员从保定向北平进发。途中他致电安子文说，张文松对北平文化界较熟悉，此间需要他，如医生允许，请即赶来。接中组部通知后，我立即于1949年1月下旬，乘坐四野的车赶到石家庄，又从天津到北平海淀，在青龙桥与彭真会面。当时北平市委和北平军事管制委员会正准备进城，彭真问我进城后到哪里去找房子安排市委机关驻地。我考虑了几个地方，中南海势必将留给中央使用；铁狮子胡同的执政府房子不少，但很破旧；顺承王府的房子也是一种选择，但都不理想；还有就是东交民巷的德国大使馆，1945年德国战败后，一直是空的。彭真派人考察后最后选定北京市委机关就设在德国大使馆。使馆里有个搞接待的大厅，很多会议都是在那里开的。因为地方小，开会时很多同志都坐在地下，好像赶集一样，北平市军事管制委员会主任兼市长叶剑英常开玩笑：又开"骡马大会"了！

刚解放时，赵凡、崔月犁、王汉斌和我都是彭真的直接助手，直接承办彭真等领导同志交办的事项。刚一进城，机构不甚健全，人手又少。但由于进城之前，市委做了大量准备工作，从调集、训练干部，制订城市政策、安定社会秩序，到系统进行接管，都作了细致的安排，所以尽管事务繁多、情况复杂，也遇到一些始料不及的问题，但工作效率还是很高的，大家都兢兢业业，不分昼夜地苦干。

彭真对学习非常有兴趣，在我看来，他的学识大部分靠自学，来自在长期的革命斗争和建设事业中，在繁忙的工作之余不断刻苦学习，注意点滴积累。除了学习马列原著，彭真还注意研究历史。他的文史底子不错。毛主席通晓古今、博大精深，他在谈话中引用的东西很多，有些是成语典故，有些是从古书上引的。彭真参加中央的会议时注意将这些话记下来，有的不知道出处和意思，回来我就帮他去查找。我还根据需要负责给他买书。记得有一次，彭真听毛主席讲接班人问题，讲到《六祖坛经》，五祖传给六祖慧能，回来后就让我到旧书店买《六祖坛经》，我赶快到琉璃厂、东安市场的旧书摊去买来交给他，便于他了解和体会毛主席讲话的精神。

我做彭真的助手从未给他起草过讲话稿。他讲话前一般都是写个提纲。讲话时针对不同的说话对象用不同的语言，深入浅出，很有特点。比如三大改造完成后，他用最通俗的语言讲：人的身子已经进入社会主义了，脑袋还没进入社会主义，就是说思想还没转过来。类似这样形象的讲话还有很多。

解放初期的三大任务

进城初期，彭真就提出市委的三个任务，即首都建设要为党中央和中央人民政府服务，为人民大众服务，为生产建设服务。那时市委的整个工作都是围绕着党中央和毛主席的决策进行的。

1949年3月，党中央到香山后，市委与中央的关系就更密切了，工作也更繁忙了。市委直接落实中央的许多指示，特别是在服务中央领导机关方面做了很多具体工作。举两个例子，彭真随毛主席、周总理的工作习惯，都是在夜里工作，凌晨三四点休息，我们早上去落实他的批示。那时，周总理的秘书李琦常常一大早就到彭真处送总理的批示，我就把这些批示和文件接过来，这样的文件每天都很多。

1951年3月8日，彭真市长在就职典礼上讲话

当时中南海怀仁堂还没有修好，为了让中央领导在繁忙的工作中有个娱乐的场所，市委就把德国大使馆的仓库修整一下，搭个台子当临时剧场，请北京的一些剧团表演节目。比如京剧、相声和器乐演奏，等等。侯

宝林的相声常把毛主席逗得前仰后合的。

进城后，我们的主要任务是集中精力搞建设，这个思想是十分明确的，彭真也曾经发表过不少讲话。关于北京的建设规划，宏观的不好说，但我可以举三个小例子。

过去天安门的两旁有东、西三座门，在拆和不拆的问题上，市委向古建筑专家征求了很长时间的意见，如彭真与建筑专家梁思成就三座门保留的利与弊及文物保护等方面的问题讨论了好久，梁思成从古物的角度倾向保留，彭真认为三座门阻挡了出入车辆的视线，容易造成人员伤亡，应该以人的生命为重，以北京的交通发展为重，最后还是拆掉了。

当时天安门前的马路非常窄，彭真主张长安街从东单至西单至少要80米宽，他常说要用发展的眼光看未来的问题，现在北京只有一万辆汽车，以后会有几十万辆，路窄了，就会带来很多问题。实践证明了彭真发展的眼光是正确的。

北海大桥以前也是很窄的，彭真征求了专家的意见，拆了一部分中南海的围墙，使之向南扩展，既不破坏古迹，又方便了交通，得到了专家们的拥护。

彭真贯彻中央和毛主席的指示从不打折扣，并勇于接受中央委以的重任。他与聂荣臻团结一致，把晋察冀根据地搞成了模范根据地。到东北开辟工作更是不畏艰险，富于创新。当然，到首都北京担任市委书记，同样是一副极重的担子，他与叶帅配合使北京在较短的时间内就稳定了秩序、恢复和发展了生产，各项工作都走在全国的前头。

坚持实事求是，注重调查研究

彭真在工作中始终把握着实事求是四个字，他认为一个党员工作要老实，说话要老实，办事更要老实，一向反对虚虚假假的东西。凡事从实际出发，一切以大局为重。1954年彭真参加中央书记处工作以后，这个特点就更明显了。如何处理中央和地方的关系，如何处理为人民长远利益服务的问题，如何反对官僚主义、形式主义和铺张浪费的现象，他都有过重要的讲话。

彭真对工作十分负责任，又十分细心谨慎。当问题涉及的时间长、范围广、情况还不了然时，就一定要经过调查研究后才解决，情况不摸底就不决策。这是终其一生的作风。解放初期，当我们还不了解城市的情况时，市委开了系列的座谈会，了解政府迫切需要解决的政治问题、经济问题和其他许多问题，做了很多典型调查后才出台党的政策。在"三反"和"五反"运动中，他都是不断地调查研究，总结经验，纠正错误，这使得他看问题比较敏锐，如他在"三反"中发现自杀的现象后，向中央作了一个详细的报告。彭真经手的每一个文件、每一个政策出台前都要反复修改。这个工作作风是在延安从毛主席那里学来的。他常说，毛主席经常把一个稿子改了又改，数易其稿，有时却决定文章不发了，存起来，为什么，因为时机不到。过一段时间再发。

彭真在繁忙的工作之余不断刻苦学习，注意点滴积累，就是在"文化大革命"受迫害期间，也始终坚持研读马列著作和历史书籍

彭真外出搞调查研究，我一般都跟着去，他的调查是极广泛的。比如有关公营和私营矛盾的问题，他听私营业主的，也听工人的，还听军代表管理人员和技术人员的意见。当然还重视中间人的意见，因为他们的人数多，关系到政策导向的问题。彭真善于做各种各样的群众工作，语言深入

浅出，有自己的特点，具有很强的说服力。

1949年5月我到市委政策研究室工作。当时政策研究室由这么几部分人组成：一是随邓拓来的中央政策研究室的老同志；二是一些大学生；三是原东江纵队、准备南下的过路干部；四是一些新华社北京分社的同志。当时政策研究室分工业、农业、经济、市政等许多组，都是老同志任组长。

1957年5月，彭真在北京市猪市大街同建筑工人一起劳动

政策研究室的任务基本是遇到什么问题就做什么工作。北京解放初期，没有什么像样的工业，当时有些规模的就是石景山钢铁厂、石景山发电厂、清河制呢厂、电车公司和自来水公司。其他的多属于私营企业，劳资纠纷很多。资本家认为生意越来越不好做，工人纷纷要求增加工资。彭真要求我们深入工厂调查研究，摸透情况。我和市工会主席萧明曾经到一家私营工厂搞过调查。解放初期是巩固政权、经济恢复的关键时期，有关税收重不重，物价怎样稳定等各方面的问题都要去调查摸底。封闭妓院也是经过深入的调查后才决定的。当时政策研究室的干部去妓院调查，老鸨见来了这么多干部，还以为今后生意会好起来。我们经过了解情况后制订了计划，封闭妓院工作做得很周密，执行很迅速，在全国乃至全世界都产

生了很大的影响。

解放初期两次大张旗鼓的镇反运动，对敌特分子起了强大的震慑作用，为百姓除了害。记得当时在中山公园中山堂控诉、宣判这些恶霸的罪行，由于气愤，连一位女民主人士都上去抽坏人的嘴巴，可见镇压反革命是得人心的。那时彭真、刘仁指示我审看公安局报送市委的材料，所有的卷宗包括原始材料都要仔细看，工作是日夜兼程，发现有疑点和问题就要重新审查，因为是人命关天的事，不能出任何纰漏。由于工作量太大，以致累得我病倒住院。

彭真特别强调调查研究的过程就是解剖麻雀，麻雀虽小，五脏俱全。必须弄到第一手的资料，不能道听途说。搞调查要注意抓两头，先进的和落后的，两头解决好了，中间就好办了。"文化大革命"后，他主持政法工作后也是如此，他要求工作人员要倾听各方面不同的意见，不偏听偏信。他说：古人云"兼听则明，偏听则暗"，社会主义民主更要听取不同的意见，不允许有不同意见就不可能有民主。

1958年，彭真陪同毛泽东等审查北京天安门广场建设规划模型。左起：彭真、毛泽东、李富春、万里、周恩来

善于团结干部，喜欢与文化人交朋友

彭真对干部的要求很严格。所谓的严格就是党员干部要按照党的方针政策办事，干部要加强理论学习，并且理论联系实际，广泛深入群众，在规定的时间内解决问题，这样做了他就绝对不会责备你。但是他对干部也不是不批评。彭真批评人时总是讲清你为什么犯错误，是什么原因造成的，只要认识了就好，以后对干部该怎么用就怎么用。为了解决干部的思想问题，他要求我们开展经常性的批评与自我批评，有意见摆到桌面去说，经常沟通思想。比如，一年的夏天，在天坛公园开干部大会，干部开会时要坐在露天的地上，当时蚊子很多，卫生部门必须提前打药，可是他们没打，彭真就严厉地批评他们太缺乏群众观点，下一次开会卫生部门就按要求做了。

彭真十分关心年轻干部的培养，凡是到他那里当秘书的年轻同志，都要到基层锻炼一年，因为不少年轻干部基本是"三门干部"，即出家门，进校门，到机关门，缺乏对社会生活的了解。他的秘书有的到工厂去当钳工、有的到农村锻炼，目的是使他们坚定立场、提高党性。

彭真有很高的领导艺术。他经常为干部作报告，从政策到思想理论都讲得清清楚楚的，然后放手让他们去工作。他经常说，思想领导是最高的领导艺术。他对同志是坦诚的也是负责任的。在"文化大革命"初期，因为强大的政治压力，市委违心地给邓拓作了处分的决定。为此，彭真专门给邓拓打电话讲这件事，第二天派李琪、我、范瑾和宋硕向邓拓专门传达市委的决定，邓拓说：我服从市委的决定。从中可以看出即使是自己都处在挨整的情况下，彭真还是尽力保护其他同志，说明他对干部的处理是极端负责的，也是十分爱护的。

北京的文化人多，彭真喜欢和他们交朋友。比如教育界的张奚若、许德珩，文艺界的老舍、曹禺，戏剧界的李玉茹，医务界的林巧稚等，通过他们倾听各方面不同的意见，因此团结了各个方面的人士。有一次，我随他到同仁堂，从大堂走到制药的作坊里，最后到了职工住的地方，这种个人的交往和调查对私营企业的改造也起了很大的作用。

社会主义民主法制建设

彭真在社会主义民主与法制建设的理论和实践中，积累了许多著名的观点，比如"三个平等"的观点，即在真理面前人人平等，在法律面前人人平等，在党纪面前人人平等。在真理面前人人平等就是要坚持真理、坚持原则，随时纠正错误。决定问题要少数服从多数，这样才会有行动上的一致。在法律面前人人平等是社会主义法制的基本原则。谁也不能凌驾于宪法之上。要搞法治，不能搞人治。任何人没有超越宪法和法律的特权。1989年政治风波过后，彭真就是依靠以事实为根据，以法律为准绳说服了许多思想上有疑虑的同志。

彭真常说社会主义的实质就是一切权力属于人民，人民真正当家作主是根本目的。1954年彭真在第一届全国人民代表大会第一次会议发言时，就提出"公民在法律面前人人平等"。他认为民主集中制，民主是基础，集中是在民主基础之上的，没有民主就没有团结；没有集中就变成了无政府主义。这容易理解，却不容易做到。

彭真十分推崇邓小平的一句话：制度好可以使坏人无法横行，制度不好可以使好人无法干好事，甚至会走向反面。两位老人在复出之后，常在一起探讨社会主义法制的问题。彭真常总结"文化大革命"的经验教训，说那个时候最可怕的是不允许人讲话，不允许人家发表不同意见，就是一个囚犯判了死刑还得允许人家申诉呢！怎么能不让说话呢！

一直称呼他"彭真同志"

我和彭真结识较早，1939年他同我姐姐张洁清结婚以后，我们又成了亲戚。在新中国成立前，我始终把彭真当作一个革命的前辈看待，把他看作一个老师，以后也是如此。我可以比较自豪地说，我在彭真身边工作是公私分明的。在这个问题上，彭真没有避嫌。直到他逝世，我一直称呼他"彭真同志"。他退下来、我也退下来后，我们见面谈的都是国家大事，没有私人琐事。我们是领导与被领导的关系，同志的关系超越了一切。

跟彭真关系那么近，我从没有要求他什么，哪怕是给我写几个字。彭真过生日，我基本上是写几句寿诗什么的。他知道我喜欢文房四宝，送过我两个砚台，仅此而已。我生病时他去看我，总爱到我的书架上去翻一翻，然后说：这本我拿走了？！我同彭真的关系就是这个样子，可谓"君子之交"。

彭真与张文松

但由于和彭真的亲戚关系，我在"文化大革命"中被整得不轻。康生给我扣了几顶帽子，"日本特务""国民党特务"，最奇怪的是"东德特务"。我被解除管制后，听到扣给自己的这些帽子，哭笑不得，"双料特务"就够我受了，第三顶帽子不知道怎么来的。我们两家人在"文化大革命"中损失都很大，已高龄卧床的姑姑张秀岩，被从病床上拉下来，关进监狱迫害致死。我的二女儿被逼疯，口吐白沫还在挨斗，在精神病院住了多年，1991年去世。彭真的老母亲和弟弟都是被迫害致死的。每想到此，悲痛万分。可是"文化大革命"不是一个人、一个家，而是一个党、一个国家的浩劫！

彭真是一名真正的马克思主义者，他一直强调马克思主义的立场、观点和方法是我们解决中国革命和建设问题最有力的武器。晚年时，彭真对看望他的中央领导同志讲社会主义的灵魂是共产主义的精神、信念和理想。这是他晚年理论的升华。搞社会主义必须讲理想和信念，否则革命就不可能成功。多少革命烈士都是凭着坚定的理想和信念舍生忘死的。忘掉这些就失却了精神动力。这是彭真一生的政治遗言。

（作者是教育部原副部长）

忆仲勋

齐心

　　仲勋离开我们已十几年了，但他的音容笑貌依然深深地印在我的心间，与他相依相伴的往事时常浮现在我的眼前。他似乎仍像以往一样，关心着党和国家的大事，关心着我的冷暖，关心着儿女们为党为国尽忠、为人民服务的情况。在此，我想写一些和仲勋共同工作、生活的往事，以此表达我对仲勋的无限怀念。

　　仲勋在与我共同生活中，多次谈起他的家世。仲勋出生在陕西富平一个农民家庭。习氏和中国其他姓氏一样源远流长。1369 年（明洪武二年），习家这一脉始太祖习思敬携家带口由江西新淦（今新干县）逃荒要饭到河南邓县（今邓州市）落户。仲勋为该族西户习魁之后第九代人。仲勋的曾祖父习玉策生子三人：习永盛、习永山、习永厚。习永盛为长子，是仲勋的祖父。习永盛与张氏夫人在河南邓县育有一儿一女。1882 年（清光绪八年），因家境贫寒，习永盛不得不再次举家逃荒，来到陕西富平淡村落户，后相继生下仲勋的父亲习宗德、叔父习宗仁。在淡村定居下来后，全家除靠租佃土地生活外，仲勋祖父还挑着货郎担赶集串乡挣钱补贴家用，终因贫病交加，冻饿而死在富平城郊的圣佛寺塔下，被埋在附近的乱坟场内。1900 年（清光绪二十六年），在外当兵的大伯回到家乡，给了家里一锭银两接济，加之祖母及仲勋父亲、叔父日夜辛勤劳作，家境才有所改善。不久，仲勋父亲和叔父这两房子女陆续降生，仲勋为习家迁至富平淡村后的第三代长孙。仲勋的父亲于 1928 年 40 岁时病故，母亲柴氏也在次年去世，年仅 35 岁。苦难的家史对仲勋一生产生极大影响。"我是农民的儿子"，是他在家里常说的一句话。

在民族危亡和家庭苦难中出生成长的仲勋，从小就向往光明进步，立志改变旧中国面貌。13岁的仲勋，在大革命的洪流中加入中国共产主义青年团，开始了波澜壮阔的革命生涯。15岁时，因参加党领导的爱国学生运动被关押。在狱中，他立场坚定、斗争坚决，转为中国共产党党员。

1932年4月，仲勋和他的战友们组织发动甘肃两当兵变。之后，他投入艰苦卓绝的创建陕甘边革命根据地的工作。1933年4月，中共陕甘边特委在照金召开第一届工农兵代表大会，选举产生陕甘边区革命委员会，雇农周冬至当选为主席，仲勋当选为副主席。1934年11月，仲勋又当选为陕甘边区苏维埃政府主席，当时他才21岁，被人们亲切地称为"娃娃主席"。1935年春，陕甘边和陕北两块革命根据地连成一片，成为西北革命根据地。这块革命根据地成为党中央和中央红军长征的落脚点和八路军抗日的出发点。抗日战争时期，遵照党中央、毛主席的重托，仲勋先后在关中、绥德地区担任主要领导职务，把守陕甘宁边区的"南大门"和"北大门"。他对党的事业的无限忠诚、工作中表现出来的才能和作出的贡献，得到党和人民的高度认可和赞誉。1943年1月，毛主席为他题词："党的利益在第一位"。

我第一次接触仲勋是在1943年。当时西北局从延安大学中学部抽调一批青年同志到绥德师范（简称"绥师"）和米脂中学以学生身份开展工作，我是主要带队人（党支部书记）。在我经西北局到绥德地委转党的组织关系时，在绥德地委所在地九真观大院里，看到墙上贴着崭新的标语，上面写着"欢迎习仲勋同志来绥德地委主持工作""学习习仲勋同志的优良品质和作风"等，这时我才知道仲勋是新任绥德地委书记。由于绥德地区是1940年刚开辟的新区，加之绥师一些学生对共产党缺乏认识，政治思想比较混乱。那时，我被编在绥师思想最活跃的秋三四班级学习并担任党支部书记。当时，学校发生了"贴黑头贴子"（写匿名信贴在校内墙上）、"打石头"（教员杨典被石头打伤）等案件。而此时正值陕甘宁边区开展防奸运动，绥德地委对案件十分重视，不仅派地委宣传部部长李华生同志来学校蹲点，作为地委书记的仲勋还亲自来绥师作相关报告。就是在这次大会上，我第一次见到了仲勋。我和仲勋的直接相遇是这一年的夏天。那是一个星期天，我正从雕山书院女生集体宿舍经教室走过来，突然看到迎面走来的仲勋，我赶紧给他行一个军礼。他看到我，微笑着点了点头，便走了过去。

随着防奸运动的深入和受"抢救运动"的影响，一时间，特务如麻的阴影和"逼、供、信"、假坦白的气氛笼罩着绥师，全校学生不被怀疑者所剩无几。学生家长对此意见很大，甚至对党不满。这引起了绥德地委和仲勋的重视，决定把绥师作为领导绥德地区整个部署的重点来抓。为了加强领导，调原绥德县委书记宋养初来校任党总支书记，党总支派学生党员代表到地委请示汇报工作。这时，仲勋亲自接见了我和白树吉。在仲勋宿舍兼办公室的窑洞里，我第一次看到挂在墙上的毛主席给他的亲笔题词"党的利益在第一位"。那题词是用毛笔写在漂白布上的。谈话中，仲勋用深入浅出的话语提醒我们，应该对在"抢救运动"中出现的偏差进行抵制。他循循善诱地对我们说："如果这样下去，连你们几位也会被怀疑。"他让我们协助党组织总结经验，实事求是地做学生的思想工作，帮助党组织扭转假坦白造成的混乱局面。仲勋的话使我豁然开朗，明确了方向。同时，仲勋平易近人、和蔼可亲的态度以及独特的语言魅力，令我十分敬佩。

为了安定人心，挽回不良影响，仲勋邀请学生家长到绥师，做他们的思想工作，并召开有学生家长参加的校内外3000人干部群众大会，进一步宣传党"不冤枉一个好人，也不放过一个坏人"的防奸政策。从那以后，绥师的运动逐步走上了稳妥健康的轨道。随后，顺利地转入审干整风阶段。

在仲勋的直接领导下，绥德地区审干整风的甄别工作进行得扎实、果断、有力。仲勋在作整风报告时说："对党要忠诚，不要说假话，说假话就会起到破坏运动的作用。"他还说："我们党讲党性，我看实事求是就是最大的党性。"他写报告给中央和西北局，建议立即停止"逼、供、信"，纠正"左"的偏向。这在当时的形势下，是要冒政治风险的，实属不易。

在绥师防奸运动中，我经常作为学生代表担任大会主席团成员，运动后期参加绥师党总支工作，担任总支委。由此我和仲勋在工作中接触的机会就增多了，彼此增加了了解和信任。这年冬天，他正式向我谈起婚姻大事。他写信说："一件大事来到了"，"我一定要解决好"。他请李华生、宋养初和我谈话，介绍他的情况。仲勋还告诉我，何长工同志（我在太行抗日前方抗大一分校学习时的老校长和抗大总校工作时的教育长）曾写信向他介绍我。仲勋让我写了一份自传直接交给他。当时的我，用我姐姐齐云的话说"是一张白纸"，因此，自传也就写得相当简单。有趣的是，当仲勋看到我为早日参加革命队伍，曾盲目地从家里偷跑过两次而都被父亲追了回去的叙述时，笑着说："我年轻的时候也和你一样。"但在当时，我对仲勋的历史还不了解，他只是轻描淡写地告诉我，他是陕甘边革命根据地的主要创建者中最年轻的一个。不久，经组织批准，我和仲勋在绥德结婚了。

1944年4月28日，在绥德地委后院的一个窑洞里，我和仲勋举行了婚礼。这天上午各方人士来了不少，纷纷向我们表示祝贺。其中有我们的证婚人、抗大总校副校长兼教育长何长工、抗大总校负责人李井泉、独一旅旅长王尚荣、政治部主任杨琪良、绥德专署专员袁任远等。时任绥德地区保安处处长、被称为"中国的福尔摩斯"的布鲁同志，还为我和仲勋拍了两张照片留念。婚礼上，我和仲勋及以上几位来宾同桌吃了一餐饭，这在当时的条件下，可算得上是很隆重了。婚后，仲勋对我说："从此以后，我们就休戚相关了。但是，我不愿意陷在小圈子里。"我理解他的意思，在艰难的岁月里，作为革命夫妻不可能要求彼此过多关照。这一年夏天，我从绥师毕业后，就去农村基层工作了。

在1945年党的七大上，仲勋当选为中央候补委员，继而调任中央组织部副部长。1946年任西北局书记，主持西北局工作。我后来除在中央党校六部学习一段时间外，都在农村基层工作，并在那里经历了全国解放战争。我参加了绥德县和延安老区的土改工作，对西北局正确贯彻党中央、毛主席的土改方针政策，抵制"左"的干扰，有了切身体会。仲勋领导土地改革的正确做法，得到毛主席的赞同，他在仲勋提出的关于纠"左"意见的报告上批示："完全同意仲勋同志所提各项意见。望照这些意见密切指导各分区和各县的土改工作。"

仲勋高度重视党群关系，经常回顾当年在创建陕甘边革命根据地斗争中党和群众之间建立的鱼水之情和血肉联系，说："没有群众的支持，就没有我们的一切。"他经常鼓励我，要我安心基层工作，深入联系群众。在给我的信中，他写道："农村是一个大学校，是学之不尽的知识宝库，用之不竭的知识源泉。"他还以自己过去开辟陕甘边革命根据地时一村一村作调查、一家一户做群众工作的切身体会指导我，让我重视基层经验，并说："如能做好一个乡的工作，就能做好一个区的工作。"仲勋的教诲，使我更加坚定了在基层工作的决心。这个阶段，我和仲勋虽然多是分居两地，但我们的感情却日益深厚。

1947年3月，国民党军队向陕北发动进攻后，西北野战军在彭德怀同志和仲勋的指挥下，正确运用"蘑菇"战术，在取得延安保卫战胜利后，又接连取得了青化砭、羊马河、蟠龙三战三捷，使蒋介石"三个月解决陕北问题"的企图化为泡影。

1947年，习仲勋与齐心在延安合影

1949 年 3 月 1 日，我们的第一个孩子出生了，是个女儿，我母亲给她取名"桥桥"。党的七届二中全会结束以后，仲勋跟随中央机关进入北平，并参加了入城式。这一次，他还见到了刚刚起义过来的我的父亲以及我的姐姐齐云。回延安后，仲勋为我带来了姐姐写的家信。那一天，我高兴极了。

1952 年秋，仲勋奉调中央工作。他在中央工作的十年里，先后担任中央宣传部部长兼政务院文化教育委员会副主任、政务院秘书长、国务院秘书长、国务院副总理兼秘书长等职。我带着桥桥和二女儿安安于 1952 年底来到北京。来京后，我又先后生下两个男孩儿近平和远平，他们都是十个月就断奶送回城里家中，由仲勋照顾的。当有人称赞仲勋是一个好爸爸时，仲勋便得意洋洋地笑着说："我不仅是个好爸爸，还是个好丈夫。"当时我在中共中央党校工作，单位离家较远，所以和家人总是离多聚少。我们的孩子都住校或全托，家里也没有请保姆。为了不影响我的工作，仲勋宁愿在业余时间多照管孩子们一些，他甚至要给孩子们洗澡、洗衣服。他把此视为天伦之乐，尤其是当孩子们与他摔打着玩时，仲勋总是开心极了。也许是仲勋打心眼儿里爱孩子的缘故，所以他特别重视从严要求和教育子女。我们的孩子们小时候穿衣服都是姐姐们穿过弟弟们穿。在仲勋的影响下，勤俭节约成了我们的家风。

50 年代末，在参加一次晚会的时候，我听见有人在我身后议论说："习副总理的夫人穿着怎么那么土啊！"回家后，我说给仲勋听，他哈哈一笑对我说："土比洋好！"我工作在颐和园附近的党校，家住东城区，只有在每周末才能搭乘公交车回家一次，到家已是晚上八九点钟了，星期日晚上还要赶回单位上班。这样，我就不能和仲勋一起参加周末的文娱活动，常常是他独自带着孩子们去参加周末活动。周总理十分关心仲勋的生活，每当见到仲勋独自带着孩子们参加活动时，就问："怎么见不到齐心同志呢？"后来，在一次节日晚会上，我见到了周总理。他一见到我就高兴地说："这么年轻，哪里像 35 岁，四个孩子的妈妈呀！"他决定让我参加外事活动。但此后，我只陪同仲勋在北京参加过接待蒙古人民共和国部长会议主席泽登巴尔夫妇的活动，以及在广东接待美国副总统蒙代尔夫妇。直到今天，我还未跨出过国门。

1962年秋，康生在党的八届十中全会上对仲勋搞突然袭击，诬陷仲勋授意李建彤炮制《刘志丹》小说，为高岗翻案，说仲勋是挂帅人物，是大阴谋家、大野心家。康生还在会上给毛主席写了一个条子："利用小说进行反党活动是一大发明。"毛主席在大会上念了这个条子。我听到这个消息后，犹如晴天霹雳一般。仲勋看到我难以承受的样子，反而安慰我要正确对待，尽管他自己对这个突如其来的不白之冤也毫无心理准备。关于仲勋与《刘志丹》小说创作的关系，党的十一届三中全会后，经过有关部门的调查，已经有了明确结论：仲勋曾参加过小说创作组的两次会议，在第一次会议上，他了解了小说的写作过程；在第二次会议上，他明确表态说，陕甘根据地是坚决执行毛主席正确路线的。据我所知，仲勋连这部小说的初稿都没看完就交给秘书田方了，后来发表的一些章节，他根本没有看过。

面对巨大的政治压力，仲勋违心地承担了责任，但他内心却备受煎熬。当小女儿安安看到爸爸一个人坐在没有开灯的客厅中默默思忖

1960年，习仲勋与齐心在北京
北海公园九龙壁前合影

时，就问："爸爸，您怎么啦？"小儿子远平也问："爸爸你怎么不去中南海啦？"此刻，年幼的孩子们还不知道，他们的爸爸正在承受着常人难以承受的苦痛。我也深深地陷入痛苦之中。

1963年，仲勋受隔离审查期间，组织上安排他在中共中央党校（独居在西公所）学习。在此期间，他认真阅读马列、毛主席著作，并利用空余时间在住地后院的空地上种了一大片玉米、蓖麻和蔬菜等。当然，收获多半是交公的。他曾对我说："革命不是为了当官，种地同样可以革命。"他还写信给毛主席要求到农村去当农民。毛主席让中央组织部部长安子文回复说，农村太艰苦，还是到工厂去。1965年，组织上安排仲勋到洛阳矿山机器厂担任副厂长。我当时正在北京海淀区搞"四清"，只请了一天假回家给仲勋拆洗被褥，为他送行。不想，从此一别就是八年。回想起来不禁让我潸然泪下，感慨万分！

1967年1月3日深夜，西北一所大学的红卫兵突然闯到洛阳矿山机器厂，冲进仲勋的宿舍，强行把他带走。1月4日，仲勋在这所大学受到红卫兵的批斗。在被批斗中，仲勋不畏强暴，不仅自己坚持真理，而且还为其他受株连的同志澄清事实。他还写信给毛主席，对"文化大革命"开展以来出现的一些问题提出了自己的看法。

尽管身陷磨难，然而，值得欣慰的是，仲勋却得到人民群众的信赖、保护和关照。当他被押到富平老家批斗时，那里的乡亲们说，我们不是来批斗习仲勋的，多年不见，我们想来看看他。要不是他三年困难时期的关心照顾，我们早都饿死了。乡亲们还自发地给仲勋做了一顿家乡饭。可是，造反派在康生的操纵下仍然不肯放过仲勋，准备把他拉到兰州、延安继续进行批斗，最终还是被周总理制止了。此时的仲勋，身体已经支撑不住了。1967年4月5日，他写信给周总理说："我的反面作用起完了，现在只是陪人挨斗了。"1968年1月3日，周总理派飞机将仲勋从西安接回北京，采取特殊保护方式，交给北京卫戍区监护。

在仲勋受审查、受迫害的日子里，我和孩子们也受到了株连。"文化大革命"中，我因没有同仲勋"划清界限"，一直受到审查。仅在"五七干校"劳动期间，我就被审查了七年之久。三个大一点儿的孩子尚未成年就去了建设兵团劳动或生产队插队落户。留在身边的小儿子远平也被剥夺了升学上高中的权利，还是在老战友的帮助下才去工厂当上了一名车工学徒。这段时间，对我和孩子们来说是一段不堪回首的日子，也是一场严峻的考验。庆幸的是，我们全家人都经受住了这样的考验。

1972年冬，姐姐给我来信说：母亲将不久于人世，希望能见上一面。于是，我向干校请假回京探亲，得到批准。我的孩子们也因此有机会从各地返京，在姐姐家中团聚了。我和孩子们商量，给周总理写信，要求见仲勋。我们在信中提了几点请求：（1）我和孩子们已经多年未见到仲勋了，请求总理让我们母子早日见到他；（2）我们在北京已无住房，请求解决居住问题；（3）存款早已冻结，希望解冻一部分存款维持生活。周总理很快作了批复，满足了我们的请求。于是，我们终于见到了监护中的仲勋。我早有思想准备，心里一次次地嘱咐自己"一定要坚强"。令我没有想到的是，当仲勋见到我和孩子们时，一生坚强的他竟流下了眼泪，连连说："这是高兴的，这是高兴的！"由于多年分离，他分不清哪个是桥桥哪个是安安，更认不出已经长成小伙子的近平和远平了。在临回干校前，经我请求，组织上又批准我见了仲勋一面。借见面的机会，我将他穿破的旧衣服全部换成了新的。从那以后，我每年都可以回京探望仲勋，和孩子们也有团聚的机会了。

1975年5月，仲勋被解除监护，组织上同意我陪伴他一同去洛阳。他被安置在洛阳耐火材料厂"疗养休息"，居住在工人宿舍区。在这里，我们度过了近三年的时光。这段日子里，我们深深感受到了来自人民群众的温暖，仲勋的心里也得到莫大的安慰。每天早上，仲勋都要去郊区散步两小时，然后读书看报，下午又到郊区水库边散步。时间久了，他同看护水库的邓老头儿及郊区的一些农民都交上了朋友。他们凑到一起的时候，总是谈笑风生，好像有说不完的话。

在得知邓小平同志重新参加中央领导层的工作后，仲勋希望恢复工作的心情更加急切。党的十一大召开后不久，仲勋便给党中央写了一封信，提出想在有生之年继续为党工作的请求。与此同时，我在女儿桥桥陪同下，多次往返于北京、洛阳之间，也多次找王震同志反映情况。王震同志非常关心仲勋的"问题"，为仲勋恢复名誉说了话。这期间，我们也找过胡耀邦同志和叶帅（叶剑英同志）。我第一次见到胡耀邦同志时，他从资历、经验、工作能力、水平、威信等几个方面称赞了仲勋，叶帅也坚决支持仲勋出来工作。在大家的关心和推动下，仲勋于1978年2月24日至3月8日出席了全国政协五届一次会议。4月初，仲勋恢复了工作。之后，中央决定派仲勋去广东工作，"把守南大门"（胡耀邦同志原话）。

对于仲勋的历史问题，1979年8月4日，中共中央批转中央组织部关于为小说《刘志丹》平反的报告中说：《刘志丹》（送审样书）不是反党小说，而是一部比较好的歌颂老一辈无产阶级革命家、描写革命斗争的历史书。习仲勋等同志关心这部小说的创作，对如何改好这部小说发表过意见，是完全正当的，根本谈不上什么反党阴谋集团活动。"所谓利用写《刘志丹》小说进行反党集团一案，是康生制造的一起大错案。"1980年2月25日，中共中央又发出关于为所谓"习仲勋反党集团"平反的通知，为仲勋彻底平反。仲勋和我终于放下了压在心中多年的包袱。

初到广东，仲勋面临的形势十分复杂，任务非常艰巨。他深知重新工作的机会来之不易，做好广东工作责任重大，所以，夜以继日地工作，每天都要到凌晨后才肯休息。1978年7月，仲勋到沙头角考察，第一次看到那条独特的"中英街"。一街之隔，香港那边显得繁华热闹，而我们这边却荒僻冷清。这对仲勋触动很大。为了进一步掌握情况，这一年盛夏，最怕热的仲勋竟冒着酷暑一连跑了23个县。我心里明白，仲勋是在拼命。但是，作为他的妻子，我很能理解他的心情，他是想把失去的16年时光夺回来，尽量为党和人民多做些实事。为了不辜负党的重托，为了让广东人民尽快过上好日子，仲勋和广东省委、省政府一班人，坚决支持实践是检验真理唯一标准的大讨论，拥护党中央重新确立解放思想、实事求是的思想路线，大刀阔斧地抓紧开展落实政策工作，平反"文化大革命"中的冤假错案和解决历史遗留问题，标本兼治抓源头，认真妥善解决"逃港潮"问题，积极推行搞活工农业的一系列灵活措施。党的十一届三中全会召开后，他坚决贯彻执行党中央关于把工作重点转移到经济建设上来、实行改革开放的重大决策，率先向中央提出充分利用国内外有利形势，发挥广东的特点和人文地缘优势，让广东在改革开放中先走一步的请求，得到了邓小平等同志的赞同。1979年7月，党中央、国务院正式批准广东实行特殊政策和灵活措施，创办出口特区（后更名为经济特区），为广东的改革开放奠定了基础，使广东成为中国改革开放的窗口、综合改革的试验区和"排头兵"，为实行对外开放抉择提供了宝贵经验。

1979年，习仲勋与齐心在广州白云机场

1980年9月，仲勋在五届全国人大三次会议上被补选为全国人大常委会副委员长。11月底，仲勋调回北京，先后在党的十一届六中全会和十二届一中全会上，被选为中央书记处书记和中央政治局委员、书记处书记。在协助胡耀邦同志工作期间，仲勋白天在勤政殿工作，很晚回家后，还要继续接待来自各地的要求落实政策的同志们。他参与了一系列重大决策的研究、制定，处理了许多重大、复杂的疑难问题。在拨乱反正，推动组织、干部、人事制度改革，实现干部的新老交替，精简机构，加强领导班子建设等方面，倾注了大量心血。这段时间，仲勋总是工作到深夜。即便如此，他还时常关心在中央纪委工作的我，嘱咐我不要熬夜，保重身体。

值得回顾的事情很多很多，令我始终不能忘怀的还有仲勋在统一战线方面所做的工作。凡是了解历史的人都知道，"横山起义"就是仲勋在任西北局书记时，在党中央的支持下，直接领导开展统一战线工作的成果。青海解放初期昂拉地区发生叛乱，仲勋正确运用党的民族政策，经过反复细致的工作，成功争取藏族部落头人项谦投诚，平息了叛乱。事后，毛主席对仲勋说："仲勋，你真厉害，诸葛亮七擒孟获，你比诸葛亮还厉害。"毛主席还称赞仲勋政治思想修养和工作水平是"炉火纯青"。新中国成立前后，仲勋与张治中、邓宝珊、傅作义等党外人士都建立了良好关系。张治中的秘书余湛邦曾撰文称习仲勋与张治中是"党与非党交往的典范"。黄正清是甘南著名藏族代表人物，在仲勋的感召和影响下，为解决当地民族问题作出了重要贡献。后来他夫人策仁娜姆患病时，仲勋专门派人把她接到北京治病。文艺界人士梅兰芳、程砚秋、荀慧生、尚小云也都是仲勋的好朋友，当他们需要帮助的时候，仲勋总是热情相助。梅兰芳的家人，程砚秋、尚小云的夫人，都是在仲勋的直接关怀下落实了政策。荀慧生的夫人生病，仲勋还让我代表他去探望。仲勋与十世班禅大师情谊很深，两家人经常相聚。仲勋到广东工作后不久，班禅来广东休养，两人一见面，班禅就对仲勋说："我是奔着您来的啊！"

1998年4月28日，在南方休息的仲勋给我打来长途电话，庆贺我们的结婚纪念日。他在电话里问："我们结婚多少年啦？"我回答："55年啦！"他说："我祝你健康长寿，福如东海，寿比南山。"我激动地说："我对你照顾得很不够啊！"他听后急了，说："你怎么这么说呢？你对党对人民忠诚，一生为革命做了很多的工作，也为我做了大量的工作，有些是很重要的……我们的这次通话你要把它记录下来，告诉孩子们，让他们明白事理……"通话之后，仲勋对陪伴在身边的桥桥说："你妈妈是个优秀的共产党员！"我按照仲勋的嘱咐，记下了这次通话的内容，并把它抄给儿女们留作纪念。

2000年春夏之交，受仲勋嘱托，我赴陕甘宁老区，沿着仲勋战斗过的地方作了一次考察。这次考察历时40天，行程4000多公里。回来后，我向仲勋报告了考察的情况。仲勋满怀深情地表示，想亲自回延安看看！但仲勋竟在2002年5月24日与世长辞，他的这一愿望最终未能实现，成为一大憾事。

2001年10月15日，家人为仲勋举办88岁寿宴，习家三代人及亲朋好友欢聚一堂为他祝寿。这是习家人难得的一次大团聚，唯独缺席的是时任福建省省长的近平。作为一省之长，他公务繁忙，实在难以脱身，于是抱愧给父亲写了一封拜寿信，他深情地写道："自我呱呱落地以来，已随父母相伴四十八年，对父母的认知也和对父母的感情一样，久而弥深"，"从父亲这里继承和吸取的宝贵与高尚品质很多"。"一是学父亲做人"，"您是为人坦诚、忠厚"，"您一辈子没有整过人和坚持真理不说假话，并一以贯之"。"二是学父亲做事。父亲的一生充满传奇色彩，为党和人民建功立业，我辈于父亲相比"，"汗颜不已"。"更令我们感动的，是父亲从不居功，从不张扬，对自己的辉煌业绩视如烟云。这才是成大事者的风范，永远值得我辈学习和效仿。""三是学父亲对信仰的执着追求。无论是白色恐怖的年代，还是极左路线时期；无论是受人诬陷，还是身处逆境，您的心中始终有一盏明亮的灯，永远坚持正确的前进方向。""四是学父亲的赤子情怀。您是一个农民的儿子，您热爱中国人民，热爱革命战友，热爱家乡父老，热爱您的父母、妻子、儿女。您用自己博大的爱，影响着周围的人们。您像一头老黄牛，为中国人民默默地耕耘着。这也激励着我将自己的毕生精力投入到为人民群众服务的事业中，报效养育我的锦绣中华和父老乡亲。""五是学父亲的俭朴生活。父亲的节俭几近苛刻。家教的严格，也是众所周知的。我们从小就是在父亲的这种教育下，养成勤俭持家习惯的。这是一个堪称楷模的老布尔什维克和共产党人的家风。这样的好家风应世代相传。"这封信，既是近平本人并代表儿女们对父亲真实感情的流露，也是一个革命后代继承先辈精神的誓言。当桥桥向大家宣读这封信的时候，她不禁热泪盈眶，我和在场的人也无不为之动容。仲勋听完来信，非常理解儿子，向家人、子女和亲朋们说："还是以工作为重，以国家大事为重"，"为人民服务，就是对父母最大的孝！"仲勋在最后的日子里多次对儿女们说："我没给你们留下什么财富，但给你们留了个好名声！"这就是仲勋留给儿女及子孙后代的最为宝贵的精神财富！他以自己的身体力行，教诲儿女们如何做一个纯粹的、有益于人民的人。

2001年2月14日，习仲勋和齐心合影

在我和仲勋相伴的日子里，他教导我"工作好、学习好，一切事情都处理好"。年轻的时候我对这三句话不能完全理解，有时甚至感到太抽象。当我步入晚年的时候，才深深地领悟到这些话的含义，并把它当作了我的座右铭。仲勋生前曾豪迈地说："战斗一生，快乐一生，天天奋斗，天天快乐。"这正是他光辉一生的真实写照，也成为我与仲勋相伴一生的人生感悟。我把他这句话，敬录并镌刻在仲勋的墓碑上，以期自勉自励、启迪后人。

在仲勋离开我们的这些年里，无时无刻的思念，使我和孩子们从来就不曾感到与他分离。他爽朗的笑声、谆谆的教诲时常萦绕在耳畔，我们悉心地倾听着、温暖地感受着。我，很想念他！我们，深深地怀念他！

（作者是习仲勋同志夫人）

纪念我最敬爱的父亲习仲勋

齐桥桥

我父亲生于农历癸丑年（1913年），属牛，他十分喜爱鲁迅先生"俯首甘为孺子牛"的诗句，父亲革命的一生表明他就是任劳任怨为人民事业勤奋耕耘的老黄牛。父亲从创建陕甘边革命根据地到带领广东在改革开放中先走一步，他光辉的战斗历程，丰富的工作实践，感人的革命业绩，不仅是我党历史的重要组成部分，也是我们后代最宝贵的精神财富。

我在延安出生时，父亲正在西柏坡参加党的七届二中全会，是中央委员会到会的53名成员中最年轻的。他和代表们都沉浸在新中国即将诞生的巨大喜悦中，那时父亲的心中比别人多了一层欢喜——延安传来消息："喜得一千金。"以后我随父母从延安到西安，又到首都北京；父亲到广东，我有幸作为工作人员随行，成为终生难忘的一段经历；父亲晚年，我放弃公职，离京到深圳陪伴在父母身边11年半。这一切，都使我有更多的机会得到父亲耳提面命的教育，不仅感受到家庭生活中父亲的慈爱，还看到了他在工作岗位上的精神风采。父亲感情丰富，个性鲜明，既具铮铮铁骨，又有绵绵柔肠；他爱憎分明，严慈相济，既敢言敢怒不顾个人进退得失，又宽厚大度没有半点私隙。他是一个生活在群众之中的人情味十足让人倍感亲切的人，更是舍弃了自我，把一切献给了党和人民的令人敬仰的人。

1943年1月，西北局高干会议期间，组织对我父亲的鉴定是："习仲勋是从群众中生长起来的，而且与群众保持着经常的密切的联系。""总是把群众的事情看作是自己的事情，而又设身处地替他们设想。""因之，群众信任他，把他看作自己人，当群众有疑难时，就说，找仲勋去。""凡是关中的人民，无论大人还是小孩都知道他，都喜欢他。"那时的组织鉴定就是这样朴实生动，父亲与群众水乳交融的形象呼之欲出。1945 年 10 月，毛泽东提出由我父亲担任西北局负责人，称赞他是从群众中走出来的群众领袖。1950 年 1 月，《人民日报》发表《人民的忠实勤务员》一文，赞扬了我父亲一贯密切联系群众的工作作风。坚持全心全意为人民服务的宗旨，维护人民群众的根本利益，是贯穿父亲革命一生的鲜明主线。

按照父亲生前遗愿，受母亲嘱托，我曾两次到刘志丹、谢子长和我父亲等老一辈革命家创建根据地的南梁山区。老区的干部群众至今还传颂着这样一个故事：解放战争开始，毛泽东发布命令：陕甘晋绥"各兵团及边区一切部队，自三月十七日起统归彭德怀、习仲勋同志指挥"。彭老总和我父亲指挥西北野战兵团，陕甘宁边区地方兵团转战陕北，在取得青化砭、羊马河、蟠龙镇三战大捷之后，于 1947 年 5 月挥师出击陇东，惩罚作恶多端的青、宁反动军阀。我军隐蔽集结在华池一带，为了保密，事先没有向地方下达支前任务，直到战斗打响的前几天，才通知各县送军粮及担架队的集合地点。当任务下达到各村，时间紧急得已经来不及挨门逐户地通知，村长只是站在崂塬上喊了一遍，各家便连夜推磨备军粮。第二天一大早，米面和干粮一袋袋摆放在大路边。人民群众无私地支援着前线的战斗，许多口袋上还用木炭写着"杀死胡宗南""杀死马匪帮"，可就是没有一户人家写下自己的姓名，他们根本就没打算向解放军要收条。担架队仓促地卸下自家的门板，带上军粮就出发了。彭老总和我父亲在前线见到这种情景，非常感动，但是不赞同他们卸门板的做法。我父亲对地方干部说："家里没门了，叫婆娘娃娃咋过？眼下天还冷，再说山区可是有狼的呀！"他让各县设法把门板送回去，以后严禁再卸老百姓的门板。彭老总掂起一块门板试了试，说："这么重，再抬上伤员不好跑，在火线上也不安全。"他俩说着就亲手教群众用绳索绑软担架。首长的关心感动了群众，群众支前鼓舞了士气，军民同仇敌忾，一举歼敌两个团，生擒敌军少将副旅长和两个上校团长。

新中国成立后，父亲仍然保持着战争年代密切联系群众的作风，工作再繁忙，也要坚持亲自办理群众来信来访。三年困难时期，国务院信访办

纪念我最敬爱的父亲习仲勋　　301

收到农民反映生活困难的信件，有一封还装了块充饥的食物。父亲召集有关部门开会研究，大家仔细端量那块黑黢黢的东西，不知何物。他干脆掰下一点儿放进嘴里，费力地咀嚼着，并说："这哪里是人吃的！"群众的困境使父亲非常难过，他汇报给周总理，派出工作组查实后，立即组织调运了粮食。即使在"文化大革命"中被关押批斗，父亲不顾个人安危，考虑的还是保障群众生活的问题，让被他教育转化过来的红卫兵看守代笔致信党中央和毛主席，建议明文制止春耕期间在农村搞夺权，以保证当年有个好收成。写成后，父亲一笔划掉草稿上的毛主席语录、"四个伟大"、"万寿无疆"之类当时的套话，说："写那些无用的话干什么！"那一年在极度混乱的局势下，中央还就发了一个完全类似的文件，我无从考证是否与父亲逆境进谏有关，但这和父亲的思想境界相比已显得不那么重要了。

左起：习仲勋、齐桥桥、齐心

1978 年中央决定我父亲去广东，为方便他生活和工作，中央领导批准我作为工作人员随行。父亲在"文化大革命"中遭受迫害，造反派故意让他站在高音喇叭底下进行批斗，以至右耳骨导神经震断，造成一侧耳聋。叶帅送给他一副助听器，他尽量不戴，坚持用一只耳朵听，结果锻炼得左耳听力特别好，不亚于别人的两只耳朵灵。父亲到广东前在北京只停留了两个多月时间，整天除了开会就忙于会见老同事，常常要到半夜两点多。由于说话太多，他的嗓音都哑了。一到广州就要上大会和干部见面，我担心父亲讲话有困难，谁知尽管父亲声音喑哑，但他不念讲稿，侃侃道来，朴实的话语、真挚的情感赢得了热烈的欢迎。他说："北方水土养育了我大半辈子，现在到了广东，要靠南方水土养育我下半辈子。"这种把广东当作第二故乡的肺腑之言，一下拉近了他和地方干部的距离。当时正值拨乱反正，信访量非常大，省委临时安排的秘书对一些提意见的信拿不准是否呈送，便来和我商量。其中有一位检察干部言辞激烈的信，秘书不敢送，我就告诉他，父亲曾对我说过："要保护上访人的民主权利，我们有责任对持不同意见的人给予充分的尊重，甚至包括骂我们的。领导身边有个爱挑刺的人很有好处。"秘书把信送上去，结果父亲不仅认真看了来信，还给那位干部写了回信，并向全省转发。父亲襟怀坦荡，勇于听取不同意见的民主作风，在当时引起很大反响，都说批评与自我批评的优良作风又回来了！还有一封农村姑娘的来信，反映她父亲通过搞编织赚了钱，盖起新房，被当作资本主义遭到批斗，还拆毁了房子。孝女为父鸣冤的勇气感动了我，我对父亲提起这件事，父亲告诉我他已经对此信作出批示和安排。父亲从中思考到深层次的问题，派省委一位副书记去当地蹲点，不仅解决了这一家的问题，还在全省提出了放开搞活农村多种经营、保护家庭副业的政策，广大农民欢呼雀跃。还有党外知名人士麦蕴瑜先生关于开发南海、维护海洋国土的重要建言，自新中国成立以来执着地反映了 30 年，也是在这时得见天日，不久启动了南海科考。父亲到中央书记处工作后，直接找上门来的人更多了，父亲教育我们："要尊重他们，千万烦不得啊！'文化大革命'中想让人来都没人来，现在可别'烧包'。"这方面感人的事例很多，但也发生过令人深思的事，一天父亲乘车去上班，刚出门就遇到有人拦车上访。父亲让司机停下来，打开车门探出身子，微笑地向那人招手说："来，上车跟我去办公室谈。"那人先是怔住了，不知所措，突然转身就跑，越叫跑得越快，显然是对我父亲的亲切态度产生了误解。父亲是抱着极大的同情对我们讲这件事的，他没有笑话那个群众，而是感慨我党密切联系群众的优良传统不能丢啊！

父亲下基层只要工作许可，就会让我们子女随同去学习锻炼，在广东时，我曾随父亲下过乡，我大弟在大学假期来探亲，父亲也会带他下去体验锻炼。父亲到中央书记处工作后，我还跟随他上过井冈山，使我受到很大教育。那一次是父亲去江西检查工作，当地安排了警车开道，一路上摇旗鸣笛，父亲很是看不惯，他生气地说：这条路不是为你一个人开的，凭什么把别人挤到边上！万一有车翻到沟里怎么办？你们保证我的安全，我很感谢，但也要考虑群众的安全嘛。大路朝天各走半边。我们不是老爷啊！到农村看了几家贫困户，真是苦不堪言，其中有个五口之家，只有一张铺着稻草的单人床；还有一户是母子俩，儿子40多岁了没钱娶妻，床上堆着一团破棉絮，锅台上挂着两三条干巴巴的猪皮，做菜时用来擦擦锅就算是用过油了……一幕幕情景压得我喘不过气来，实在无法继续看下去，跑回车里独自流泪。父亲跟老乡和干部攀谈了许久，提出山区脱贫要走开发当地资源的路子，他举例说："这里满山的竹林，可你们自己却用的木筷子，为什么不用竹子做筷子呢？竹子还可以制作许多生活用品，形成产业群体，竹产业大有前途！"然后我们又进了一个家境较好的农户，他一只脚刚迈过门槛，看见桌上已摆好招待用的茶具和花生等干果，转身就走，说："你们事先安排好让我看的，我不看！"父亲又何尝不想看望生活好的群众呢，只是农村的贫困状况使他的心情太沉重了，一时挥之不去。他亲身经历了老区人民英勇牺牲、无私奉献的历史，为他们至今还处在贫困线上而陷于深深的自责，他对省委负责人说："江西是毛主席领导创建的革命根据地，又是二万五千里长征的出发地，不抓紧改变贫困落后面貌，我们对不起老区百姓啊！"

1999年，中央邀请我父亲进京参加国庆50周年典礼，他以86岁高龄最后一次登上天安门，站立了三个多小时没坐下休息，晚上又去观看焰火。看到万众欢腾的场面，他心潮澎湃，浮想联翩。此刻父亲一定是想到了陕甘边区苏维埃成立大会上，刘志丹领导的红二十六军和农民赤卫军的大阅兵；想到了保卫陕甘宁边区的运动战中，群众和解放军生死与共，献出了家中的最后一口粮食，忍饥挨冻赶着上万头毛驴支前的雄壮场景；还想到了进军大西北的征途，15 万破衣烂衫的延安百姓在枪林弹雨中紧紧跟随着解放军，徒步跋涉数千里！父亲一定是想到了，当年彭老总在战斗胜利后发出的"边区人民是我们的铁桶江山"的感慨……他再也抑制不住心中的激动，对身边的江泽民总书记深情地说："人民是江山，江山就是人民！"

父亲在关乎人民群众利益的原则问题上，坚持真理，抵制错误，不说违心之话，不做违心之事，虽然几起几落，但无论做官还是做人，都是最值得敬重的。1961 年初，他带领国务院副秘书长和直属局领导十多人到河南长葛蹲点调研，针对该县在群众靠红薯干度日的困难情况下仍大刮"共产风"的状况，父亲在县委扩大会上提出严厉批评："脑子里没有群众利益，只有个人利益，这样的党员就不够格！"县里有人捎话过来，说这里是毛主席和政治局委员及外国元首都来参观表扬过的典型，有个部长把县里大炼钢铁说得一无是处，被告到中央打成了右倾机会主义分子。言下之意是小心落得同样下场。父亲在调查组的会议上斩钉截铁地说："这类在'左'的思想指导下的诬陷，根本不要理它！"关于长葛问题的调查报告如实报了上去，得到周总理和邓小平同志的充分肯定。

父亲于 1978 年 4 月到广东，7 月就下到外逃香港状况很严重的宝安县。我听他回来后说："我们站在沙头角，看到香港那边灯火通明，我们这边良田荒芜，年轻力壮的人都跑了，村里就剩下老人妇孺了。老百姓外逃不能怪他们，要怪就怪我们没有把老百姓的生活搞好，要是搞好了，不是这边的往那边跑，而是那边的也会过来的。"就在这一次，父亲下令把关押的群众全部放掉，指出："当年我们对胡宗南的俘虏都要讲优待，对待群众就更要注意执行党的政策了，不能把他们当作敌人。"在广东期间，父亲凡是谈到这个问题，他口头语只说"偷渡客"，从不说"偷渡犯"，虽然只一字之差，但性质完全不同，从而在政治上解脱了参与偷渡的群众。当年夏天，他又多次到深圳，同两百多位公社及生产大队的书记座谈，和县委领导现场研究建立开放的贸易、加工区。年底在中央工作会议上，我父亲向邓小平、叶剑英和华国锋同志汇报了改革开放的打算，在他们的大力支持下，我父亲在会议上为广东要"自主权"，语惊四座。他说："如果早是这样，亚洲只有我一大龙，没有那四小龙！"父亲对我讲，是群体性外逃事件使他受到极大的震撼，战争年代，人民群众舍生忘死投奔共产党，现在却离我们而去，这深深刺痛了我父亲这位已有50年党龄的老共产党人，他在省委常委会上立下铿锵誓言——"我们拼老命也要干！"在党中央的坚决支持下，父亲和广东广大干部群众一起，义无反顾地走上改革开放的道路，"那边的也会过来"终于成为现实。父亲在一次活动中接见到广东来发展的港商，直截了当地问他们："你们发财了吗?"当时我在父亲身边，见港商面面相觑，一时紧张得不知怎样回答才对。父亲爽朗地笑着说："你不发财怎么爱国呀！"说得他们顿时解除了顾虑，随着我父亲一起开心地笑起来，齐声赞扬国家改革开放的政策。

父亲到广东的第三个月，就着手处理"文化大革命"中的"反彭湃"案，并亲自下到海丰。在办案过程中有的同志顾虑当事人会自杀，父亲坚定地说："他们手上沾了血，如果自杀，是他们自己的事。"结果没有一个寻死的，却有人跳出来，当着我父亲的面威胁要上告中央。面对如此猖狂的坏人，父亲一时怒不可遏，指着那人的鼻子怒斥："你要是不上告，你就是王八蛋！"在父亲昂然正气的推动下，"反彭湃"事件很快在年底结案，残害烈士亲属和群众的坏人受到严惩。紧接着，广东地区"文化大革命"中以及历次政治运动中的冤假错案，冲破重重阻力，一一得到平反。闻名全国的红色娘子军，被敌人打散后流落民间存活至今的"吴琼花"们，用她们已经变得苍老的颤抖的双手，第一次接过了组织发放的优抚金！历届领导都感到棘手的50年代的所谓"地方主义反党集团"案，也终于得以平反。父亲一直倡导本地与外来干部要紧密团结，他说："要说外来干部，我算头一个，但广东就是我后半辈子的家。外地干部要尊重本地干部，本地干部也要欢迎外地干部，大家五湖四海团结一心把广东建设好！"

父亲在涉及人民利益的原则问题上绝不妥协，寸步不让。与此形成鲜明对照的，是对同志爱护信任，勇于承担责任，从不揽功诿过，可以一让再让；对做过错事伤害了自己的人，宽宏大度，耐心教育，从不记私仇，从而赢得同志们的广泛爱戴。毛泽东曾赞扬我父亲"最大的特点是能团结各方面人士，胸怀博大"。周总理对我父亲更为信任，父亲对我们说："我给周总理当了十年秘书长，总理从没批评过我。主席常常半夜叫我过去说事，总理对我放心，从不打听其中的情况。"即便在他蒙冤后，总理和陈老总仍然当面表示："我们还是好朋友！"父亲在国务院不仅要给周总理当好助手，安排妥当政务方面的工作，还要管好全机关人员的生活事务。每次机关开会，他总是到得最早，向筹备会的同志及服务人员道声辛苦；同事有病住院，他再忙也要抽空去慰问；他有时步行上班，见了敬礼的卫兵，一定会还一个正规的军礼，就是坐在车里也不例外。父亲殚精竭虑，以身作则，被国务院干部亲切地称为"大管家"。

　　庐山会议后全党开展"反右倾"斗争，国务院也贴满了大字报。有人认为信访室的同志专讲阴暗面，应列为运动重点。父亲站出来为他们说话："毛主席把我们工作中的成绩和缺点形容为九个指头和一个指头的关系，信访工作的性质就是要反映'一个指头'的问题。"从而保护了信访干部。三年困难时期曾下乡调查过粮食问题的信访室主任，因反映了真实情况，当地党委来函要其回去接受批判。我父亲压下这份报告，不予理睬。父亲勇于负责，敢于担当，从不顾忌这样做会给自己带来什么后果。在"反党小说"事件后和"文化大革命"中，他抱着少牵涉别人的态度，能揽的事都尽量揽过来。对此我曾问父亲这是为什么呀？父亲说了一句让我至今想起仍心生敬意的话——"因为他们身上的西瓜，放在我身上就是芝麻；我身上的芝麻，放在他们身上就是西瓜！所以我能承担的就尽量担起来。"父亲就是这样无私无畏地爱护干部。父亲休养后仍惦记着一起工作过的同志，当年广东肇庆的地委书记许士杰因病住院，尽管那时我父亲身体也不大好，仍坚持要去看望。我母亲陪他坐火车到了广州，许士杰为此非常感动。广东的干部都认为，和我父亲一道工作，政治空气民主，心情舒畅，真正感受到革命大家庭的友爱。父亲从没有把改革归功于自己，他对我讲过："广东的改革开放靠的就是这批地、县基层干部，没有他们的支持和努力就没有今天，不能忘记他们!"

对于曾经伤害过自己的人，父亲总是抱以宽容。他被"解放"后，在全国政协五届会议上当选常委，回家后告诉我，他在会上遇见一位熟人，那人因在运动中针对他说过一些违背事实的话，想躲避，他主动上前握手问候，使那人十分尴尬。我就说："她当年那样对待您，干吗还理她?"父亲说："她一个妇道人家，有家有孩子，当初那样做，是为了保护自己，可以理解。"还有一些曾在政治压力下做过违心之事的人，父亲都一律不予计较。他听说其中一位住房有困难，就请有关部门帮他解决了房子；有一位因病住院，他就主动去看望，感动得那人泪流满面，哽咽无语。我父亲安慰道："你也是身不由己，我能理解，不要再提了，安心养病吧!"父亲在"文化大革命"中曾遭到某大学一青年教师的殴打，当外调人员前来取证时，他平静地说"算了吧"。外调人员出于好心要告诉他那人的名字，父亲断然拒绝："我不需要记住这个人!"如此宽厚仁慈的包容心，至今令人心灵震颤!他这样做的目的就是要给那些曾走错路的人一个机会，希望他们走好今后的道路。父亲不想记住那些伤害过他的人，但把每一个在革命工作中作出过贡献的人，每一个曾经帮助过自己的人，都铭记在心上。可是因为父亲心地善良，也曾给我们带来过"麻烦"。家里有个炊事员，体检时查出患有肺病，保健办多次提出调换，但本人却不想走，只要组织找他谈话，他就晕倒。父亲出于同情留下他，还出钱给他治病，直到年老去世。我初中时患病住院，应该与此有一定关联，但我至今不怨父亲。因为父亲就是这样一个只知关照别人，从不会考虑自己的人。

父亲宽以待人，但他的家教却严格得几近"苛刻"，为的就是防止我们在特权的荫庇下变得脱离群众。他常对我们子女谈起艰辛的家族往事和革命战争时期的故事，希望我们牢记今天的幸福来之不易，要永远保持战争年代那种革命精神和艰苦朴素的作风。父亲教我们从小就背诵"锄禾日当午，汗滴禾下土。谁知盘中餐，粒粒皆辛苦"的古诗。吃饭时，他常把我们掉在桌上的饭粒、馍渣捡起来吃了，最后还要用馍把菜碟里的汤水沾净。有一次，我不小心碰翻了汤碗，他没说什么，俯身将洒在桌上的汤汁吸吮干净。这一幕深深地刻在我记忆中，我知道他这是有意识地做给我们看，让我们从小就养成注意节约的习惯。父亲常说我国的水资源和能源是最紧缺的，教育我们从节约一度电、一滴水做起，要爱护宝贵的资源。对于浪费行为，父亲的批评十分严厉。记得我上高中一年级时，有次从学校回家已是晚上9点多，实在饿极了，就用电炉子热了剩饭来吃。住在党校的父亲知道后两次写信批评我，指出"浪费就是犯罪，不允许你这样耗电，浪费国家资源！"我这才知道电炉子属高耗电，从此再不敢用它。父亲的穿着也十分朴素，衣服补了又补。我妈妈要给他换新的，他风趣地说："衣服穿到这份儿上，那才叫舒服呢！"父亲还要求我们子女，小的捡大的旧衣服穿。记得我上初中时就穿着母亲炼钢时穿过的一件大襟罩衫，上面有不少钢花溅烫的洞眼，肩和背上都打着补丁，我大大方方地穿着它去上学。久而久之，我穿新衣服反倒觉得不自在，妈妈给我做新衣服，我也不愿穿。父亲劝说："女孩子还是要穿得好一点儿，你穿旧了，妹妹、弟弟还可以穿嘛！"我们家的俭朴是出了名的，以至国务院机关举办可以带家属的活动时，有人就说："看哪个孩子穿得最朴素，肯定就是习副总理家的。""文化大革命"中知青上山下乡，我去了内蒙古生产建设兵团，穿的是父亲打着补丁的制服式大棉袄。卡车在荒凉的盐碱滩上颠簸前行，我站在车厢最前排，父亲的棉袄为我抵御着狂暴的风沙。我不怕别人笑话穿得老气，反倒觉得自己穿着父亲的棉袄蛮像个奔赴战场的"革命者"。

父亲常说"我是农民的儿子"，他一生保持着劳动人民的本色。他除了坚持和机关干部一起参加劳动，还在自家院里开出一块菜园，有空闲就换上打着补丁的衬衫在园子里劳作。经他精心培植，西红柿、豆角、辣椒、茄子、丝瓜等果实累累。一次，父亲让我装一篮菜给姥姥和姨妈送过去。我提着菜篮子上了无轨电车，篮子里鲜嫩的蔬菜吸引了一车人羡慕的目光，他们哪里知道这是国务院副总理亲手种的呢！父亲在遭到康生等人诬陷后，被隔离在中央党校一个叫西公所的院子里。他读书学习之余，在后院平整出一块两分地的园子，施了肥，种上玉米、蔬菜、花生、蓖麻和向日葵。蓖麻收获了交公，其余的自食自用。周末我们从学校回到父亲那里，他就带着我们到园子里劳动。一次暴风雨过后，父亲和我们把倒伏的茎秆一棵棵扶起来，再培上土，他身上沾满了露水和破碎的叶子，衣服湿透了，紧紧贴在身上，头上豆大的汗珠不住地往下淌，但他的嘴角一直挂着安详的微笑。那一刻，我被感动得在心里流泪，真切地感受到父亲宠辱不惊、万难不屈的精神境界。记得是党的八届十中全会后的第一个五一劳动节，我们到父亲那里，天真的弟妹们问道："爸爸，您为什么不上天安门呀？我们想去天安门。"父亲说："今天咱们过一个真正的五一劳动节！"我们在他的指导下除草、松土、施肥，衣服、鞋上沾着泥土，我们互相打量着汗水和着泥画出的小花脸，开心极了。劳动间歇，父亲在园子里挖个小土坑，点着干树枝烧烤红薯和花生，自食其力的体验，让我们吃得格外香美。

1965 年父亲下放到洛阳矿山机器厂当副厂长，他主动要求每天上午到车间劳动半天。我和小弟过春节时去看望父亲，第二天早晨天刚蒙蒙亮，我就被父亲叫起来，顶着满天星斗，到车间去劳动。他和工人亲密无间地谈笑，认真娴熟地操作，完全像个地道的工人师傅，让我感动至深，每每想起恍如昨日。

1975 年父亲第二次下洛阳，在耐火材料厂，他和工人亲如一家，日子久了，就连郊区的农民都熟悉了。清晨散步，有的群众就跟上来，边走边向他诉说着村子或家里的大事小情，越往前走跟的人越多。散步的终点是水库的干渠，看渠老汉早就在烧得漆黑的锅里熬好面疙瘩汤，摆好小板凳，翘首张望，急切地等着我父亲的到来。尽管那时父亲还承受着巨大的政治压力，但他是那么坦然自若，因为他本来就是工人农民中的一员，他在广阔天地里找到了自我，回归了根本，父亲就是人民的儿子！

父亲从不允许我们利用他的地位享用特权，教育我们要自尊自强地自立于社会。我们做子女的都是从幼儿园开始就住校，从小培养锻炼独立生活的能力。我们上八一学校时远在海淀，周末回家不用父亲的车，我领着弟弟妹妹乘公交车回家。弟弟妹妹想吃零食，我就和他们商量多走几站路再上车，省出这笔零花钱。升中学时，我选择了离家很近的河北北京中学，为的是能在家吃住，天天见到父母。想不到入学前父亲让秘书和哥哥找我谈话，严肃提出必须继续住校，还要改随母亲姓，把家庭成分由革命干部改为职员。起初我不理解，后来才领会到这样做不仅是为了保护我，更是为了不让校方对我有特殊照顾，也避免同学另眼相看。入学后，我和同学们一起排队打那一份漂着腻虫的水煮白菜和玉米面发糕，一样睡爬满了圆鼓鼓臭虫的硬板床，每天晚上都是在灭虫药粉的浓烈气味中进入梦乡。

父亲严于律己，更反对我们搞特殊化。1966年春节在洛阳，我和小弟到工厂小卖部买苹果，售货员出于对我父亲的敬重，从柜台后边拿出个儿大的好苹果给我们，父亲执意让我们立即退了回去，还批评说："你们不能脱离群众搞特殊。"1979年底在广州，来了一批知名画家为珠岛宾馆作画，父亲历来尊重文化人，热情地招待了他们。春节前父亲让我们姊妹去宾馆看望画家，并叮嘱只准慰问，不许要画，说他们画一幅画不容易，要尊重人家，不能给人添加负担。父亲从没有利用职权为我们上学、参加工作等私事开过方便之门，甚至连一些正常的事情也受到限制。我到广东后，经朋友帮助，办好了去美国留学的全部手续。当我高兴地告诉父亲时，他以商量的口吻说："我刚复出，你就要出去，你认为合适吗？"我愉快地接受了父亲的意见，坚决表示放弃这次机会。

那次谈话，父亲关于"别人的孩子能去，我的孩子不能去"的告诫，对我后来的道路产生了深远的影响。90年代初，为专心照顾父亲晚年生活，我辞职回家，在深圳陪伴他老人家安详地走完了最后的人生路。之后，母亲出于对我生计的考虑，写信请求组织恢复我的公职。尽管我十分感谢母亲对我一贯的关心爱护，我还是压下了这封信。因为父亲关于自立、自强、自尊、自信的教导，已经在我们心底深深地扎下了根。父亲沉冤16年的遭遇，让我们经历了种种磨难，闭门羹、冷板凳甚至比求助无门更严酷的现实，我们都面对过。父辈万难不屈的革命精神始终鼓舞着我们，让我们坚强地走了过来。我决心一切从头开始，合情、合理、合法、合规地自主创业，把责任、担当和义务放在首位，做一个奉献社会，有益于人民的人，以告慰父亲的在天之灵。

我抚今追昔，心曲激扬，下笔千言不及他老人家恩情之万一。但我认定了一条——最大的孝道就是像爱护生命一样珍爱父亲的好名声，最亲的手足情就是事事处处严于律己。父亲被毛泽东赞誉为从群众中走出来的群众领袖，但又从来没有脱离过群众。他常常教育我们不要忘本，何为本？那就是像父亲一样，永远以人民群众的利益为根本，永远以劳动人民的情感为本色！

（作者是习仲勋之女）

爸爸，从没离开过我们

习安安

爸爸是巍巍大山，顶天立地信念弥坚；爸爸是浩瀚大海，包容沧桑大爱至简；爸爸是不息的大船，承载梦想破浪向前。爸爸是我们伟大的朋友，时时刻刻在我们身边。

爸爸的言传身教之一："要懂得尊重你身边的每一个人"

中国历来是礼仪之邦，《礼记》的第一句就是"毋不敬"。在爸爸身上，"敬"已化作日常习惯，他也希望儿女把"敬"作为最基本的做人准则，尊重身边的每一个人。爸爸常常说："人不教不懂，钟不敲不鸣，树不修不长，娃不管不成才。"爸爸对我的严格要求，就是希望我在生活点点滴滴的细节中懂得怎样做人，懂得怎样做事。爸爸的教导，让我们终生受益。

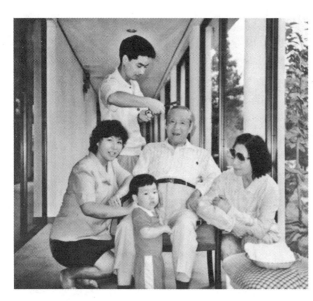

习仲勋前左起：习安安、外孙拉非、齐心

上初中的时候，有一次我生病在家休息。因为我长期住校，在家养病真是"因祸得福"，可以更多地和爸爸在一起了，心里特别高兴。

那段时间，爸爸每到吃饭时间，总要等我坐下才动筷子。饭桌上，爸爸会关心地问我：功课做得怎样了，学习上有什么困难，有没有找哥哥、姐姐帮助你呀？他十分关心我的康复情况，当得知我最新的化验结果一切正常时，满含慈爱地说："孩子啊，你可要珍惜这么好的条件啊！一定要好好休息，争取早日回到学校去。"在这些难得的相聚时光里，我幸福地享受着爸爸那真真切切的慈祥和深爱。

可是，爸爸也有发火的时候。那次在饭桌上，我发现盘子里的鱼没熟透，就不客气地对厨师老王叔叔说："老王叔叔，您的这个鱼怎么没做熟啊？"接着顺手把筷子放下了。爸爸停下来，皱着眉头批评说："你怎么可以用这样的态度跟你王叔叔说话？他是公家的人，不是专门来伺候你一个人的！"看见爸爸生气了，我赶紧向老王叔叔道歉。这时，爸爸又耐心地告诉我："安安，你要学会包容，要懂得尊重你身边的每一个人，包括你的爸爸、妈妈，还有老王叔叔和其他的人。"我当时点了点头，表示改过，再次向老王叔叔道歉。

还有一次，因为心爱的糖纸收集册我惹爸爸生气了。那时候，我很喜欢收集糖纸，专门有一本糖纸收集册，其中整整齐齐地夹着上海大白兔、酒心巧克力、利益大咖啡、奶油太妃等十几种糖纸。有的金色光鲜，有的红色透明，有的绚丽多彩，好看极了。我不论走到哪里，都会把这个宝贝带在身上。那一天，我去医院检查身体回来，突然发现心爱的糖纸收集册不见了，心里很焦急，于是顺口就问司机小任叔叔："我的小本本怎么不见了？您看见了吗？"小任叔叔被我问得一头雾水。这时，爸爸不知什么时候出现在我的身后，他声音不大，态度却非常严厉地说："东西不见了，首先要自己找，想一想会丢在哪里，而不是见个人就问'你看到我的东西了吗？'这样容易让别人产生误会。"

爸爸的一番话让我不敢冒犯，这是他又一次告诉我"毋不敬"。我立即说："是，我知道啦。"过了一会儿，糖纸收集册找到了，我更加感到愧疚，抱歉地对小任叔叔说："刚才我问您看见没有，请小任叔叔别在意！"

小任叔叔手一摆，连声说："没事！没事！"

吃饭的时候，爸爸和蔼地对我说："我一向尊重工作人员，你今天询问我的司机，这个事做得不好，对人不礼貌！这可是资产阶级小姐的脾气，哪里像是我们共产党员的后代！你今后一定要记住，虽然他们担任的职务不同，但他们都是公家的人，他们的人格和我们是平等的。你一定要学会尊重他们。"我赶紧把后来东西找到、我已向小任叔叔道歉的情况告诉爸爸。爸爸听了连声说："好！对！这样才是我的好女儿。"

批评归批评，对于我收集糖纸的爱好，爸爸也很关心和支持。有一次，他从兜里掏出三张糖纸交给我，说："这是我捡到的糖纸，已经清洗过了。一个人有兴趣爱好是好事，不但可以培养个人的耐心，提高对生活的热情，提高个人修养，而且还可以树立很好的人生观。"

后来，我因为洗头的事挨过爸爸一次批评。记得是一个周六的下午，妈妈刚下班回到家，就挽起衣袖帮我和姐姐洗头发。妈妈给我的头发打肥皂时，不小心把水滴到我的眼睛里了，我不开心，仰着头哭起来。妈妈劝道："快冲干净头发，不然肥皂沫流到眼睛里就更痛了。"我哪里听得进去，继续哭着。妈妈看见我赌气，一时不知道怎么办才好。正在这时，父亲走过来，严肃地说："妈妈这么忙，刚回来就给你们洗头发，多不容易！你们应该感谢她才对，怎么能够这样发脾气呢！"紧接着，他打开水龙头，和母亲一起帮我洗净擦干头发。随后，他耐心地说："也许我们大人有做得不够的地方，但你这个做女儿的，就连一点儿对妈妈的尊敬和体贴之心都没有吗？"他的话让我感到内疚，我对妈妈说："对不起妈妈，下次再也不会这样了！"

爸爸笑着点头说："对！尊重父母，就是尊重你自己。"妈妈也笑了，我也笑了。看到爸爸对妈妈的辛劳这样理解和尊重，我的心里又温暖又甜蜜，这种感觉直到今天都还在。爸爸的"敬"，让我这个女儿尝到了幸福生活的底蕴，也体味到了我们民族优良传统的厚重。

爸爸的言传身教之二："劳动累人，但会让我们心里有收获"

回想爸爸一生对劳动、对土地的热爱，我想到了两位名人的话：一是马克思所说的"体力劳动是防止一切社会病毒的伟大的消毒剂"，二是高尔基所说的"劳动是世界上一切欢乐和一切事情的源泉"。爸爸的身体力行和他内心的愉悦，就是因为如此。

爸爸一生勤俭朴素。他总是在饭桌上教导我们说："孩子们，你们要知道粮食来之不易哦。从下种子到收割，农民们不知流了多少辛勤的汗水，天不亮头顶着星星下地了，日头里晒着太阳锄地了。每一粒粮食都是农民的血汗哟，我们可不敢浪费粮食呀。浪费粮食就是犯罪！"

我看到，爸爸每次吃完饭，碗里从来不剩一粒米，桌上从来没有一星半点馒头渣儿；如果我们把饭粒掉在桌子上，爸爸一定命令我们把它捡起来吃掉。偶尔，孩子们会不以为然地剩一口粥或者一小口馒头，他总是责令我们吃下去，严肃地对我们说："吃不了那么多，就不要盛那么多；盛了饭，就要吃下去。这不是吃得了和吃不了的问题，而是一个生活态度问题。"他喜欢念叨："锄禾日当午，汗滴禾下土。谁知盘中餐，粒粒皆辛苦。"

我家后院有一小块空地，爸爸把它整理出来，种上丝瓜、南瓜、西红柿和辣椒。每当他下班回来，都会带着我们一起给果菜浇水。姐姐、我和两个弟弟用小水桶提水，爸爸负责把水浇到地里。我经常踩到刚浇过水的菜地，弄得鞋子上沾满泥巴。爸爸这时就会高兴地喊道："干脆把鞋子脱下来，干活还利索点儿！"当我光着脚丫跑来跑去提水的时候，他开心地笑着说："这才是劳动人民的本色嘛！我是农民的后代，我们不能忘本！劳动累人，但会让我们心里有收获！"我疑惑地看着爸爸说："爸爸，你说错啦，是地里头有收获！"爸爸笑得更加开怀："你现在还小，等你长大了就明白爸爸讲的心里有收获是什么意思啦！"

爸爸教导我们说："劳动是光荣的，懒惰是可耻的。劳动可以丰衣足食，劳动可以创造财富。你们要热爱劳动，在劳动中你们可以获得知识，获得满足。"爸爸说得真没错，后来我到山西插队当农民，才明白了劳动可以在土地上编织出美丽的图画，生长出可供我们生存的粮食和果菜。我们懂得了农民和土地的重要关系；懂得了创造美好生活需要付出劳动的代价；懂得了劳动可以丰富人生智慧，劳动可以带来快乐。通过劳动，我们的心灵深处根植下了劳动人民的本色。直到今天，我仍然坚守一个原则：能自己做的尽量自己做。

爸爸对土地的深情、对劳动的热爱，也源于他对家乡父老的亲情。20世纪60年代困难时期，老家的六大（爸爸的六叔——笔者注）来到北京，住在我家。在幼时的我看来，他的胃口太大了，一顿饭吃上两碗饭加两个馒头。当时粮食供应十分紧张，买粮食凭粮票。六大在家里住了小半年，爸爸为了让他多吃一点儿，有意把自己的口粮省了一半。天长日久，爸爸竟然消瘦了不少。

有一次，我看见六大吃饱后，还把盘里剩下的几块馒头片揣到了口袋里，就去告诉爸爸。爸爸听了之后对我说："你不要管他，也不要歧视他。农民不容易啊！"不久以后，六大要离开北京了，他提了一个口袋，我看到里面装满爸爸有意省下的一片片馒头片。他对我们说："这是你爸爸给我们的救命粮啊！"

回顾这些点滴，我深切地感受到，爸爸是黄土地上农民的儿子。他的这一本色决定了他对劳动、对劳动人民的深厚感情。而只有时刻保持劳动人民本色，执政党才能不腐败、不变质。

今天，我们的生活水平显著提高了，消费的层次和外延也发生巨大变化，但我还保持着当年养成的对劳动成果的朴素感情，决不随意糟蹋任何食物，决不浪费一滴水、一度电、一片纸。我血管里流着爸爸的血，我要把爸爸的好作风永远发扬光大。

爸爸的言传身教之三："丧失警惕的哨兵比敌人更危险"

毛主席在延安时曾提出"本领恐慌"的说法，激励全党在重大社会变革来临之际，积极学习新知识，练就新本领。人的青少年时期在学业、体能、生活技能方面打基础，至关重要。在我们的青少年时期，爸爸不仅思想上严格要求我们，也在学习本领、练就本领上因势利导。

爸爸常常告诉我们：一生最好是少年，一年最好是春天，一朝最好是清晨。爸爸还教导我们：一寸光阴一寸金，寸金难买寸光阴，寸金失去容易找，光阴失去无处寻。他以此激励我们珍惜光阴，多学快学本领。

爸爸非常关心我们的学习，常常在百忙中抽出时间检查我们的作业。记得有一天爸爸下班时，我正在做一道很复杂的算术题，他饶有兴趣地坐下来和我一起分享解题过程。他列出好几种方法，问我："你看我的这种算法怎么样？"见我不太明白，他就反复地给我解释，直至我弄懂为止。我说："爸爸，您这用的是老方法，我们老师教的是简单的方法，但咱俩的答案都是一样的。"爸爸开怀大笑起来，又说："学习就是要下功夫，不要遇到一点儿困难就绕道而去。还可以多想几个解决问题的方法，从中找到更合适的方法。"在爸爸的启发下，我不但解开了那道难解的算术题，而且列出多种算式来进一步说明。爸爸身负国家重任，每天披星戴月工作，还在百忙中抽时间辅导女儿写作业，这，就是父爱如山吧！

爸爸"多想几个解决问题的方法"的教诲使我很受益。在以后的学习工作中，我都努力多动脑筋、多思考、多比较，这成为一种习惯。

爸爸热爱体育，会在繁忙工作中挤出时间，带着我们姊妹兄弟打乒乓球。每当这个时刻，我一面为和爸爸单打而兴奋，一面为害怕输球而紧张。

爸爸要求我们打球就像上战场，常说："在战斗中，一个丧失警惕的哨兵比敌人更危险。"他要求我们认真打球，一丝不苟地打出"水平球"。在他的鞭策下，孩子们你追我赶，使出浑身解数，都想争当冠军。当然，有赢就有输。有时候我输了，恨不得把拍子扔在地下。爸爸说："输赢是兵家常事。人要学会走路，也得学会摔跤，只有经过摔跤，才能学会走路。"

有时候玩双打，爸爸和弟弟一头儿，我和姐姐一头儿。没有扣杀，没有抽球，持续的时间很长。我们一边玩儿，一边开心地说："真好玩儿，我们可以连绵不断地打下去！"爸爸又因势利导地教育我们说："希望你们姊妹兄弟，无论今后在什么场合、什么情况下，都像今天打和平球一样友好，绝对不要互相争强好斗。玩乐也要学会谦让，不要骄傲和霸道。"

爸爸的教导影响了我的一生，无论是在学校，还是在工作岗位上，我都谨记爸爸的教导，谦和待人，低调处世，在所有场合中求得和为贵。

爸爸要我们多学本领，不但学习书本知识，还要学习生活上的本领。

爸爸严于律己，常常自己缝缝补补，他不但自己缝袜子、缝被子，还要我们跟他学习。记得我第一次学习缝被子，不小心扎破了手指，不想再学了。爸爸说："哎呀，这么娇气呀，比起打仗时挨子弹，针扎一下子算得了什么嘛！"他说着，把我手指拿起来，吹一吹，笑着说："现在不要紧啦！爸爸教你怎么拿针。"就这样，在爸爸的耐心指导下，我终于学会了缝被子。

正是因为跟爸爸学会了缝缝补补，才使我在上山下乡的年代，没有因为缝被子、洗衣服这类生活小事哭鼻子，或者可怜巴巴地求爷爷告奶奶。虽然当时我年龄很小，但是已经可以独立打理个人生活。爸爸教会了我怎样做基础家务事，我从中体会到了自己动手、丰衣足食的甜头。

爸爸的言传身教之四："做个勤俭持家的好媳妇"

"家和万事兴"是我们熟知的古训，《易经》中也有"正家而天下定矣"的表述。爸爸不仅教我尊重身边每一个人，教我学会劳动，还在我建立自己的小家时给予精心的教导。此时，一个革命家和新时期社会文明建造者的形象重叠在了一起。

在我准备结婚的时候，爸爸让妈妈亲手给我缝了两床人造绸面被子，一床红色的，一床绿色的。他望着这两床被子感慨地对妈妈说："以前我还在想，我们的安安会嫁给谁呢？"然后他又微笑地对我说："红花要用绿叶配嘛。今后，你要做人家的妻子了，你要懂得尊敬你的丈夫，要孝敬你的婆婆，做个勤俭持家的好媳妇。"

在我正式结婚时，爸爸把平时省吃俭用积蓄下来的一点儿钱交给我，嘱咐说："把这个交给你的婆婆。"当时我很不理解，爸爸为什么要我把钱交给婆婆呢？后来我才明白爸爸的良苦用心，他是在为自己的女儿做人呢！

我的丈夫非常聪明能干，对我的爸爸妈妈十分尊敬孝顺。他在业余时间自学，掌握了组装电视机和半导体的技术。于是我们想到市场上采购零散器件，组装一台电视机，毕竟，这比买一台成品电视机要便宜很多啦！爸爸对于我们的做法，自始至终给予鼓励和支持。不久，家里就多了一台"爸爸全力支持、丈夫亲手组装"的12寸的黑白电视机，这在当时，可是一件炙手可热的"奢侈品"，也成为我们一家人最大的娱乐享受。现在回想起来，心情依然会很激动。

爸爸也通过这件事，进一步教导我们：要继续发扬艰苦朴素的精神，丢掉优越感，用自己的双手去劳动、去创造幸福。他鼓励我们说："能够通过自己劳动为自己创造美好生活，是多么的自豪啊！"爸爸的慈爱给了我们创造生活的力量。几十年的风风雨雨，我和丈夫一直带着这份深切的厚爱，过着充实而平静的生活。

爸爸的言传身教之五："为了国家，我愿意奉献全部的力量"

爸爸在工作岗位上，兢兢业业、通宵达旦地为党和人民工作，即使遭到误解和迫害，他依然保持坚强信念，不计个人得失。他的胸怀如海，气质如山，根源在于他的劳动人民本色。

"文化大革命"期间，陕西造反派把爸爸架到批斗台上，用1000瓦的高射灯照他的眼睛，他挺住了；用高分贝噪音的高音喇叭震他的耳朵，他没服软，直至晕了过去。连造反派们都敬畏他的坚强毅力。以后，爸爸被关进了监狱，在十几平米的小屋里，他坚持每天走上几百圈，以乐观的革命精神同监狱里的恶劣环境抗争。在逆境之中，父亲不畏强暴、不怕困难，以坚定的革命信念，顽强的革命意志，乐观地生活着。我的耳边，常常响起父亲的声音："相信党，相信人民；为了国家，我愿意奉献全部的力量。"

我以为，爸爸有比海洋、比天空还要宽阔的胸怀，因此，他对人民的爱，对大地的爱，对生活的爱，是这样的醇厚而质朴；他对党的忠诚，对国家的忠诚，对民族的忠诚，是这样的执着和坚定。

自 2002 年 5 月 24 日爸爸去世后，每当我遇到烦恼时，都会情不自禁地想起爸爸。爸爸的一生是多么的曲折磨难、艰难坎坷，但是，爸爸在逆境中、在困难面前，从来没有低过头。在我们面前，爸爸从来没有把自己的忧愁和烦恼表露出来。我心目中的爸爸，永远焕发着灿烂的笑容。想起爸爸，我总会感到，他自强不息的基因在我的血液中流淌，生活中遇到的一点点儿烦恼，就会变得那么微不足道。

作为爸爸的儿女，我们要好好地做人，坚守本分；好好地工作，创造快乐；好好地生活，时刻感恩。我们还要教育我们的后人这样做。这，就是我们对爸爸伟大人格的最好延续。

爸爸，从没离开过我们。他大山一样的信念，大海一样的博爱，如不息大船一样的奋进精神，永远激励着我们。他的音容笑貌，始终在我们心里。

（作者是习仲勋之女）

父亲往事

——忆我的父亲习仲勋

习远平

作为我父亲最小的儿子，站在他的墓前，对着他的雕像，我想说些什么呢？我能说些什么呢？他老人家走过的这百年，是中国扭转乾坤、翻覆天地的百年。这百年的中国历史太丰富了，他的人生历程也太丰富了，我看不尽，听不够，也享用不完。我只能在我的思念中寻找，寻找他老人家在我一生中留下最深烙印的东西。

少儿时，父亲就教育我们说：对人，要做"雪中送炭"的事情。他还不止一次写给孩子们："雪中送炭惟吾愿。""雪中送炭"的待人情怀不但贯穿了他自己的一生，也给我们子女树立了一生待人的准则。纵观父亲一生，在党内生活非正常期间，历经冤屈、坎坷、磨难，却从来无怨无悔、顾全大局，一生都在"雪中送炭"。该谦让的，他谦让了；该忍耐的，他忍耐了；该承担的，他承担了；该挺身而出时，他都挺身而出了。他由衷地说："我这个人呀，一辈子没整过人。"人所共知，在党成长的漫长岁月中，无论是在"左"的或右的错误发生时，"没整过人"，就是在人一生最艰难的时刻帮了人。在那些蒙冤岁月里，父亲对污蔑不实的所谓"问题"，能揽过来的就坚决揽过来，宁可一个人承担责任，也绝不牵连他人。他说："我身上的芝麻，放在别人身上就是西瓜；别人身上的西瓜，放在我身上就是芝麻。"许多人听了这话落泪。"没整过人"应该是他老人家一生中做过的最重要的"雪中送炭"的事情。

习仲勋与习远平在洛阳

小学课本里有一篇《孔融让梨》的故事，一字一句我记得特别清楚，那是父亲对我——他这个小儿子的特别家训。父亲不止一次拿着课本，给我念这一课，拉住我的手，给我讲这一课。谦让，是父亲教给我最重要的人生课程之一。在家，谦让父母，谦让兄弟姐妹；在外，谦让长辈，谦让同学同事；谦让荣誉、谦让利益、谦让值得谦让的一切。谦让，既意味着自己对个人荣誉、利益、所得的放弃，也意味着自我人格的升华。我感谢父亲，走入社会以后，我终于明白，父亲让我从小养就的谦让习惯，在面临复杂社会关系，处理个人与他人、个人与集体、家庭与国家利益时，获益良多。不仅使复杂关系、棘手难题的处理容易获得公平、公正的结果，同时容易赢得群众的普遍认同和普遍尊重。

在我心目中，父亲是了不起的英雄。13岁上初中时，父亲就因参加进步活动，进了国民党陕西省监狱。1962年，他因小说《刘志丹》遭遇康生诬陷，蒙受不白之冤16年，其中"文革"冤狱7年半。"文革"期间，家人包括我们这些孩子无法探望他。当时，社会上传说很多：有说他提着花岗岩的脑袋去见马克思了；有说他在一次批斗以后重病而死了；还有说他自杀了，或失踪了，众说纷纭，杳无音信。我们一家人心上阴云笼罩：父亲可能早已走了，早已不在人世了。

直到1972年，我们一家人利用春节千辛万苦聚首北京，打听到罗瑞卿伯伯的孩子们通过给周总理写信的方式与罗伯伯重逢相见，全家人才重又燃起希望，一起商量说：我们也给周总理写信。给总理的信发出时间不长，国务院机关事务管理局来人了，其中两位还是父亲担任国务院副总理时候的老人。来人传达总理的批示说：你们的父亲还健在，不久会安排与家人见面。我们既兴奋又激动，相约见到父亲时，谁都不许哭，不让父亲担心。

1962年，父亲蒙冤时，我才六岁，离开父亲时，我才九岁。在我心里，父亲早已是一个遥远的、可思而不可见的梦。梦里的父亲一头乌发、身材伟岸，既威严又慈祥，可当他一旦走近，我扑过去要抱住他时，他却消失了。七年后，得知他还在人世，我悲喜交集，见父亲的前夜，竟一夜无眠，浮想联翩：父亲的形象一次又一次被我重新描摹，父亲见我的第一句话一次又一次被我反复猜测……

见到父亲时，我震撼了。父亲与我幼小心灵中的父亲形象已截然不同：一头乌发已然不见，瘦了，苍老了，两鬓斑白。他凝视着我们，一句话也说不出来。可谁都没想到，父亲与全家人相互打量着，见到我时，他问的第一句话竟然是："你是近平还是远平？"听到他这样问我，大家都哭了，父亲的泪水也夺眶而出。他一面擦着眼泪一面说："我高兴！这是我高兴的眼泪！"唐朝诗人贺知章有诗云："少小离家老大回，乡音无改鬓毛衰。儿童相见不相识，笑问客从何处来。"七年生离，我识父而父不识我，真是彻底颠覆了诗人的语境。一家人最大的欣慰是父亲依然健在。与父亲团聚，长相厮守，是此刻全家人唯一的期盼。一家人感到最振奋的是：虽然岁月无情，但父亲依然是一派壮心不已的气概，我们放心了。

只是，我们心里都有一个疑团：这么多年，没人探望，没人说话，远离亲人，与世隔绝，"他是怎么熬过来的？"后来，听他慢慢谈起往事，我们才知道，对父亲那些沉重岁月的表述，用"熬过来"这个说法是个天大的谬误。

身在冤狱，父亲对人民、对党的信念没有过丝毫动摇，他一直准备着为亲爱的人民、敬爱的党继续工作。他说，马克思的晚年，不是背诵拉丁文的诗歌来保持敏锐的思想和记忆吗？没人说话，我就对自己说话！他开始背诵《矛盾论》、背诵《实践论》、背诵"老三篇"，不但磨砺思想，也磨砺语言。慢慢地背诵如流，昼夜不舍，晨昏无辍，本应度日如年的日子，就这样不知不觉地悄悄流走了。

为了保持一个好身体，父亲坚持了长年锻炼，把枯燥的身体锻炼做成了一天最愉快的事情：每天，他先是做一日两次的斗室转圈，先迈步正着转圈，从 1 数到 10000，然后退步倒着转圈，从 10000 倒数到 1；接着，他用肩膀撞墙，用后背撞墙，用拳、用掌击打全身；最后，仰面躺在床上，做仰卧起坐。仰面躺着，是当时监管方要求的睡觉姿势。监管方固执地认为，侧身睡不易观察到自杀行为，坚持要求被监管人仰面睡。为了这个"奇葩"规定，父亲仰睡了多年，上千个日夜，这需要多大的意志力啊！我想，父亲的身体锻炼中奇特地增加了"仰卧起坐"的情节，肯定是为了对这个"奇葩"规定"以毒攻毒"。

还是为了有可以持续作战的身体，父亲对自己多年抽烟的习惯也实行了"严格管制"。他原来每天要抽两包烟，逐步减少到每天只抽一支烟。早饭后，点燃烟，只抽上一口就掐灭；吃完午饭，点燃再抽，这次，抽到一支烟的一半，又掐灭，放在一边；晚饭结束，才是他真正享受抽烟愉悦的时间：这次点燃烟后，可以抽完余下的半支烟，直抽到手指掐捏不住烟卷的时候。

沉冤得雪的父亲回到战友们身边时，大家都十分吃惊。小平和叶帅当时就愣住了，叶帅说：仲勋同志，你 16 年备受磨难，身体竟然还这么好？！毫无疑问，父亲在逆境中长年砥砺的敏捷思维和健康体魄，对他后来主政广东，大胆施行改革开放，奠定了最重要的基石。

及至年齿渐长，阅世日深，我对父亲蒙冤人生中锲而不舍的身心砥砺有了更深的理解。16年蒙冤，父亲为什么能够天天如一地无畏面对，是因为在他心里，人民至上，党至上，为党和人民而战斗、奋斗，是他心里的无上快乐。"战斗一生，快乐一生；天天奋斗，天天快乐"，这16个字是他晚年对自己一生的总结。顺境如此，逆境亦如此。在这样无私的精神世界里，个人荣辱得失毫无位置。无私方能无畏，父亲蒙冤生涯中的无畏，正是源自他的无私。

父亲一生，参与完成了党的两大历史使命：一个，是与刘志丹、谢子长一起，创建了众所周知的陕甘边革命根据地；而另一个，则是在邓小平、叶剑英的亲自支持、中央的直接领导下创建了广东经济特区。陕甘边革命根据地后来成为党中央、中央红军长征的落脚点和八路军抗日的出发地；而经济特区的创建"杀出一条血路"，对此后中国的经济腾飞，成为世界第二大经济体起到了"先行一步"的引领作用。参与完成这两大历史使命，父亲都是"受命于危难之时"，没有无私无畏的政治胸襟，这两大使命的完成是根本无法想象的。

广东经济特区的建立，我亲历其时其事，有一点集体记忆中的个人补充。改革开放至今已30多年，深圳、珠海、汕头、厦门四个老经济特区日新月异，带动浦东、前海、横琴、南沙、上海自贸区等一批新的经济特区成批崛起。父亲要是还在，看到他在中央支持下亲身参与决策、参与实施的特区建设事业发展得这么快，他该多么欣慰啊！不止一个人问过我，你父亲甫一复出，临危受命，主政广东，《光明日报》第一天发表解放思想的文章《实践是检验真理的唯一标准》，广东媒体第二天就全文转载，并在全省开展"真理标准"的大讨论；不久，又代表省委向中央提出放权，要广东的改革开放先行一步；他的政治灵感是从哪里来的？我总是从不犹疑地回答说："无私无畏！"

因为在当时的政治气氛下，政治禁区比比皆是，冲破禁区的政治勇气首先来自无私无畏的政治胸襟。要像改革开放总设计师邓小平所说，为中国的改革开放事业实实在在"杀出一条血路来"，没有无视安危、不怕犯错、责无旁贷、义无反顾的无私无畏精神，就不敢大胆颠覆禁锢思想的政治教条，也无法提出任何新观念、新政策、新办法，去面对和解决实践提出的新问题。如我父亲者，当时有一大批老同志，由于无私无畏，变得有识有谋，为中国的改革开放事业作出了复出履新后的历史贡献。

1978 年，我已考入洛阳外国语学院。因为是部队院校，管理甚严，暑假只有七天假期，我匆匆去广东探望父亲。没想到一见面，父亲就给我出了题目，要我陪妈妈到深圳去，一路多看看，了解第一手资料，要大胆谈看法——一个年轻大学生的看法。沿途，我看到地里干活儿的几乎都是妇女，当家男人多数跑了，逃港了。我看到被抓的浑身湿漉漉的偷渡者，被铐着，武警牵狗押送着，因为当时偷渡是"敌我矛盾"。我看到深港两地的白昼：深圳这边，沉寂渔村，香港那边，繁华闹市；而两边的夜景，深圳这边，渔火昏暗，香港那边，灯光辉煌。强烈的反差，让我有了强烈的诉说冲动，父亲鼓励年轻大学生说看法，我是"匹夫有责"。

我回到父亲身边时，带去了所见所闻。我说，明摆着，这边贫穷，那边富裕，谁不向往美好生活呢？这边姓"社"，那边姓"资"，老一辈革命一生，要的就是这样的社会主义吗？还不如 500 多万人的香港呢！这类议论，也是当时社会上的私下话题。父亲听着，记着，沉思着。

后来我慢慢知道，父亲为了了解第一手资料，不仅跑遍了广东的 23 个市、县，还与秘书经常悄悄上街买菜，碰见谁，不管认识与否，就家长里短地与人聊天，多方面了解了广东当时的穷困：5500 万人，1000 万人吃不饱，"鱼米之乡"的老百姓几乎既没鱼吃也没米吃；粤北的主食是红薯，而吃的主菜是空心菜。这可不是今天我们吃的又细又嫩的空心菜，那时的空心菜，又粗又长，产量很高，却难以下咽，号称"无缝钢管"。同时，他也了解了"逃港潮"的一时泛滥，不只是沿海人觉悟出了问题，更是我们的经济出了问题。父亲希望从不同方面得到最真实情况的印证，以形成自己的政治思考、政治决策。我探望父亲的假期之行，恰好被他抓了一个"飞差"。

今天，特区已经发展变化得认不出原来的模样了。谁能想到，今天深圳第一家上市酒店深圳新都大酒店，当年只是贵州生猪出口基地；而处于更中心位置的深圳五星级阳光大酒店，当年则是湖南生猪出口基地。今天，"那边"，香港人络绎不绝迁居深圳，在深圳安家落户；而"这边"，美丽富足的深圳令民众乐居，"逃港潮"已成为一个历史名词。当时，许多优秀企业家参与了改革，一批国有企业、股份企业、民营企业，现在都已成为享誉世界的企业航母。父亲的百年诞辰，他们纷纷表达哀思之情，共同的心声是：广东的先行改革开放，使他们和他们领导的企业提前享受了改革开放的红利；而改革开放的红利也给南粤大地带来巨变，无数年轻人享受了伴随巨变而至的稳定工作和舒适生活。我相信，父亲的在天之灵一定会面含微笑，注视着这一切。父亲当年实施广东先行开放的壮举，遭受过多少无形的政治压力，经历了怎样艰难的政治选择，父亲没有说过，我们亦无从猜测。但有一条是肯定的：父亲内心的使命感来自人民，人民的追求就是对父亲的命令，父亲只是又一次听从了人民的召唤而已。

父亲是农民的儿子，人民是父亲的根。50周年国庆大典，父亲在天安门上观看焰火，焰火十分壮观。当灿烂的光彩一次次照亮父亲面庞时，陪同的领导同志说："江山是你们老一辈革命家打下来的!"父亲感慨地说："江山就是人民，人民就是江山啊!"父亲一生，始终对得起毛主席给他的评价：他是从群众中走出来的。父亲对人民的那个亲，人民对父亲的那个好，我有特别的记忆——1975年，父亲虽然"解放"了，但还没有结论，在洛阳耐火材料厂"休息"。组织上安排了一套三室的房子给我家，在工人宿舍区。当时，家里热闹，不断人，"谈笑有乡邻，往来皆百姓"。工人们常来串门，谁家来客，我家里准多一份好吃的；我家里有了伙食改善，也短不了端给左邻右舍。至于厂里热气腾腾的大澡堂子，工人们喧哗嬉闹的声浪，更是我一生最难忘的场景。当时，父亲有了一个泡澡的"癖好"：每天早晨9点，大澡堂子刚换上新水，他就下水泡着；只要我在他身边，就招呼我一起泡。一块儿泡着的，还有下夜班的几十个工人。我至今记得，父亲那时是最快活的：额上挂满汗珠和水雾，身子泡得红红的，脸上洋溢着发自心底的笑，大声与工友们说着工厂的事、家庭的事，还有国家的事。现在，改属中钢集团的洛阳耐火材料厂旧址还在，印象中，大澡堂子还热气腾腾地开着呢！回想起来，父亲的泡澡"癖好"其实是与人民"泡"在一起的"癖好"，是与人民坦诚相见、交流无碍的"癖好"。

我能感觉到：父亲鼓励、敦促乃至命令他的孩子们走近人民、与人民不离不弃、与人民同甘共苦，似乎是他内心本能的呼唤。无论什么时候，孩子们只要与最底层人民贴近了，他就特别高兴。记得父亲在洛阳耐火材料厂时，我19岁，在北京服务机械厂当工人，先当翻砂工，后来改变工种当车工。当车工时，起先干16车床，后来"进步"了，干18车床、20车床，直至干30车床。30车床加工大部件，走刀时间稍长，走刀间隙，师徒俩够时间互相点支烟。记得我节假日回到洛阳看父亲，很得意于自己的"进步"，告诉父亲说，终于干上30车床啦，我可以不那么累啦！父亲沉默半晌，语重心长地说：我看你去干翻砂工更好，在最脏最累的岗位上，才能与工人的心贴得更紧，知道幸福来之不易！

父亲的话，对我影响至深：当工人四年，一天没敢懈怠。师傅见我干活踏实，可每天只吃一盒白饭、一勺猪油、一撮盐加白菜，就常常把卷着大葱、猪头肉的烙饼塞在我饭盒里。那四年，我几乎每年都评上先进生产者、师徒模范。至今，妈妈还珍藏着已发黄的当年的奖状。

为了让我这个小儿子离人民近些、再近些，父亲还对我提出很严苛的要求：1975年秋天，我和哥哥都回到洛阳看望父亲，待了没几天，父亲就撵我，说："远平啊，让你哥带着，去他插队的梁家河看看吧。你当了工人，工资虽然低，比起你哥待的地方，可幸福多了，陕北农村才是最苦的！顺路，去你大姑那儿看看，别忘了大姑一天一碗羊奶的情意！"大姑是父亲的亲妹。1968年，哥哥15岁，因父亲问题的牵连，被有关部门多次关押审查，出来时，身体非常虚弱，全身都是虱子。哥哥到关中富平老家大姑家里休息很长时间，大姑一天一碗鲜羊奶喂着，他才慢慢调养好。

我和哥哥先到了富平县城关镇大姑家，我至今不能忘记，见到父亲的亲妹妹大姑时心里的震撼：大姑一辈子在老家当农民，虽然才50多岁，但头发已经灰白，苍老得让人心酸。家徒四壁，没有一件像样的家具。富平地处八百里秦川，曾是汉高祖的粮仓，是陕西的富庶平安之地，当时也处于困厄之中。我们当时过得苦，可老家的农民更苦。这时，我也才理解了为什么父亲临行前，亲自张罗那么沉的礼物带给老家，好几瓶河南当时的名酒，都是父亲一点儿一点儿攒下的：鹿邑大曲啦，宝丰大曲啦，张弓大曲啦，林河大曲啦。他在对大姑表达救回哥哥生命的感激。同时，也是在尽自己当时能尽的最大努力，力图犒劳一下我们一家艰难时伸出援手的老家乡亲们。父亲的礼物分给大姑和乡亲们的时候，真的激起了一片欢腾。可吃饭时，酒可不是一人一杯那么奢侈，而是倒在一个小盅里，一人一小口，转着圈喝。

接下来的行程让我体会了父亲催我陕西之行的深意：他老人家是要让他未到过黄土地的小儿子，认识陕北农民，认识陕北农民的生活。那时，从富平到铜川，坐两小时火车；从铜川到延安，坐一天长途汽车；从延安到延川，坐大半天汽车；从延川到文安驿公社再到梁家河大队，几十公里，徒步。这样的行程让我累得精疲力竭，早早睡下了。可一样行程的哥哥，到达梁家河的当晚，就召开大队党支部会议，直到深夜。陕北农时晚，7月麦收，正是农忙，也正是陕北农村支部书记们最忙的季节。

第二天，哥哥投入紧张的农活，我也上了"火线"。陕北土地贫瘠，广种薄收，村里最远的地远在十里路外。这时，我才发觉，与陕北农民相比、与哥哥相比，我差得太远啦！他们力气可真大啊，近百斤重的一捆麦子上了肩膀，十里山路要一气儿走下来，中途不能落地休息，一落地，麦子就散了。就这样，在黄土高原的山路上来来回回，扛着一捆捆麦子，像是小跑，一扛就是一天，直到天黑，衣服被汗湿得能拧出水来。

晚上，哥哥特意把窑洞里他的铺让给我睡，因为他的炕席下面洒了六六粉，可以防虱子、跳蚤、臭虫。可是第二天，我还是被咬了一身水泡，痒得没处抓挠。我问哥哥怎么样，因为他睡的炕席下面没洒六六粉。哥哥笑了，说："我的皮肉已经被咬结实了，现在，任什么东西再咬，也咬不动啦！"

在梁家河乡亲们眼里，我是远道来的稀客，又是陕北"老革命"的亲子、本大队支部书记的亲弟，由此，我获得了最高礼遇：一家一家派着吃饭。乡亲们用白面馍款待我，而这是他们成年累月也吃不上一次的东西。我清楚地记得，即便是全村孩子最多、最穷的那一家，也用酱油膏煮了汤，下了十几个荷包蛋，做了白面饸饹来管我的饭。只有一件事，家家都是共同的：不上桌的老人妇女后生，吃的全是黑黑的糠馍。我心里流着泪，享受着陕北农民的崇高礼节和深厚情谊。

父亲吩咐我的这次陕西之行，既让我终生难忘，也让我终身受益。此后，我不止一次回到陕西农村。我慢慢认识了陕西农民和他们的生活，再没有什么苦和难，能在我的眼里称得上是苦和难；也再没有任何障碍，能分离我与陕西老家乡亲们的血肉之情。父亲的葬礼上，我记得一个让我永难忘怀的特别画面：他静卧在鲜花丛中，遗体正前方安放着陕甘的小米、家乡的黄土，送他最后一程。

父亲晚年，守望深圳，守望广东，守望这块他付出心血汗水的南粤大地，默默注视、关心着它的变化。他不说什么，也不做什么，只是每年国庆、元旦、春节等重大节日，在《深圳特区报》上发表一篇"祝辞"，表达他对这块热土的期待和对这里人民的挚爱。新世纪的2001年国庆，父亲对深圳市的"祝辞"这样写道："今年以来，深圳市坚决贯彻落实党中央和广东省委的重要工作部署，把握大局，大胆开拓，科学决策，调整产业结构，以建设高新技术产业带为新的起点，在把深圳建成高科技城市方面迈出了可喜的一步，为在2005年深圳率先基本实现现代化，力争在2010年左右赶上中等发达国家和地区水平方面开了好头。我在深圳近十年，对广东，尤其是深圳有很深的感情。对深圳前进的每一步、取得的每一个成绩，我打心眼里感到十分欣喜。"这是他老人家对南粤人民最后的祝福，234天之后，2002年5月24日，父亲安然离去。

2000年时，父亲在深圳兰园种了一棵榕树。如今，父亲走了，榕树还在，它在兰园长大了，根深叶茂，它在父亲的第二故乡，吮吸着故乡人民给予的雨露甘霖，郁郁葱葱地生长着。我一见到这棵榕树，就想起了父亲，在我心目中，这已成为他老人家扎根在南粤大地人民中的一个象征，他没有离开广东，没有离开深圳，他还和南粤大地这片热土上的人民在一起。

父亲离开工作岗位以后，诸多方面不止一次请求他写回忆录。父亲说："我的一生，是为党为人民工作的一生，个人是渺小的，个人没什么东西要写的，由历史、由后人去评说吧，我什么也不写！"当然，他确实不必写什么，他服务于党和人民事业的赤诚，几乎是"存乎于心，发乎于情"的一种天然，不必刻意记载。他不希望被人记住。

父亲百年诞辰时，家里陆续收到一些各方面送来的纪念文稿，情浓意挚。文章叙说父亲一生中参与完成党建立陕甘边根据地和建立广东经济特区两大历史使命的光荣，寄托着对百年父亲的哀思，也告慰父亲：人民想着您呢，您在人民中是受到尊敬的。我想，父亲如果天堂有知，党和人民继续着改革开放的事业，在为实现中国梦而努力奋斗，他老人家一定会含笑欣慰的。

（作者是习仲勋之子）

贺龙与"大跃进"后的航空工业

徐秉君

新中国航空工业在初建阶段,经历了艰难曲折的发展过程。尤其是在"大跃进"和"反右倾"等"左"倾思想的影响下,航空业为了尽快缩小与西方发达国家的差距,先是采取以"跃进的速度"快速自行研制新型战机,继而又快速试制和盲目生产引进新型战机。但是,由于新中国的工业基础还很薄弱,当时技术、材料和装备等难以满足生产最尖端的先进战机的要求,"大跃进"的指导思想又导致违背科学而盲目急进,再加上为了赶速度而大量削减了试制必需的工艺装备,最后导致大量新生产的飞机因存在严重的质量问题而不能如期出厂交付空军。

面对这一严峻形势,时任中央军委副主席、国务院副总理兼国防工委主任的贺龙顶住政治压力,曾多次在军委会议上和国防工作会议上,力主纠正国防工业生产中出现的严重质量问题和急躁冒进问题,并先后两次亲临沈阳 112 厂视察,提出以整顿领导作风和整顿质量为中心的企业整风运动,对航空企业进行全面整顿。同时要求对过去的质量问题要下决心"一刀两断",使新试制的飞机全部实现优质过关,从而使航空工业的发展又转入正确的发展轨道。

"快速试制"导致严重质量问题

进入 20 世纪中叶,西方发达国家争相研制喷气式超音速战斗机。在面临西方反动势力包围的复杂国际背景下,新中国的空军更迫切希望拥有自己的超音速歼击机。这时,在全国上下已经掀起了"大跃进"的高潮。而在这种"轰轰烈烈"的政治背景下，新兴的航空工业自然不甘落后。

为了满足空军的急需，国家航空工业有关院所和飞机工厂采取两条腿走路的办法，在自行研制的同时，也在快速仿制苏联提供给中国的米格系列歼击机，以尽快缩小中国与世界先进水平的差距。

1957年9月，国务院副总理聂荣臻率中国工业代表团赴苏进行友好访问，空军有关部门及国家航空工业局副局长徐昌裕、112厂设计室主任徐舜寿等人也随团前往苏联，进行购买 МИГ–19С、МИГ–19П、МИГ–19ПМ 飞机技术的谈判。经过艰苦谈判，最后选定引进 МИГ–19П 型歼击机。并于10月15日，与苏联签订了购买供仿制用的 МИГ–19П 型歼击机的全套技术资料和样品的协议。

"东风–103"号机

МИГ–19П 型飞机系超音速全天候喷气式歼击机，引进后命名为"东风–103"号机，后称歼–6甲歼击机。这是中国仿制的第一种超音速喷气歼击机。

试制工作于1958年3月正式开始。由于新中国的工业基础还很薄弱，喷气式超音速歼击机又是尖端的高科技产品，加之受"大跃进"的影响，所以仿制工作一开始就一波三折。如"东风-103"号机的试制进度,原计划定于1959年10月1日试制成功。但在"大跃进"形势的推动下,试制计划一再提前。先是提前到同年5月1日,后来又根据第一机械工业部党组以"跃进的速度"试制的决定,要求再提前到1958年底前试制成功。

为了缩短试制周期,达到"快速试制"的目的,在"东风-103"号机的试制过程中,大量削减了试制必需的工艺装备。更为严重的是,在该型飞机尚未试制成功的情况下,便以"大跃进"的速度提前投入批量生产。这就为以后的产品质量埋下严重隐患。

1958年12月17日,中国制造的第一架全天候超音速歼击机——"东风-103"号机由首席试飞员王幽淮首飞成功。这种飞机自投产到首飞仅用了139天。它的首飞成功,标志着中国制造的歼击机跨入了超音速时代的先进行列。

但是,由于没有经过严格的试飞试验就开始盲目成批生产,致使"东风-103"号机装备部队后不久就因频繁出现严重质量问题,被迫停飞返修。造成了"一年生产、三年返修"的严重后果。

然而,在"大跃进"急躁冒进的大背景下,返修飞机的质量问题并没有从根本上得到解决。在这种情况下,空军又提出急需大批量的 МΠГ-19С 白天型歼击机。于是,112厂根据空军和航空工业局的决定,又在"东风-103"号机的基础上,改型设计成"东风-102"号机,并于1958年12月底完成了"东风-102"号机的设计工作。1959年2月,国家鉴定委员会审查并批准生产。1959年9月,"东风-102"号机作为向国庆10周年献礼的成果,由试飞员吴克明首飞成功。

这期间,全党"反右倾"不断升级,在这种形势下,"东风-103"号机未经生产定型,"东风-102"号机既未经设计定型也未经生产定型,就仓促投入批量生产,最终导致首批生产出来的两个机种100多架飞机,因存在严重质量问题而不能正常出厂装备空军部队。

贺龙元帅震怒发火

"大跃进"和"反右倾"等"左"倾思想带来的直接后果，就是不顾条件推行"快速试制"，严重影响空军战斗力水平的提升。

"东风-103"和"东风-102"两个机种出现的质量问题，引起了军委的高度重视。1960年5月10日召开军委常委会，力图对国防工业生产中出现的严重质量问题和急躁冒进的做法采取有力措施加以解决和纠正。这次《军委常委会议纪要》指出："目前国防工业生产中存在的质量不好的缺点是严重的，需要立即采取有力的措施加以解决。一切国防工业生产中，应明确提出'质量第一，在确保质量的基础上提高数量'的口号，坚决反对单纯追求数量、只计算产值不顾质量的错误观点。"

随后，按级传达了中央军委副主席、国务院副总理贺龙和一机部部长赵尔陆等领导同志关于整顿产品质量的重要指示。各飞机工厂便立即开始进行生产秩序、规章制度、产品质量等一系列整顿，并着手开展优质生产。

1960年9月13日，在中央书记处召开的国防工业电话会议上，中央政治局委员、军委副主席贺龙，针对军工产品存在严重质量的问题，对一些国防工厂提出严厉批评，他在讲话中指出："对待产品质量的态度是个党性问题。把质量低劣的武器交付部队使用是犯罪行为，这样做不但不能消灭敌人，反而帮助敌人，这是绝对不能容忍的！当前，军工产品的质量问题主要是由于领导上的错误造成的，因此，领导干部在质量整顿中要'引火烧身'。"

在这次会议上，一机部部长赵尔陆承担了领导责任，并就产品质量问题做了深刻检查。他认为，这一阶段产品质量不好，是由于技术、材料、生产制度、工艺纪律以及领导上的主观主义和官僚主义等多方面原因造成的。

9月，根据第二届全国人大常委会第29次会议决定，原第一机械工业部分为第一机械工业部和第三机械工业部两个部，112厂则隶属于三机部第四管理总局。

1960 年 11 月 20 日，中央军委副主席、国务院副总理兼国防工委主任贺龙、总参谋长罗瑞卿、空军司令员刘亚楼等领导同志，在三机部部长张连奎和沈阳市委书记焦若愚等领导同志陪同下，前来 112 厂视察。当贺龙亲眼看到在厂区停放着大量新飞机，由于存在严重的质量问题而不能出厂，并得知三年来工厂没有向空军部队交付一架合格飞机的实情时，十分气愤，当场对工厂领导提出严厉批评。

第二天，一位保卫干事乘一辆吉普车专门来接徐昌裕局长前去沈阳北陵休养所，向住在那里的贺龙汇报飞机生产情况。一上车，保卫干事就提醒他说："徐局长，你得小心，今天贺老总大发脾气叫你也去，你思想上也要有挨批的准备啊！"

徐昌裕叹了口气说："好吧，那就去吧。丑媳妇总得要见公婆的，就是想躲也躲不过呀！"

大约 10 多分钟，吉普车就开到了北陵休养所。这时，刘亚楼正在和贺龙谈论这批飞机的质量问题。他见徐昌裕进门，就向贺龙介绍说："就是这个徐昌裕，还是空军出来的，忘本，没有把飞机搞好。"

贺龙抬起头来打量一下徐昌裕，皱了一下眉问道："你是从哪里来的？"

"我是老航校的，是从老航校调到航空工业局的。"徐昌裕有些忐忑地回答。

"在老航校以前在哪里？"贺龙又接着问道。

"在这以前是在延安。"

"那你还是老资格呢！好吧，那你就抓紧时间谈一谈情况吧！"贺龙一听徐昌裕是从延安走来的，态度便缓和下来。他没有再发火，只是在听取汇报时，不时地提问一些细节性问题。

在随后召开的三级干部会上，贺龙严肃地说："中央关于军工产品质量第一，在确保产品质量基础上求数量的方针为什么没有认真贯彻？全国人民不吃肉、不吃油、不吃苹果，勒紧裤带换来点外汇，进口点材料，都给你们糟蹋了。你们能忍心，能过意得去吗?!"

当他听完 112 厂党委副书记兼代厂长王其恭有关质量情况的汇报后，不满意地说："你们搞质量像切藕一样，藕断丝连，不是像切萝卜，要一刀两断。现在工厂要马上停产，开展质量整风运动。"接着，他又指出："要原原本本按苏联图纸从头开始，重新试制，不要修修补补，搞改良主义，要下决心一刀两断。"在谈到提高产品质量时，他又强调指出："一件超差品也不能装，要一丝不苟，精益求精，要拟出重新试制方案。"

面对严峻的现实，112 厂痛定思痛，根据贺龙的指示和要求，全面展开了以整顿领导作风和整顿质量为中心的企业整风运动，并下决心与过去的质量问题"一刀两断"，从而使整个试制工作出现了新的转机。

"一刀两断"，实现优质过关

根据贺龙关于对国防企业进行整顿的指示和要求以及国防工业委员会下发的《关于在国防企业中开展整风运动的指示》精神，三机部第四管理局于 1960 年 12 月 15 日颁发了《航空工厂贯彻"一刀两断"，生产优质产品的具体安排（草案）》，草案明确要求："各厂必须在最短时间内扭转当前的严重局面，用生产出没有一件超差品的飞机、发动机和配套产品的实际行动，补救三年未出优质飞机给党和人民所造成的严重损失。"

各航空工厂按国防工委的指示和三机部草案的要求，立即停产开展以整顿领导思想作风和整顿质量为中心的整风运动。重点是整顿领导干部、整顿产品质量、整顿基层、整顿队伍、整顿纪律。112 厂更是这次企业整风的重中之重。在停产整风中，厂领导首先"引火烧身"，进行深刻的自我检查，紧接着让全厂职工围绕提高生产质量开展鸣放，然后采取措施下大力组织整改。

1961 年 1 月 27 日，中央军委国防工业委员会党组正式决定，由 112 厂重新试制 МИГ-19C 型歼击机，亦称 59 式丙，后改称歼-6 型歼击机。

在歼-6飞机的试制阶段，航空工厂接受了试制"东风-103"号机和"东风-102"号机两机的教训，严格制度，严格管理，严格按工艺方案组织实施，重点把好"五关"，即标准样件全机对合关、技术关键关、技术协调关、静力试验关、试飞关。为确保优质试制歼-6飞机的质量，112厂厂长陆纲正式颁布了《十项开工标准》的命令。并规定，为了确保产品质量，凡是未达到《十项开工标准》的单位，绝不允许开工生产，对新生产的每一架飞机都必须进行优质过关。《十项开工标准》的贯彻实施，为重新试制 MNГ-19C 型歼击机并保证优质过关创造了良好的开端。

1963年9月23日，优质试制的0001号歼-6型歼击机首飞成功，首席试飞员仍然是吴克明。紧接着又进行了历时70天的定型试飞。12月1日，完成全部试飞科目。经过各种条件下的试飞考验，飞机的各项技术性能指标均达到了设计标准。

12月5日，中央军委、三机部在112厂举行了歼-6型飞机定型签字仪式，并召开了庆功大会。航空军工产品定型委员会主任曹里怀等人在《歼-6飞机试制定型鉴定》文件上签字。航定委认为：112厂经过两次试制锻炼，基本上掌握了歼-6飞机的制造技术，这次试制的飞机是成功的，已达到优质水平，同意试制定型并投入成批生产。为此，中央军委于12月11日特发来贺信表示祝贺，贺信指出：

优质歼-6飞机试制成功，并经国务院军工产品定型委员会批准定型，这是加强我国国防力量的一件喜事，是我国航空工业开始全面好转的一个标志，特向你们表示热烈的祝贺！

优质歼-6飞机定型，经过了一段曲折的道路，由于航空工业全体职工的辛勤努力，认真接受经验教训，终于克服困难，用自己的双手，造出了优质飞机，这是毛泽东思想的胜利。

为了进一步加强我国的国防力量，捍卫社会主义建设，我们航空工业还要准备担负更艰巨的任务。有了若干成绩以后，千万不能骄傲自满。而且已经获得的成绩，只能说是初步的，在攀登航空工业高峰的过程中，只能算是爬上了一个阶梯，因而更不能就此满足。希望你们再接再厉，戒骄戒躁，发扬成绩，克服缺点，树雄心，立大志，为成批生产优质歼-6飞机，为有更多、更好的新机种上天而继续努力。

至此，歼-6飞机优质过关。自1961年1月开始生产准备到试制定型，歼-6飞机的仿制周期共1069天。第一架歼-6飞机于1963年末交付部队使用。

在确保航空产品质量的前提下，歼-6飞机转入了大批量生产。1964年7月7日，在国家计委、经委、全国科协举办的"全国工业新产品展览会"上，歼-6飞机获得全国工业新产品一等奖。

优质过关的歼-6生产线

1965年7月26日，贺龙再次来到沈阳飞机制造厂视察，当他看到焕然一新的新装备时，十分高兴地说："你们工厂面貌完全改变了，形势很好，和1960年大不一样了。"

1965 年 7 月，贺龙再次来沈飞视察时高兴地说："你们工厂面貌完全改变了，形势很好，和 1960 年大不一样了。"

　　歼-6 飞机是迄今为止中国生产量最大的一种歼击机，同时也是中国科研人员在苏联撤走专家以后，独立进行生产准备、试验研究和改型设计的第一种系列作战飞机。这一机种在 20 世纪 60 至 80 年代一度成为中国空军的主力战斗机。

　　歼-6 飞机列装后，针对部队作战和训练需求，有关厂所又对歼-6 飞机进行了多次改进和改型，形成了歼-6 歼击机系列，生产了各型歼-6 战机共 5205 架，其中 780 架出口到十几个国家，并在一些国家建立战功，受到所在国空军的欢迎。

　　在初期试制和后续的改型研制过程中，尽管歼-6 飞机出现过严重质量问题，并遇到许多技术难题和极大的试飞风险，但这一时期的试飞员发扬战争年代的勇敢战斗精神，敢打敢拼，闯过一道道难关，试飞出中国至今数量最多的一种歼击机，而且在试飞 5000 余架多型飞机的过程中，从未摔过飞机和发生重大飞行事故，创造了航空史上的试飞奇迹。

　　歼-6 飞机优质试制成功，标志着中国已进入独立自主仿制超音速歼击机的新阶段。从此，中国航空工业走上了一条独立自主、自行研制开发的道路，中国一举成为当时世界上少数几个能够生产超音速作战飞机的国家之一。

歼-6 飞机装备部队后，在国土防空作战中战绩辉煌。歼-6 飞机与美国、苏联、法国同代同期的战斗机相比，它的空战战绩最为辉煌。它曾经击落过美军和国民党空军的 F－104C、RF－101、RF－104G、F－105、RA-3D、A-6A、A-3B、F-4C 等战斗机、侦察机及高空无人侦察机 23架，其中包括在当时堪称最先进的美制作战飞机和高空侦察机，而中方无一损失，创造了该型战机空战无战损的纪录。

（作者是中国人民解放军空军某部原政委）

陈毅病中为我写证明

丁兆甲 口述　　石雷 整理

陈老总是我最敬爱的良师，是他领我走上了革命的道路，一直关怀着我的成长。在"文化大革命"中，他遭受林彪、"四人帮"的迫害，虽身处逆境，却仍为我出具证明使我获得解脱。这一切，令我终生难忘。

"文化大革命"初期，我在公安部任十二局副局长，因所谓"窃听器事件"和"隐匿刘少奇材料"等"滔天大罪"，被打成"黑帮"。专案组对我进行审查，内查外调找不到事实根据，便说我参加革命的历史有假，他们认为我1938年15岁就参加新四军，而且是直接接受陈毅领导，是绝对不可能的事，一再要我老实交代。

陈毅带我参加新四军

在审查中，我向专案组说明：1938年，我住上海外婆家补习中学课程，同时在无线电学校学习。其间，受抗日思想和革命理论的影响，参加了进步组织的一些活动。当时，我的家乡江苏省武进县的农村已有新四军和抗日游击队在活动，我父亲丁连生和同学陈桂生（曾任新四军营教导员，后英勇牺牲）等，都参加了管文蔚领导的新四军挺进纵队，他们不断来信动员我回去参加抗日。

1938年10月初，我从上海回到家乡孟河镇，准备参军。有一位同学领我到距我家五里地的丹北童家桥，找到新四军挺进纵队管文蔚司令。恰逢新四军第一支队陈毅司令员也在此，当他听说我是从上海来的后，就和随他同来的黄源（公开身份是中央社和《扫荡报》记者）主动向我了解上海沦为"孤岛"后的各种情况，还谈了抗战的形势、江南游击战争问题、抗日统一战线和青年问题等，讲了许多我从未听说过的新鲜道理，历时约两个小时，使我思想上深受启迪，同时也产生了对这位曾经留过学的将军的敬佩之情。当他听我说上海有许多青年都想去皖南参加新四军，只是因为路途阻隔有困难时，当即表示要我回上海去动员这些要求参加新四军的青年，并要我以后去一支队找他，还送我一张他的名片。名片上印着：

国民革命军陆军新编第四军第一支队司令
陈毅　仲弘

四川乐至

就这样，我参加了新四军。

1939 年初，我从上海带着三个青年到了一支队，陈毅司令员将他们转送到皖南军部。他听说我有一位亲戚在国民党的广德县政府任秘书，正邀我去那里建电台，便提出让我先去找那个亲戚，了解他是否真的要搞电台，看以后能否建立统一战线的朋友关系。当时我因不了解陈司令的意图而表示不愿去，经过做工作，我才知道，因广德距一支队驻地较近，陈司令希望多建立些统战朋友关系，以便日后开展工作。这样我就去了广德。去后发现电台机器尚未运到，他们先让我做登记收发文件的工作，我从中连续发现了两份国民党敌视新四军的秘密文件：一份是国民党省党部发现延安陕北公学有五位学生到广德来活动的情报，要当地严加防范；另一份是省党部关于限制防范新四军的若干措施与方法。我看后感到很吃惊：怎么国共合作抗日，国民党却暗中对付新四军呢？我便把这两份文件先藏起来，向那位秘书托辞请假暂回上海。遂带了那两份文件跑回新四军一支队，亲交陈司令。这次在广德只停留了一个月。陈司令对我嘉勉一番，但认为我不宜再回广德去了，便将我留在一支队，在陈司令的直接领导下搞情报联络工作。

听完我对那段历史的陈述后，专案人员仍不相信。说陈老总不可能相信尚未成年的我，而派我去做那些既保密又重要的事。我又耐心地进行说明：当时是全民抗战时期，全国男女老少同仇敌忾，抗战热情特别高，我当时虽只有十五六岁，但我是初中生，平时又比较重视时事，对一些事还是有一定见解的。陈老总可能觉得我还不是太幼稚的小孩子，从具体接触的几件事来看，认为我比较机敏。而我又是江南人，挺进纵队中有不少熟人，在当时非常需要用人的时候，就大胆放手使用了。实际上使用就是锻炼，也是考验，这正是陈老总多年放手培养青年干部的经验。为此，我建议他们可直接向陈毅同志调查。他们抱怀疑态度，说："陈毅还能记得你吗?"我肯定地说："他不会忘记的。他曾见过我父亲，时隔多年在上海解放后遇到我还问我父亲在哪儿?""文化大革命"前夕，我在外搞"四清"运动，多时未见，他还向外交部韩念龙同志打听过我的情况。

为了便于陈毅同志回忆，我向专案人员谈了并简要写了一个提示要目，供调查参考。其中提到我从国民党广德县政府搞到两份秘密文件内容和经过的情况，其他情况包括：

一是我从家乡孟河通过一位姓费的小青年，利用日军守备队的电台设在他家，他有条件接近日军电台机房的便利，多次进去偷看日文字母密码，并抄下转交给了陈司令。

二是我从一位医生那里接触到一个姓杨的伪军，了解到他尚有爱国心，经过工作，策动了住在孟河的伪军绥靖队携枪反正，投向新四军二团。敌人发觉是我策动但未能抓到我，就把我父亲捉去严刑拷打。

三是陈毅同志先后四次派我去上海工作。

第一次是去找八路军、新四军驻上海办事处的刘少文和新四军的秘书李一氓同志，我带了一个在旷野捡到的日军飞机上丢下的"温湿器"（体积很小，里面有微型电子管能发出信号），请他们在上海找人研究这个东西是干什么用的（后经查明是为航空测气候用的，不是间谍电台）。

第二次是为了江南抗日义勇军挺进纵队东进到上海西郊，准备建立上海捐助物资的输送渠道。我先到无锡梅村找"江抗"司令管文蔚，又到上海找茅麓公司老板纪振纲，研究联系办法。纪振纲是新四军进入茅山地区后争取成功的最有名的统战人士。他对陈毅非常敬佩，因受日寇和国民党的双重压力，在陈毅建议下，他将自卫武装数百人全部交给新四军，本人去了上海法租界，但仍和新四军保持联系，积极为新四军募捐物资，李一氓去上海时就住在我家。

第三次是我乘外轮经苏北回队，在扬州东乡焦家荡与新四军挺进纵队三支队相遇，并在此巧遇陈毅司令，他是过江来视察的。三支队韦永义司令将在三支队任副官的我父亲丁连生引见给陈司令，所以陈司令对我的父亲有印象。这次和陈司令同来的还有从大后方桂林来探访新四军的两位客人，一位是新安旅行团的团长张杰，另一位是《大公报》的记者王坪，他们希望经此转往上海，陈司令命我带他们同去上海。陈司令还派军医处的司药汤辅仁和我一起去上海，采购一批特殊的药品。这次又带了一个"温湿器"，让我交给我的无线电老师研究，当我乘轮船在上海广东路外滩上岸时，被英籍巡捕查获没收。但未影响主要任务的完成。

第四次是我在扬中挺进纵队时，管文蔚司令和贺敏学参谋长希望建一部新电台，经请示后派我去上海购置。我去上海通过我的无线电老师林菲汉购买零件，装了一台五瓦收发报机，伪装在一批肥皂货物中，托报关行从长江船运到苏北泰兴口岸，但在交货时被日寇检查发现，没有完成任务。但这次我却带了两位女医生参加了新四军。

每次外出回来都是由我直接向陈司令汇报。他因每天晚上都要等待电报，养成深夜办公的习惯，我也都是在夜里去谈。除工作外他还对我谈了他在法国勤工俭学和三年游击战争的故事，对我很有教育意义。

四是我被捕脱险情况。1939年11月中旬，江南指挥部成立几天后，陈毅司令去扬中。这时我报告他，有一位家乡的小学老师，是国民党复兴社成员，将去国民党江南行署主任冷欣办的《江南日报》任主编。他听了决定要我随同他去扬中，然后转回孟河，了解情况随机进行工作。在一周的行军中，我随同陈毅司令员同吃同住同过封锁线。我还从家乡搞到一部线装的《资治通鉴》送给他。

1940 年春，为了新四军北渡长江的需要，陈毅司令员将我介绍给周林（新四军军法处处长），布置我去常州、镇江、扬州城开展情报工作；粟裕副司令员又布置我在常州设法营救被日军捕去的周苏平同志。我在常州活动中遇叛徒告密，遭伪军捕押。我父亲和姐姐闻讯赶去常州，通过一位丝厂老板的亲戚营救我脱险。

五是我入党经过。黄桥战役后，我们移驻海安。一天，陈毅同志来军法处，见我病了，回去便把自己身上穿的一件新绒衣脱下，让警卫员送给我御寒。我非常感动，随即写了信感谢他，并在信中提出了入党申请。当时，我参加革命工作已两年多，由于在外面时间较长，自以为已是革命队伍的一员，没有觉悟到应参加党组织。在军法处工作时，得知所有干部都是党员，才意识到自己应该争取入党。陈毅同志看了我的信后，对军法处长周林同志说："丁兆甲不要老做非党布尔什维克嘛！"他要周林找我谈话解决入党问题。当时因队伍不断向北移动，没有时间讨论我的入党问题，直到 1941 年初我调到新四军军部军法处后才办了入党手续。

病中为我写材料

根据我提供的材料，专案组发函让陈老总为我写证明材料。同时，将我下放到黑龙江省集贤县笔架山公安部"五七干校"劳动。

1971 年夏天，正是陈毅同志身患重病期间，当他手术后在北戴河疗养时，接到公安部要他为丁兆甲写证明材料的函。陈毅口授，由夫人张茜代笔，写了如下证明：

公安部政工组：

关于丁兆甲 1938 年在管文蔚部驻处和我初次相识，1939 年来新四军一支队，此后来往于上海等地为我军做情报联络工作，这一段历史，丁本人所说情况基本属实。其中一些细节问题，我记不清楚了。1939 年期间，主要是由我的秘书白丁（即徐平羽）和丁兆甲联系，以后转归周林负责。

丁兆甲在这段工作期间，表现不错，我们没有发现他有什么问题。特此证明，供参考。

陈毅

1971. 8. 15

这一证明是九一三林彪叛逃事件前一个月，也是陈毅逝世前四个月写的，非常及时，对我来说尤感珍贵，因为他是唯一能较系统地证明我这段历史的人。我对陈老总在重病中还这样关心我的问题，非常感动，也特别感激。

1972年1月6日，我正在"五七干校"打谷场上劳动，忽然从广播里听到陈毅逝世的消息，犹如晴天霹雳，我顿时失声痛哭。我从此失去了对我一生最有影响、最受尊重的老领导，也是唯一能证明我参加革命那段历史的权威人士（当时我还不知道陈老总已为我写了证明）。我按捺不住心中的悲痛，也不顾尚未最后宣布我的审查结论，立即写了报告，要求马上回北京为陈老总吊唁。这时，可能因陈老总证明我参加工作的历史无问题，对我进无线电学校和被捕等疑问也都查不出什么问题，又因九一三事件后，周恩来总理一再要求老公安归队，在这一形势下终于批准我回北京。

1月中旬我回到北京后，立即买了一个大花圈，带着全家人赶到八宝山，幸好前几天毛主席亲自去参加陈毅追悼会的灵堂仍在，经过交涉我们进去敬献了花圈，表达了我们全家对陈老总深切的哀思。

（口述者是公安部离休干部，整理者是中共中央党史研究室宣教局研究员）

聂荣臻与邓小平的亲密交往

周均伦

聂荣臻生于 1899 年，比邓小平年长五岁。他们都是四川人，相识于 20 世纪 20 年代初留法勤工俭学时期，并在法国争取学生进步运动中共同奋斗了三年多。在长期的革命战争与建设新中国的过程中，他们建立了深厚的革命友谊。

1966 年至 1976 年，中国经历了十年"文化大革命"动乱时期。在 1966 年党的八届十一中全会上，邓小平被诬陷为所谓"刘邓路线"的代表人物，不久即被打倒。在这个过程中，聂荣臻（以下简称"聂帅"）的一位老部下，奉命写了篇在中央全会上批判邓小平的发言稿，来征求聂帅意见。聂帅说：你的这篇发言调子太高，我跟不上，没有予以附和。他对邓小平被打倒，表示难以理解，深感惋惜。

1973 年春，周恩来总理罹患癌症。3 月，邓小平奉命回京，重新参与中央和军委的领导工作。3 月 30 日上午 9 时，邓小平与夫人卓琳到聂帅家探视。汽车进院后，我见下车的是邓小平，感到惊奇，因为我还不知道邓小平已经恢复工作，就一边礼貌地告诉他，聂帅因心脏病在 301 医院住院治疗，一边赶紧告知张瑞华大姐出来迎接。邓小平夫妇与张大姐聊了约一个小时，我在旁做伴，才知道邓小平已经恢复工作。下午我陪张大姐到医院，聂帅得知邓小平恢复工作，非常高兴，并表示经过十多天治疗，心脏病已无大碍，第二天就出院。

31 日上午，聂帅出院后取道宽街到邓小平住处探望，并约定 4 月 1 日中午请邓小平全家到家中吃饭。4 月 1 日上午 10 时半，邓小平全家来到聂帅住地。那天是星期天，聂帅女儿聂力、女婿丁衡高休息。两家人在一起，相谈甚欢。邓小平爱吃四川特色菜"豆花"，聂帅专门要厨师以"豆花"为主菜，招待邓小平。直到中午 1 时 50 分，邓小平告辞。临行前，聂、邓约定，4 月 2 日晚上到三座门看美国电影《巴顿将军》。

邓小平恢复工作后，大刀阔斧开展整顿经济等各项工作，深得民心。聂帅也为之高兴。但随着周总理的病情日益加重，"四人帮"的活动也日益猖獗。1975 年 8 月，"四人帮"借毛主席评《水浒传》中的投降派，影射邓小平就是投降派宋江，宋江架空晁盖，邓小平要架空毛主席。8 月、10 月，邓小平两次转送清华大学党委副书记刘冰给毛主席的信。刘冰信中反映清华大学党委书记迟群、副书记谢静宜（两人都是造反派，"四人帮"的帮凶）在学校搞非组织活动，攻击中央领导同志，以及作风等方面的问题。见信后，毛主席认为刘冰动机不纯，而且矛头是对着他的，还批评邓小平偏袒刘冰。11 月，毛主席又听信毛远新的谗言，认为邓小平要否定"文化大革命"。邓小平再次处于被打倒的边缘。聂帅对此深感不平，在这节骨眼儿上支持邓小平。10 月，他在与空军领导班子谈话时说："全军要集中统一，总的听毛主席的；具体的听现在主持军委日常工作的叶剑英、邓小平副主席的指挥。总参谋部是执行军委意图的全军的统帅部，空军要听从总参的指挥（邓小平当时兼任总参谋长——笔者注）。"总参有位副总长是聂帅的老部下，对去向邓小平汇报工作有顾虑，聂帅对他说：中央没有免邓小平的职务嘛，你不去汇报是不对的，应该去。1976 年春节，在"四人帮"操纵下，各单位正大张旗鼓开展"批邓、反击右倾翻案风"运动，邓小平已再次被剥夺了工作权利，聂帅要聂力给邓小平女儿邓榕打电话，代表全家向邓小平全家祝贺春节，并要邓小平保重身体。

1976 年 1 月，周总理逝世。4 月清明节前后，天安门广场发生悼念周总理、反对"四人帮"的大规模群众运动。邓小平被免去党内外一切职务。聂帅随之告假，请求病休两个月，当时叶帅也已告病假，主持军委常务工作的×××却在聂帅的报告上批："聂帅，您的病情已向中央同志报告过，同意您较长时期休息。"（注：聂帅告假两月，批示却要他长期休息）

4月16日，聂帅与我聊天时说："邓小平在战争年代还是有功的。淮海战役，他指挥第二、第三野战军，较好地贯彻了毛主席的意图。进军西南，仗也是打得好的。现在一、二、三、四野战军主要领导人都没有了。二野伯承同志病情严重，就剩下了邓小平，华北就剩下了我，其余都成了叛徒？真不可思议！"

9月9日，毛主席逝世。"四人帮"迫不及待要抢班夺权。华国锋成为党的主要领导人，叶剑英重新主持军委常务工作。在关键时刻，9月21日，聂帅要杨成武转告叶剑英："'四人帮'是一伙反革命，是什么坏事都干得出来的，要有所警惕，防止他们先下手。如果他们把小平暗害了，把叶帅软禁了，那就麻烦了。'四人帮'依靠江青的特殊身份，经常在会上耍赖，蛮不讲理，采用党内斗争的正常途径来解决他们的问题，是无济于事的。只有我们先下手，采取断然措施，才能防止意外。华国锋现在是中共中央第一副主席、国务院总理，是毛主席指定的接班人，所以要注意争取得到华国锋的支持。"次日，杨成武来告诉聂荣臻，说叶剑英对此有同感。10月6日，华国锋、叶剑英等代表中央政治局，代表党和人民的意志，拘捕了江青、张春桥、王洪文、姚文元，一举粉碎"四人帮"反革命集团，结束了对中国人民造成巨大灾害的十年"文化大革命"动乱，为开创历史新时期奠定了基础！

12月上旬，邓小平因前列腺炎住进了301医院，进行手术治疗。12月中旬，聂帅得知病情，买了个大西瓜（西瓜利尿）到医院探视。回来后聂帅说：小平同志表示，病愈出院后希望恢复工作，我要向剑英建议，支持小平同志重新工作。第二天他就去了叶帅那里，叶帅表示他与聂帅的意见是一致的，说要与华国锋商量此事。在叶帅安排下，邓小平于1977年2月住进西山军委招待所25号楼。当时聂帅经常住军委招待所1号楼，叶帅住15号楼，与邓小平住所很近，他们经常交往，纵论国是。经过3月中旬召开的中央工作会议，在陈云、叶帅、聂帅、王震等老同志的共同努力下，华国锋同意在通过中央全会决定后，恢复邓小平的工作。7月，党的十届三中全会作出了恢复邓小平中央委员、中央政治局委员、常委、中央副主席、中央军委副主席、国务院副总理、解放军总参谋长的全部职务的决定。

7月，邓小平全家入住米粮库胡同新家，与聂帅住地吉安所右巷只隔着一条马路，他们经常互相探望。

8月，党的第十一次全国代表大会召开。聂帅在会上作了《恢复和发扬党的优良传统》的书面发言。这篇发言，事先与邓小平商讨过。发言共6000多字，中心意思是：最重要的是要恢复和发扬毛主席为我们党树立的实事求是、群众路线和民主集中制的优良传统和作风。实事求是，"就是反对把马列主义、毛泽东思想当作教条，反对把他的学说说成是'顶峰''绝对权威'"。"群众路线，就是要依靠广大群众的实践和智慧，找到认识客观世界、解决问题的办法"。"我们要提倡群言堂，反对一言堂"，不能单靠少数领导，而是要靠集体的智慧。这些是毛主席建党学说中带根本性的问题。以上观点，与邓小平当时反复强调的"实践是检验真理的唯一标准"的观点是完全一致的，起了互相呼应的作用。

1977年8月，党的第十一次全国代表大会召开，聂荣臻在会上作《恢复和发扬党的优良传统》的发言。图为大会会场

1978 年 12 月召开的党的十一届三中全会，开创了中国改革开放的历史新时期，开始形成以邓小平同志为核心的党的第二代中央领导集体。在新时期，聂帅坚决支持邓小平的工作，邓小平也重视发挥聂帅的作用。

在拨乱反正以后，中央非常重视科学技术的作用。1978 年 3 月，中央决定召开全国科学大会，邓小平约聂帅共同出席开幕式。邓小平在开幕大会上说："科学技术是生产力，而且是第一生产力。"把科学技术的作用，提到了新的高度。长期主持科技工作的聂帅听了非常高兴，回家后仍在津津乐道。

1979 年 10 月，聂帅被中央确定为中央科学协调委员会书记，对全国地方和军队科研系统各单位进行人造卫星、原子能、电子计算机等的研制工作进行统一协调。经历"文化大革命"，科研系统各部门乱象丛生。聂帅在经过两个多月的调查研究，召开了多次会议，进行协调后，于 12 月给邓小平写信，信中说："现在科研系统分散主义实在严重，总想自成体系，万事不求人。这样重复浪费很大，力量分散，结果谁都干不成。目前几家矛盾，我折冲其间，尽量想法协调。我提出要加强国家科委统一领导的问题，有了集中统一的方针、政策，再有统筹规划下的合理分工和协作，许多问题下面一协商，也就容易解决。不能事无巨细，都要中央裁定。"邓小平见信后批示："荣臻同志，我完全赞成你的意见，会有麻烦，不能顾虑太多，一经决定，坚决贯彻执行，一切请你下决心。"

1983 年 1 月，中央决定成立"国务院科学技术领导小组"，以取代中央科学协调委员会的工作。在中央政治局讨论这个问题时，邓小平说："聂荣臻同志任科委主任的时候，曾开展了大量工作，把科学院、高等院校、产业部门、国防科委和地方的科技力量，即所谓'五个方面军'组织了起来，制定了十二年科学技术发展规划。按照规划分工协作，全国一盘棋。交给哪个单位什么任务，都感到光荣，很高兴地接受。互相照顾，全力支援，很少扯皮、踢皮球之类的事。聂总那个科学小组，既管任务，又管人；既管军，又管民。把管任务和管人结合在一起。对用非所学，安排不当，没有任务的科技人员，小组有权调整。急需人才的地方就调人去加强。所以在科技攻关，特别是'两弹'的研制工作的开展上，效率很高，取得显著成果。"对聂帅过去领导科技工作的作用，给予了高度评价和肯定。

进入新的历史时期，邓小平仍非常重视军队建设。早在1975年6月，邓小平在军委扩大会议上就提出，军队要整顿"要消肿"（指要精简）的号召。"文化大革命"结束以后，他在1977年8月的军委座谈会上说："对于军队，整顿至少是三五年内的纲，准备打仗是打仗前的纲。1975年的中央军委扩大会议是正确的，会议提出的关于领导班子的整顿问题，军队建设中的问题，包括精简、减少军队员额等，都是应该贯彻的。下一次军委扩大会议，对这些问题要加以肯定。"调整军队各大单位的领导班子，理顺编制体制，裁减军队员额，成为邓小平关心军队建设的主要措施。在这些工作中，聂帅作为军委副主席之一，都给予了大力支持。

1979年6月17日上午，邓小平来看望聂帅，说起军队建设问题，他认为当前军队高级领导班子普遍年龄偏大，要加以调整，这是军队进一步整顿、精简的关键，希望聂帅抓一下这项工作。聂帅表示完全理解。两天后，在邓小平主持的军委会议上，他宣布由聂帅主持调整野战军军级、各大军区以及军兵种、三总部领导班子的工作。

受命以后，从7月初开始，聂帅多次听取总政干部部领导同志的汇报，找有关同志座谈或个别谈话，并多次向军委领导汇报，提出各级领导班子配备的建议、意见。经过近四个月努力，在聂帅列席的12月30日中央政治局常委会上，最后通过了军队各级领导班子的配备名单。

各大单位领导班子配备任命后，1980年春，军委决定立即进行精简整编工作。4月，由邓小平同志办公室转来一份军委关于精简整编的传批件。聂帅在传批件上批注："这次精简整编必须按邓副主席原来的设想方案，即全军保留450万人（解放军总人数'文化大革命'时期最高曾达到656万人，这次精简时，实有人数仍达599万人，保留450万，即要减149万人），应加速进行，不能再动摇拖延了。"

精简整编工作极其复杂。1981年7月，杨尚昆接替耿飚任军委秘书长，主持军委办公会议，继续研究军队精简整编问题，至1982年3月，提出了新的精简整编方案。3月30日，聂帅得知在军委会议上，有人对当前形势的看法有偏向，认为大打不可能，中打、小打要准备。聂帅转告杨秘书长：现在看，到1990年，大打、中打都不可能。6月，聂帅写信给杨尚昆并邓小平、叶剑英、徐向前，就精简整编问题提出以下意见：1. 要用战备的观点研究部队的精简问题，80年代大仗、中仗肯定打不起来，这对我们精简整编非常有利。但军队的任务就是保卫祖国，因此精简整编要有利于随时能打仗。2. 要落实预备役制度，预备役落实了，常备军就可以减少。3. 注意保存技术力量，军队技术人员，一般不要转业复员。4. 要加强陆、海、空三军协调，战区的三军领导人要参加战区指挥所的工作。5. 要加强武器装备的研究论证，尽量避免盲目性所带来的重复浪费或空缺现象。

1985年6月4日，中央军委扩大会议在北京举行。中央军委主席邓小平在会议上宣布，我国政府决定裁减军队员额一百万

1985年，经邓小平提议，中央下决心进行百万裁军（减至300万人）。聂帅坚决支持邓小平的提议。

为贯彻百万裁军的意图，在此前研究编制体制问题的军委会议上，各有关部门对许多问题看法不一，争论不休。3月，聂帅为此提出以下意见：1. 总参、总政、总后三总部体制不变，不宜另成立三个总部，头多了不便工作。2. 武器装备研制管理：总参负责提出作战性能要求、列编、订货、验收、分配、淘汰工作；国防科工委负责经济技术可行性论证、研究设计、试制试验、定型工作；总后负责运输、分发、保管和维修工作；海军从近海防御考虑装备问题；空军立足于自力更生为主解决装备问题。3. 陆、海、空三军比例，陆军占62%，我军作战历来主要靠陆军。陆军中炮兵比例比步兵高6%，这要慎重，注意炮兵要真正顶用，并加强自行化，否则装备太重，于行军不利。4. 战区内三军应统一指挥，海、空军平时应双重领导，海、空军跨区作战，由军委海、空军指挥。5. 后勤供应体制，通用物资统一供应，专用物资专门供应。6. 合成军队规模，在当前条件下，以适当小些为好。7. 应将军事学院、政治学院、后勤学院合并，成立国防大学，专门培养师以上高级干部。应从减下来的院校中，改建若干所培养军士的学校，专业军士在军队建设中有重要作用。

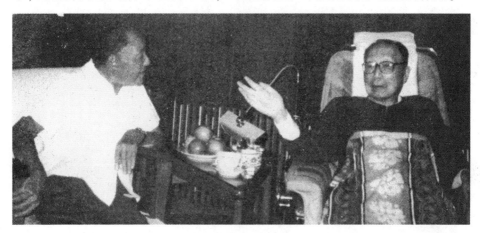

1984年9月9日，聂荣臻与邓小平在玉泉山亲切交谈

聂帅的以上意见，在三天后的军委会议上，获得与会者一致赞同，有力地推动了日后的百万裁军决策。这些意见，日后大部分也在军队建设中得到贯彻，从而对国防现代化起了促进作用。

1985年8月，聂帅给时任中共中央总书记的胡耀邦写信，表示拥护中央关于领导干部年轻化的重大决策，请求退出中央委员会，以便让年轻些的同志进入中央领导机构。9月，中共十二届四中全会作出叶剑英、聂荣臻等一批老同志退出中央领导机构的决定。1986年夏天，中央正在酝酿中共第十三次全国代表大会人事安排问题。为此专门成立了一个"五人小组"，筹备这项工作。7月，五人小组成员之一的王震同志来看望聂帅，向聂帅提出，邓小平本人希望在十三大上辞去军委主席的职务，也全退，征求聂帅的意见。聂帅沉思一会儿后说："我认为，现在是过渡期，局面还不稳，小平同志暂时还不能全退，他可以不参加常委会。他全退了，不当军委主席，一旦有事，他怎么号令全军？只有他能镇得住，他在，军队就不会乱。所以，小平同志不能全退。"王震走后，聂帅在散步时仍在沉思。散完步回到客厅，说："还是写个正式的意见吧，说准确些，让王老（震）带到北戴河去（此时许多领导人大多在北戴河）。"秘书遵照聂帅的意图，连夜起草了一个信稿，第二天聂帅仔细听秘书念了两遍，表示同意，说："就叫《备忘录》吧，快请王老来带走。"

《备忘录》说："7月30日王震同志来谈关于中央人事安排问题，因时间仓促，未能详细说明想法，故今日再请王老来谈。我总的想法是：我们党要有自己坚强的领袖……现在我们党实际上的领袖就是小平同志。他是众望所归，自然形成的，无论党内外、国内外，一致公认他是我们的领袖。在当前形势下，小平同志不是退的问题，应该是继续进。他的健康状况也允许他再领导大家奋斗几年。由于我们现在没有党的主席职务，那就在政治局常委中仍然保持小平同志的重要的领导地位……当然，我们的事业还需要更多的新生力量，在政治局常委中再增加两三位年轻一点的同志也需要……人们对包括小平同志在内的政治局常委的充分信赖，正是构成我们今天建设事业发达的重要因素。关于军委主席一职，还是由小平同志兼一个时期好。当前大仗是一时难打，但自从宣布军队整编，裁军百万以后，基层思想很不稳定。如此时小平同志再退出，确实对稳定军心不利。"字里行间，体现出了聂帅的大局观念和对邓小平的高度信赖。

（作者是聂荣臻秘书）

后　记

本书辑录了毛泽东、周恩来、邓小平、胡耀邦等十多位党和国家领导人不同时期的历史故事，内容包括他们在革命和建设中作出重要战略决策的具体过程以及关心部下、体恤群众的动人情节，更多地选取了他们在平凡生活中与家人、友人相处、交流的轶事，进而让读者更加全面地了解和认识他们。

所选文章，注重重要历史人物在重大历史背景下独特的经历和感受，以及对历史细节的挖掘和梳理，同时配上作者提供的珍贵历史图片。以回忆、口述等形式呈现，有较强的故事性和可读性。

从编辑刊物，到从中选取文章编成本书，历时三年有余，《百年潮》杂志的编辑们为每篇文章付出了不懈努力和精心劳作。正是他们的辛苦劳作，才让这些伟人的不同侧面呈现在读者面前。

由于编辑水平所限，书中可能存在不足或差错，恳请方家、读者批评指正。

百年潮杂志社

2016 年 6 月 1 日